Jigong Yuanxiao Xiaoqi Hezuo
Shijian Zhinan（2023）

技工院校校企合作
实践指南（2023）

中国就业培训技术指导中心　组织编写

中国劳动社会保障出版社

图书在版编目（CIP）数据

技工院校校企合作实践指南 . 2023 / 中国就业培训技术指导中心组织编写 . -- 北京：中国劳动社会保障出版社，2024

ISBN 978-7-5167-6274-5

Ⅰ . ①技… Ⅱ . ①中… Ⅲ . ①技工学校 - 产学合作 - 研究 - 中国 -2023 Ⅳ . ① G718.1

中国国家版本馆 CIP 数据核字（2024）第 020407 号

中国劳动社会保障出版社出版发行

（北京市惠新东街 1 号 邮政编码：100029）

*

三河市华骏印务包装有限公司印刷装订 新华书店经销

787 毫米 ×1092 毫米 16 开本 17.25 印张 306 千字

2024 年 2 月第 1 版 2024 年 2 月第 1 次印刷

定价：45.00 元

营销中心电话：400-606-6496

出版社网址：http://www.class.com.cn

前　言

党的二十大报告指出，推进职普融通、产教融合、科教融汇，优化职业教育类型定位。2022 年 5 月施行的《中华人民共和国职业教育法》中 9 次提到产教融合、5 次提到校企合作，进一步明确产教融合、校企合作是职业教育的基本办学模式，产教融合有法可依。2022 年 10 月，中共中央办公厅、国务院办公厅印发的《关于加强新时代高技能人才队伍建设的意见》提出“探索中国特色学徒制。深化产教融合、校企合作，开展订单式培养、套餐制培训，创新校企双制、校中厂、厂中校等方式”，为校企合作发展路径指明了方向。为贯彻落实党中央、国务院部署要求，指导和推动技工院校大力加强校企合作，在人力资源社会保障部职业能力建设司指导下，中国就业培训技术指导中心组织人员编写了《技工院校校企合作实践指南（2023）》（以下简称指南）。

本指南分为案例篇、工具篇和政策篇三部分，从经验分享、实践指导、政策引领等方面详细呈现了近年来技工教育校企合作的经验成效、创新举措和政策支持。案例篇共收录 14 个校企合作类型的典型案例 19 篇，通过理问题、列举措、举成效、谈感悟、作点评，对校企合作典型做法进行全面梳理、系统总结和高度凝练，为技工教育校企合作提供了可借鉴、能复制、易迁移的完整实践方案。工具篇聚焦实施层面，筛选校企合作实施过程中的工作流程、文本模板、建设标准、评价指标等类型的工具图表和模板，据此组织编写相关参考样例，兼具功能要素与使用拓展，可用性强，各地区、各院校可结合实际情况参考借鉴。政策篇全文转载或部分节选了近年来国家出台的职业教育校企合作方面的法律法规和政策文件，从全局和发展的视角对技工教育校企合作提供指导，为广大技工教育工作者把准方向、厘清思路、开拓路径、创新举措提供基本遵循。

在指南编写过程中，根据“聚焦当前热点，服务重点工作，归纳总结呈现技工教育校企合作的新进展新成果”的编写思路，中国就业培训技术指导中心广泛组织动员，在各省级技工教研部门的大力支持下，共征集校企合作案例160余份，为编写工作奠定坚实基础；同时，考虑到该指南收录的案例和工具是《校企双制　工学一体　校企合作工作指南》（2018）的实践应用成果，特邀其编写组长崔秋立同志参与本指南的编审工作，并与韩巍、张良智、吴静、刘宗斌等技工教育领域专家组成编审组，结合案例类型、地域分布、院校特色、材料质量等因素，从重要性、典型性、代表性、创新性等方面综合考量，对选用案例单位多轮指导修改，反复研讨，并广泛征求意见，最终成稿。在此向参与指南编写的各级人力资源社会保障部门技工教育教研机构、行业组织、企业、技工院校及技工教育工作者和专家表示诚挚感谢。

中国就业培训技术指导中心

2024 年 1 月

CONTENTS
目录

第一部分　案例篇

第二部分　工具篇

第三部分　政策篇

第一部分　案例篇

完善体制机制　提高学徒培养实效

齐齐哈尔一重技师学院实施企业新型学徒制案例

摘要：为解决企业新型学徒制实施过程中培训目标和培训内容校企意见不一致，培训模式与校企实际不匹配，考核激励措施不到位等方面的问题，齐齐哈尔一重技师学院通过完善组织机构体系、搭建双元共享平台、制定标准制度、创新培训模式、打造高水平队伍等一系列举措，增强了学徒制管理效能，平衡了生产与培训关系，创设了高技能人才职业生涯一站式培养模式，培养了大量学徒，取得了系列成果。

关键词：企业新型学徒制；校企合作；体制机制；培训模式

一、背景和意义

2018年以来，《关于全面推行企业新型学徒制的意见》《关于全面推行中国特色企业新型学徒制加强技能人才培养的指导意见》等文件相继发布，企业新型学徒制由试点阶段转向了全面推行阶段。实施企业新型学徒制过程中面临诸多问题：一是企业和院校在培训目标和培训内容方面视角不同。企业作为用人主体，更加重视学徒技能的提升，注重培训与生产密切相关的内容；院校是育人主体，除了提升操作技能之外，还注重培养学徒的专业基础理论素养和通用素质。因此，需要建立管理机构和协调机制，平衡企业用人需求和学校育人要求。二是培训内容如何贴近企业实际、满足企业个性化需求、体现企业特色；企校双师如何密切配合，充分发挥各自优势，采取合适的教学模式，共同培养学徒，需要通过创新培训模式加以解决。三是企业新型学徒制培训的规范管理与科学运行，需要企业和院校不断完善各项管理制度，完善激励考核措施，统一规范各种培训资料，推动企业新型学徒制培训高质量持续开展。

二、关键举措

第一，完善组织机构体系，建立三级管理机构。

建立“决策—管理—执行”三级管理机构。决策层面成立企业新型学徒制工作管理委员会，由学校分管院长、企业分管培训领导，以及校企双方相关职能部门领导组成，负责商定培训目标、签订合作协议、审批文件资料、协调工作等。管理层面设立企业新型学徒制教学管理站，由学院校企合作处和企业人力资源部有关人员组成，负责企业新型学徒制培训申报、教学和结业验收等工作。执行层面组建企业新型学徒制教学管理团队，由企业导师和学校导师共同组成，负责培训教学计划制订、教学实施和结业考核等工作；建立学徒制实体班级，配备班主任，负责班级运行和学徒管理工作。三级管理机构如下图所示。

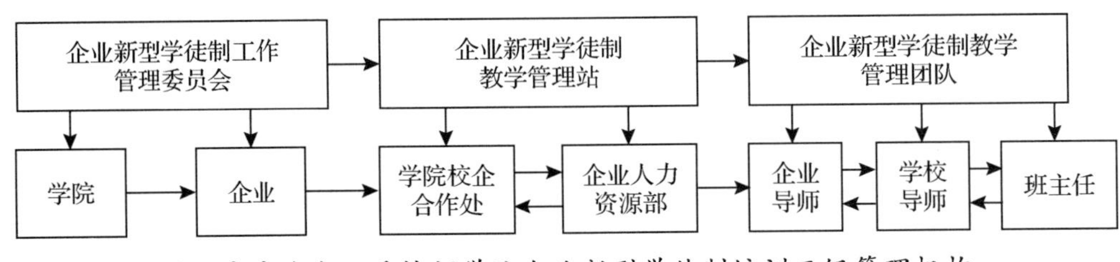

图　齐齐哈尔一重技师学院企业新型学徒制培训三级管理机构

第二，创新校企合作机制，搭建双元共享平台。

建设并运用齐齐哈尔市政校企联盟共享平台，将企业新型学徒制培训与订单班招生、就业相结合，打通招生、培训、就业、再提升的技能人才接续培养通道，提供高技能人才终身职业生涯发展服务，形成政府提供政策保障、企业提供岗位需求、学校提供教育资源的政校企一体化培养机制。中国一重、紫金铜业、龙江阜丰、和平重工等联盟单位与学院深度合作，实现了人才的接续贯通培养，创设了高技能人才职业生涯一站式培养模式。

第三，制定标准规范，完善制度体系。

出台了《非全日制学徒管理办法》《企业新型学徒制实施方案》等 8 项制度，构建了涵盖管理、实施、绩效等方面的学徒制管理制度体系。其中《企业新型学徒制课时津贴标准》利用新型学徒制技能提升专项补贴资金，通过发放课时津贴、评选优秀导师和学徒等方式，充分调动导师、学徒参与教与学的积极性和主动性，形成导师积极教，学徒主动学的良好局面。校企累计评选 226 名优秀导师和 1199 名优秀学徒，累计发放各类奖金 130 余万元，并在技能等级评定和晋升、先进荣誉称号推荐等方面给予优先考虑。

第四，开展特色教学，打造高水平队伍。

一是创新企业新型学徒制培训模式。校企双方采取“一体化教学＋线上线下融合教学＋‘师傅带徒弟’顶岗训练”的模式开展企业新型学徒制培训。培训过程中校企导师共同指导学徒在完成生产过程中的一系列典型“任务”，学校导师负责讲解与生产任务相关联的理论知识，企业导师负责指导学徒处理生产中的“任务”，使学徒在完成实际生产任务的过程中提升专业知识和技能。结合人力资源社会保障部“互联网＋职业技能培训计划”要求，将培训方式拓展至线上，节省成本、提高效率；通过加强线上技能培训监督检查，确保线上教学效果，做到企业新型学徒制培训线上线下有机融合，实质等效。企业培养阶段以校企共同开发的《岗位指导书》为载体，通过“师傅带徒弟”的形式实施顶岗锻炼，企业按照岗位工作要求进行考核。二是基层技术创新和技能竞赛相结合，提高培训效果。将基层技术创新和技能竞赛活动相结合，导师与学徒通过参加各类技能竞赛，交流展示新技术、新工艺、新技能等基层技术创新成果，促进学徒技术技能水平的进一步提升。截至 2022 年 9 月，共有 129 名学徒参加了齐齐哈尔市职工职业技能竞赛，获得三等奖以上的学徒达到 87 名。三是建设高水平师资队伍。以“名师讲堂”“大师工作室”“名师创作室”为载体，邀请行业专家、中华技能大奖获得者、全国技术能手、劳动模范、大国工匠等高技能人才传帮带，打造高素质、专业化导师队伍，先后邀请 15 位企业技能大师和 20 多位行业专家参与中国一重、和平重工、紫金铜业、龙江阜丰、飞鹤乳业等 23 家企业开展的现场调研会、研讨会、专家讲座等各类活动 60 余场。

三、主要成效

一是学徒知识和技能显著提升。截至 2022 年 9 月，共有 2627 名学徒通过企业新型学徒制培训，学徒就业稳定率高达 85%，超合作企业职工平均就业稳定率近 10 个百分点。二是基层技术创新活动成效显著。校企共建各种技术创新小组 25 个，累计完成基层创新课题 52 项，累计攻克重点项目 230 项，高质量完成 2749 件套工件加工，效率平均提高 17%，创效近 8000 万元。三是学徒制成果得到推广应用。学院先后制订不同等级的专业（工种）学徒培养计划 24 套，编写企业新型学徒制教材 13 套，编制导师指导手册和学徒实训手册 15 套，应用范围涉及 21 个企业，近 4000 名学徒和 400 名导师。

四、体会与思考

一是广泛动员，激发导师和学徒积极性。针对企业生产任务繁重，导师和学徒参加培训的意愿不高的问题，通过出台制度文件，举行启动仪式、拜师仪式，举办学徒大赛等方式，广泛动员，积极鼓励，起到了良好的效果。二是深入调研，贴近企业需求。组织培训团队到企业调研学徒岗位需求，校企导师研讨制订学徒培养教学计划和教学大纲，并把学徒技能水平划分为不同等级，实施差异化特色化培训。三是采取校企双制培育模式，注册学校非全日制学籍，严控毕业标准。针对企业的需求与教学计划不一致的问题，将技工院校工学一体人才培养模式的基本方法运用于学徒培养，课程重新组合后转换为实际生产任务或者课题，以任务驱动法为主要教学方法实施培训，并有机融入职业道德和工匠精神等通用素质能力的培养内容，有效解决了理论与实践脱节的矛盾。

五、专家点评

齐齐哈尔一重技师学院在实施企业新型学徒制培训过程中，充分发挥齐齐哈尔市政校企联盟的作用，以“人教岗”相结合模式为突破口，强化顶层设计、深化校企合作机制、构建校企发展共同体，建立“决策—管理—执行”三级管理机构，形成校企双元培育的交叉循环，构建了技能人才全面发展和终身培训机制，有效促进了职工综合素质与专业技能持续提升。聚焦企业技能人才需求痛点，将技工院校工学一体人才培养模式的基本方法，运用于学徒培养，实施“一体化教学＋线上线下融合教学＋‘师傅带徒弟’顶岗训练”的培训模式，完善制度体系和激励考核措施，充分发挥企业名师和大国工匠的“传帮带”作用，以及行业专家和大师工作室的示范引领作用，借助开展专家讲座、技能竞赛、基层技术创新等创新载体，有力推动了新型学徒制培训特色化，为区域经济社会高质量发展提供了高素质技能人才支撑。

附录

齐齐哈尔一重技师学院简介

齐齐哈尔一重技师学院创建于 1956 年，是国家“一五”计划期间兴建的百所技工学校之一，原隶属于中国一重，现隶属于齐齐哈尔市政府。学院总占地面积 21 万平方米，建筑面积 4.4 万平方米，现有各类学制教育在校生近 2000 名，近三年每年面向社会提供中短期培训约 3000 人次。学院开设 38 个专业，教职工 134 人，其中正高级职称 6 人，国家级优秀教师 2 人，省级大师 1 人，市级大师 1 人，省级学科带头人 2 人，省级骨干教师、教学能手 10 人。学校现有 2 座教学楼、1 座综合实训楼、4 座机械加工实习工厂、1 个数控加工中心、11 个一体化教室等教学和实训场所。

学院以追求卓越、敢于跨越的精神为指引，经过全体教职工的辛勤努力，先后被授予国家级重点技工学校、国家级职业技能鉴定所、国家现代制造技术培训基地、省示范性技工学校、国家级高技能人才培训基地。建校以来为以中国一重为代表的装备工业企业培养中、高级技能人才 3 万余名，连续七届累计 13 人在黑龙江省数控技能大赛中获得全省冠军。

官网：http://qjsxy.org.cn

官微二维码：

2

制定企业新型学徒制工作规范
努力提高学徒培养质量

江苏省扬州技师学院实施企业新型学徒制案例

摘要：扬州市在江苏省创新实施企业新型学徒制以来，通过“校企双师、工学一体”的模式培养企业急需的实用型技能人才。在实践中，部分企业和院校的学徒培养流程不规范，缺乏标准，影响了学徒培养质量。针对这些问题，2022 年，由扬州市人力资源社会保障局牵头，江苏省扬州技师学院起草了《扬州市企业新型学徒培养工作规范》（以下简称《规范》），对企业新型学徒作出了规范，提升了扬州市企业新型学徒制度化、标准化水平，推动了学徒培养的健康发展。实践证明，《规范》调动了企业与职业院校双方的积极性，激励和引导教学双方全身心投入，全面提高了学徒培养质量和效果。

关键词：企业新型学徒制；工作规范；标准化

一、背景和意义

根据人力资源社会保障部、财政部统一部署，以及江苏省人力资源社会保障厅文件要求，扬州市从 2018 年开始推行企业新型学徒制，截至 2022 年全市已有 18 家技工（职业）院校与 200 余家规模企业参与学徒培养，累计培养企业新型学徒 1.4 万人以上，其中，江苏省扬州技师学院共培养 4700 余人。学徒培养实践中发现，新型学徒制存在标准不统一，流程不规范的问题，主要表现为：管理制度不健全、培训方案不完善、培养方式不规范，部分院校缺乏专业基础课程与职业素质课程；同一企业内部不同师徒的培养方式不同，导致培养结果有明显的差异。2021 年 5 月，扬州市人力资源社会保障局牵头，江苏省扬州技师学院主持制定学徒制工作规范，从培养对象、培养目标、培养内容、培养方式、培养期限、培养职责、工作流程、监督管理、绩效评估等方面对企业新型学徒制下技能人才培养的全过程规范进行了阐述和说明，从培训前申报备案、培训中的监督和管理、培训后的补贴申领和验收审核等方面对学徒制的开展进行了规范指导。

二、关键举措

第一，强化领导，组建标准开发小组。

扬州市人力资源社会保障局牵头，组建企业新型学徒培养规范开发小组，人力资源社会保障局分管职业教育和就业工作的领导担任组长，扬州技师学院副院长、市人力资源社会保障局职建处处长担任副组长，扬州技师学院和扬州中正企业管理顾问有限公司选派专家、培训教师、企业导师等为小组成员，明确成员的工作职责和任务。对 2018 年以来扬州市开展企业新型学徒制培训情况进行系统总结，梳理归纳了培养工作不明确、不具体、不规范、不统一方面的问题；通过走访开展学徒制培养工作的企业和培训学校，了解企业、培训机构、学徒在培训过程中的需求和困惑，为《规范》的制定提供了坚实的组织保障，奠定了理论和实践基础。

第二，企业参与，深入研究学徒培养流程。

为了确保学徒在结业后能够满足企业的岗位工作要求，企业管理者和小组成员共同研制规范：一是建立起一套科学实用、可迁移灵活套用的学徒培养标准，对学徒的知识结构、专业能力、技能素质、实践精神等多方面内容进行界定，明确谁来教、谁来学，学什么、教什么，怎么教、怎么学，如何考核、如何奖惩等，防止各个责任主体凭主观意志开展培训，导致培养结果产生明显的差异，杜绝学徒制培训成为形式摆设等严重问题。二是对培训过程性材料的要求进行详细梳理，统一申报材料清单，指导建立培训管理审核机制和学员档案。三是建立严格有序过程管理标准，以规范的流程、严格的标准、健全的机制激励和引导教学双方全身心投入，全面提高教的质量和学的效果。

第三，政策引导，《规范》获批地方标准。

开发制定企业新型学徒制培养的过程性规范标准，是扬州市推进企业新型学徒制标准化的重要举措。《规范》是在原有国家、省、市出台的相关文件、通知方案，以及参考示例等基础上，经过政府统筹，编写小组深入校企多方调研、座谈研究，整理汇总后制定的。《规范》明确了培养目标和主要方式、培养对象和培养模式、实施主体与职责、学徒培训投入与补贴机制、组织实施、工作要求等主要内容，细化了政府职能部门、培训机构、企业各方责任，明确了方案制定、申报审核、培训实施、监督指导和补贴申请等具体环节，规范了扬州市企业新型学徒培养工作。2021年《规范》列入扬州市服务业地方标准和标准化试点项目，经过1年的操作执行，2022年6月28日，经专家评审，《规范》由扬州市市场监督局批准正式发布。《规范》在扬州市得到了全面推广和应用，周边的镇江市、盐城市、徐州市等地人力资源社会保障系统及相关院校多次考察学习。

三、主要成效

一是有效激发企业参与学徒培养的动能，增加了企业在学徒制培训过程中的话语权，提升了其参与的积极性，企业能够在学徒培养中最大限度地发挥出自身的主导作用。二是快速提升学徒技能，规范根据相应的岗位技能标准指导培训过程，能够统一高效地培育出满足行业需求的技能型人才，企业员工能够获得相应工种的职业资格证书、职业技能等级证书、专项职业能力证书，快速提升技能。三是统一标准，优化资源配置，让企业从单打独斗的困局中走出来，职业院校从坐而论道、学究式培养模式中解放出来，形成了政府激励推动、企业加大投入、培训机构积极参与、工会助力开展、劳动者踊跃参加的职业技能培训新格局，实现企业、职业院校、政府、社会资源的充分集成，收获“1+1>2”的人才培养预期。经过四年多的努力，校企建立了一支优秀的“双师”教师团队，学校先后派出100多名骨干教师，承担了学徒制培训中500多项教学任务，累计超过10000学时。

四、体会与思考

针对新型学徒制实施过程中出现的师徒管理机制欠缺、监督评价机制不健全等重难点问题，《规范》明确了企业导师和学徒的选拔要求，并建立相应的选拔与考核评价机制，将企业导师（师傅）与学徒（徒弟）组合成利益共同体，提高了导师的责任心和学徒学习的积极性；开发了标准化企业新型学徒制企业导师带教技能课程，大大提升了企业导师的带教能力；制定了可行性的监督管理机制，对培训机构、培训过程和培训结果加强监管，实时监控，严格考核验收。系列标准化的制度创新保障了企业新型学徒制技能人才培养质量。

五、专家点评

如何完善企业新型学徒制的治理体系，进一步提高人才培养质量，是深化学徒制培训的重要课题。江苏省扬州技师学院在扬州市人力资源社会保障局的带领下，起草扬州市地方标准——《扬州市企业新型学徒培养工作规范》，并于 2022 年 6 月 28 日正式发布。把学徒制培养工作规范起来，有利于形成政府激励推动、企业加大投入、培训机构积极参与的良好局面，《规范》的出台进一步完善了政府、企业、院校协调推进技能人才培养的体制机制，为新型学徒制的规范开展做出了有益的探索，对提高学徒制人才培养质量具有非常重要的意义。

附录

江苏省扬州技师学院简介

江苏省扬州技师学院创办于 1959 年，是公办全日制技工院校。学院占地总面积 460 亩，建筑面积 30 万平方米，全日制在校生 9000 余人，教职工 400 多人，全国技术能手 9 人、省有突出贡献中青年专家 2 人，以及江苏省技术能手、江苏工匠、扬州大工匠、市英才培训对象、冠名省级技能大师工作室领办人等 62 人，是高技能人才培养的摇篮。

学院秉持“工学一体，德技双优”的校训，大力弘扬劳模精神、劳动精神和工匠精神，培养了大量适应行业和地方经济社会高质量发展需要的高素质技能人才，2008 年被江苏省政府批准为省属重点技师学院，同年，经省教育厅批准，成立江苏省联合职业技术学院扬州技师分院。学院多次承办省级一类技能大赛，是世界技能大赛电子技术项目集训基地，1 名教师获得世界技能大赛银奖，有 52 名师生先后荣获全国技能大赛金奖或一等奖。学院曾先后获得全国职业教育先进单位、国家重点职业院校、国家高技能人才培养示范基地、国家中职示范校等荣誉称号。

官网：https://www.yzjsxy.com

官微二维码：

3

发挥股份制办学优势
推动技工教育高质量发展

山西冶金技师学院股份制办学案例

摘要：2006 年 8 月，山西冶金技师学院改制为全部由职工出资举办的非营利性民办非企业单位，学院充分运用股份制办学体制的优势，不断改革创新，逐步发展成为“校办企业、学制教育、培训认证”三足鼎立的技工教育集团。经过多年的校企深度融合探索实践，形成了独具特色的工学结合人才培养模式，在技工教育改革的道路上走出了一条新路。

关键词：股份制办学；教育集团；工学结合人才培养模式

一、背景和意义

山西冶金技师学院始建于 1956 年，原隶属于山西太原钢铁（集团）有限公司（现为宝武太钢）（以下简称太钢）。2006 年 8 月，太钢对学院进行了“主辅分离、辅业改制”，将学院改制为全部由职工出资举办的非营利性的民办非企业单位。学院改制后，形成了由改制职工全员出资持股、董事会决策、监事会监督、党委领导的办学体制。出资职工推举出资者代表，出资者代表作为学院举办者组成股东会，股东会选举董事、监事组成董事会、监事会，董事会聘任学院院长和集团其他机构高管。院党组织隶属于山西省人社类社会组织行业委员会直管。近年来，办学经费不足、招生难和生源差这些问题始终困扰着改制后学院的生存与发展，集团董事会制定了学院十年发展战略规划，明确了坚持走“产业引领、产教融合、内涵发展、多元办学、校企合作、育训结合”的办学道路。学院利用体制优势整合省内外优质职业教育资源，扩大办学规模，创新“产学训赛、四位一体”的工学结合人才培养模式，并通过工学中心的建设，形成校企利益共同体，实现了校企双赢、可持续发展的战略格局。

二、关键举措

第一，创办校办企业。

先后成立了机械加工、计算机网络信息技术、数字化教育科技、跨境电商、高科技装饰等 7 个独立法人的校办企业，并通过学院参与合作企业股权的方式进行深度合作。一是根据企业需求重构专业课程体系，改革教学内容，开发与企业岗位需求相适应的优质课程；二是转变教学场所，将课堂教学开设在企业车间，实施生产性实训；三是依托校办企业培养“双师型”教师队伍，通过聘请企业技能大师、能工巧匠充实兼职教师队伍；四是依托校办企业开展岗位实习，提高学生对未来就业岗位的应变能力和社会适应能力。

第二，建设区域产业链和学院专业链相融合的工学中心。

充分利用股份制办学优势，结合区域产业链和学院专业链，与合作企业共建了数字处理、信息互联网、自动控制、机械加工、数控加工、数字营销、商贸服务等 7 大类 39 个“工学中心”。工学中心由企业主导、校企共建，通过对外承接生产任务或项目，将企业生产任务转化为学习实训任务，实现工学一体人才培养。企校双方以工学中心为载体，在人才培养方案制定、岗位技能评价、师资培养、社会培训认证等方面深度融合，通过产品制作加工或真实项目的参与，实现了学生综合职业技能素养与企业岗位需求“零对接”，极大地提升了人才培养的针对性和适应性。

第三，学制教育、育训结合、校企合作多措并举解决资金难题。

学院在学制教育方面实行集团化办学模式，设有总校、运城、阳泉、晋中和草坪五个教学校区，在校生规模近万人。在发展学制教育的同时，学院积极和企业合作，为本地企业提供技能提升培训认证服务。为了适应灵活多变的市场经济，开创了校企合作股份制发展模式，学校以资金、仪器设备、科研成果等入股与社会合办企业，与社会股东进行利润的分享，共同承担经营所面临的风险；股份制的发展模式使校办企业相对独立，吸引了大量社会资金，一定程度地缓解资金短缺等情况。

第四，以高水平专业建设为目标开展国际合作。

学院将校办企业的先进技术需求与高水平专业建设相结合，在山西省率先开设了数控技术、工业机器人、3D 打印、工业互联网技术、智能营销、大数据人工智能专业，发挥股份制办学体制优势，与国际先进企业开展技术合作和双向师资培训，推行双元人才培养模式。与德国 DMG 公司建设“山西冶金技师学院数控技术体验中心”，开展 DMG 设备师资培训和认证；与美国 Autodesk 公司建设现代智能制造培训教育中心，开展 CAM 软件人才培养及师资培训；与德国蔡司集团共建“山西冶金 - 蔡司精密测量培训学院”，共同开发适合蔡司的教学培训模式及配套教学资源，探索培养适合高技能精密测量人才及认证评价体系；与法国艾克斯 - 马赛大学共建“法国艾克斯职业技术中国太原培训中心”，开展烘焙制作、烹饪、美容美发与造型等专业的合作。通过职业教育国际合作交流，教师开阔了办学的视野，管理层拓宽了集团办学思路，师资水平得到了提升。

三、主要成效

实行股份制办学以来，集团招生人数一直保持全省技工院校第一的水平，连续十年被评为“山西省技工教育先进单位”，成为山西省技工教育的第一品牌。学院近三年年均毕业生人数达 3000 余人，企业对学生满意度达到 93% 以上。为中国航天科工集团公司、太原（宝武太钢）钢铁集团有限公司等 120 余家企业输送技能人才，先后培养出一大批优秀毕业生。利用校企合作平台，开展“企业新型学徒制”的技能人才培养，与山西安泰集团、山西百一机械公司合作培养电气、焊接、数控等专业的高级工 600 余名。

四、体会与思考

校企合作最终目标是实现校企双方共同发展，企业为学校提供专业建设发展的需求和意见，真实任务的学习内容、技术和师资，促进师生实践水平和专业素养的提升；学校为企业无偿提供场地和资源条件，培养适应企业用人需求的高技能人才。股份制办学在校企合作中具有体制上的优势，山西冶金技师学院创建的工学中心是股份制办学实施过程中探索形成的校企合作重要载体，在技工学校与企业间建立了稳健高效的交互通道，取得了实效。这种做法为其他类型办学形式的校企合作路径创新提供了重要参考。

五、专家点评

山西冶金技师学院充分利用股份制院校的体制特点，有效的运用校办企业、引企入校、股权合作等方式，构建起了校办企业、学制教育、培训认证“三足鼎立”的集团化办学模式。多措并举解决了学院发展的资金问题，并切实实现了校企互利共赢的局面。校企深度合作，在技工教育领域创新提出“产学训赛、四位一体”工学结合的人才培养模式，并得到有效运行。通过成立独立法人的校办企业公司，与合作企业共建工学中心，使学院培养的高技能人才“零距离”满足岗位需求，从而使集团校企合作人才培养走上高水平、高质量、可持续发展的康庄大道。国家对技工教育项目的资金支持，以及山西省人力资源社会保障部门对民办技工教育的高度重视和大力支持，为学院办学的发展创造了良好的环境，是学院获得快速发展的前提和保障。

附录

山西冶金技师学院简介

山西冶金技师学院始建于1956年，原隶属于山西太原钢铁（集团）有限公司（现为宝武太钢），2006年进行分离改制，改制后以技师学院为主体，组建学制教育、培训认证、校办企业三足鼎立的教育集团。学校总占地面积220981平方米，建筑面积142583平方米，全日制在校生近万人，涉及30余个工种，涵盖中级工、高级工、预备技师三个办学层次。

学院以“建学习型教育组织，创一流职业院校，培养高素质、高技能人才”为战略发展目标，秉承“厚德办学、依法治校、学生为本、技能成才”的办学理念，坚持“以能力为本位、以职业为导向、以素质为目标、以服务为宗旨”的办学方针，多年来不断提高教育、教学和培训满意度，连续十年被评为“山西省技工教育先进单位”，荣获“全国教育系统先进集体”“国家级重点技工院校”“国家中等职业教育改革发展示范校”等荣誉称号，在全省树立了集团化办学的品牌优势。

官网：https://sxyjjsxy.cn

官微二维码：

引入现代企业管理制度
助力民办院校规范化管理

合肥工贸高级技工学校股份制办学案例

摘要：合肥工贸高级技工学校作为一所民办非营利性股份制技工学校，充分发掘股份制办学的优势，将现代企业管理制度引入到学校管理中去，与学校的法人治理结构相结合，形成了独特、高效的专业化管理模式。学校充分发挥公益性办学、集体性决策、社会性服务、情怀性发展等多种优势，在人才培养模式中彰显出先进性，对更好地服务地方经济社会发展，培育大国工匠、能工巧匠起到了积极作用。

关键词：股份制办学；现代企业管理制度；学校管理模式

一、背景和意义

合肥工贸高级技工学校是一所民办非营利性技工院校，主要由教职工股东以及合肥安远工业制品有限公司集体持股共同组成学校股东，共有教职工股东 66 人，工业企业股东 1 人。2014 年成立以来，合肥工贸技工学校已由最初几百名师生的技工学校发展为 1.5 万名在校生规模的合肥工贸高级技工学校，连续 3 年招生人数位列全省第一，连续 6 年招生人数位列全市第一，成为安徽省第一所技工院校中的“万人大校”。合肥工贸高级技工学校对股份制办学模式不断探索创新，在完善内部组织架构、服务地方经济、谋划发展布局等方面开展了大量创新型工作，取得了一些成效，已形成了多主体协同、多元化方式、多要素融合的新型股份制办学模式。

二、关键举措

第一，以《合肥工贸高级技工学校章程》（以下简称《章程》）为遵循完善学校治理结构。

参照现代企业法人治理结构和股份制办学模式，经过长期实践，学校探索出较为完善的治理结构：一是学校最高决策机构为学校理事会，理事会由举办者股东以及教职工代表选举产生，研究决定学校各项重大事项，确定机构设置以及人事任免安排，讨论年度财务预算、决算方案，编制学校年度规划。二是举办者（包括出资者）行使监督权力，了解学校经营状况和财务状况，定期查阅财务报告，确保学校办学资金不流失。三是作为理事会成员的教职工股东代表具有股东和学校实际管理者双重身份，代表教职工参与学校实际管理与运营，约束举办者对学校法人财产的直接支配与使用，确保学校法人财产的独立性。依托《章程》规定的股份制办学的制衡股权机制，学校实现了依法自主办学、自主实施管理，平衡各方利益主体权利。

第二，实施现代企业管理。

学校股份制办学模式不断探索，并坚持制度创新，走出了一套适应自身教育教学需求的“现代化企业管理制度”，建立了由人事管理制度、财务管理制度、学生管理制度、行政办公管理制度、会务管理制度、奖惩办法管理制度、绩效考核制度等组成的现代管理制度体系。一是制定教职工工资发放办法以及绩效考核制度，全体教师办理社会保险和住房公积金，教职工暑假期间享受绩效“年中奖”，寒假期间享受绩效“年终奖”，不定期给予节日假日福利，每年组织教职工体检，种种激励措施不断凝聚教师队伍向心力，极大增强了教职工的荣誉感、使命感、幸福感。二是创新人事管理制度，打破“论资排辈”的惯性思维，学校大胆起用新人，建立了一支年轻、朝气蓬勃的校领导班子和教师队伍，学校领导班子平均年龄35岁，教师平均年龄不到30岁。按制度办事、以制度考核已经成为学校“令行禁止，使命必达”的优秀工作作风。三是坚持面向市场战略，将教职工利益与学校兴衰相结合，完善工作制度，制定一系列奖励管理办法，明确责任及处罚措施，做到“奖励有依据、考核讲办法”，将各部门工作纳入学校发展的大循环中，真正做到学校发展与教职工休戚与共。同时，教职工代表以学校理事会理事、监事，学校校领导，职能部门负责人等身份实际参与学校运营管理，依托现代企业管理制度所设立的约束机制，从源头参与学校的运营管理并实行有效监督。

第三，做好学校文化传承。

学校部分教职工来源于国有公办院校，学校经过不断发展壮大成为一所独立的民办股份制高级技工学校，从公办到民办，学院始终坚持为党育才、为国育人理念。

学校一批老技工教育工作者以多年的教育经验诠释着对技工教育的执着与热爱，辛勤耕耘在技工教育的沃土上。作为人生和职业的指引者，他们带领着一批又一批新技工人投身技工教育，匠心筑梦展芳华，初心不忘更前行。全校师生以老技工人为榜样，治学严谨，务实求真，不断加强“教、学、研”活动，提升专业素养和专业技能水平，以精益求精的精神培养更多大国工匠、能工巧匠。伴随办学规模的不断扩大，学校资产总额逐年增加，但学校坚持非营利性办学方向毫不动摇。作为民办股份制学校教职工股东代表的老一批开创者秉承“不管公办民办，都是党办国办”的原则始终坚持社会主义办学道路，明确所有办学结余不得分红，不得挪作他用，所有办学所得全部用于继续办学。在这一批老技工教育者的带领下，学校年轻教师继承优良传统，继续沿袭非营利性办学道路。

三、主要成效

学院充分发挥股份制办学模式优势，累计培养中、高级技能人才近 4 万人，通过校企合作、推荐就业等模式累计向企业输送人才近 3 万人，其中为合肥蔚来汽车有限公司、合肥比亚迪新能源汽车、大众汽车（安徽）有限公司、合肥长安汽车、合肥京东方光电科技有限公司等重点企业输送工学结合学生 2.5 万余人，有效破解了合肥市重点制造业企业结构性、临时性“用工荒”问题。安徽省人力资源社会保障厅、教育厅，合肥市人力资源社会保障局等主管部门多次介绍学校办学经验，凤凰网、安徽电视台、合肥电视台、安徽新闻网、安徽财经网、合肥日报、新闻 110 等主流新闻媒体多次对学院校技能人才培养工作进行专题报道，学校先后获评“国家高技能人才培训基地”“安徽省重点技工学校”。

四、体会与思考

合肥工贸高级技工学校采用的股份制办学模式，是技工学校办学体制创新的具体体现。学校的部分教职工特别是骨干教师具有学校股东和学校工作人员双重身份，企业现代管理制度在学校日常管理中发挥了积极作用，满足了股东教师的发展需求，能够真正将学校事业关联到切身实际，做到与学校荣辱与共。

五、专家点评

合肥工贸高级技工学校坚持办有情怀的技工教育，持之以恒做有温度的技工教育者，同时以独特的股份制办学模式在市场化经济为主体的办学实践中不断夯实完善治理结构、内涵建设、师资队伍建设、人才培养模式探索等，将现代企业管理制度贯穿整个教育教学过程，同时保证社会主义办学方向不动摇。学校年轻教师队伍既传承老一辈技工教育者的情怀和操守，同时又依托市场化激励政策持续保持高昂的工作热情。安徽省人力资源社会保障厅以及合肥市人力资源社会保障局对技工教育的高度重视和关心支持，不断为学校股份制办学模式的探索提供珍贵意见，同时也为学校持续发展营造了良好的外部环境，才能使得学校在股份制办学实践的摸索中不断丰富并发展壮大。

附录

合肥工贸高级技工学校简介

合肥工贸高级技工学校成立于 2014 年，是一所以培养中、高级技工为主体的全日制技工院校。学校占地面积 150 亩，建筑面积 99403 平方米，学校现有教职工 383 人，全日制在校生 11320 人。学校目前开设新能源汽车制造与装配、城市轨道交通运输与管理、数控机床装配与维修等 30 余个专业。学校建有汽修实训车间、数控加工实训车间、工业机器人实训车间等，可满足 5000 名学生同时开展实习、实训教学。

学校深入贯彻“高端引领、校企合作、多元办学、内涵发展”的办学理念，秉承“以德领技、德技双馨”的办学宗旨，培养的学生技能水平高、就业单位好、起薪水平高、专业对口率高、就业稳定性强，为安徽、合肥经济社会发展培养了数以万计的高素质技能型人才，先后荣获“国家高技能人才培训基地”“安徽省重点技工学校”等光荣称号。学校将工匠精神培养作为重点教学内容，融入公共课程、专业教学、实习实训、就业指导和考核鉴定体系，贯穿学校教育教学全过程，使弘扬和传承工匠精神成为技工教育的鲜明特征。

官网：http://www.hfgmgjx.com

官微二维码：

5

增强集团化办学实效
推动技工教育高质量发展

济宁市技师学院集团化办学案例介绍

摘要：为破解技能人才短缺、就业难与招工难并存的结构性矛盾，济宁市深化技工教育体制改革，创新组建山东省首家区域性技工教育集团，构建“三大圈层”、统一“六个平台”、建立“三大体系”，蹚出一条校企协同共育、产教融合发展的特色办学之路，在培养高素质技能人才、服务地方经济社会发展以及提升技工教育在全社会的影响力方面发挥了重要作用，实现了“学校、企业、地方”互动共赢。

关键词：集团化办学；校企合作；产教融合；共建共享

一、背景和意义

济宁作为一个典型的煤炭资源型城市，工矿企业众多，经济转型压力巨大，随着新旧动能转换重大工程深入实施，技能人才短缺问题日益凸显，就业难与招工难并存的结构性矛盾更为突出，对当地技工教育的高质量发展提出了新的要求。目前济宁市共有技工院校 21 所，已形成以济宁市技师学院为龙头，各县（市、区）和有关行业技工学校为支撑的技工教育格局，各类技工院校与企业有着天然的紧密联系，具备开展技工教育集团化办学、组成紧密联合体的独特优势。在此背景下，通过借鉴省内外先进技工院校的成功经验和做法，为推动全市技工教育高质量发展，着力破解结构性就业矛盾、高技能人才短缺等突出问题，更加精准服务新旧动能转换和资源型城市转型发展，2019 年 10 月，在济宁市委市政府和山东省人力资源社会保障厅大力支持下，济宁市技师学院发起并首批联合 129 家企业、19 所技工院校、3 家职业培训机构，组建了山东省首家技工教育集团。经过三年发展，现集团成员单位有企业 188 家，技工院校 20 所、职业培训机构 9 家。

二、关键举措

济宁市技工教育集团以深化产教融合、校企合作为根本目的，其中技工院校主要在集团平台内加强校际交流合作、抱团式发展，深化校企天然联系、实质化合作，避免在教学目标和培养模式上的盲目性和低消耗，共同联合企业拓展产教协同育人，发挥直接为企业输送人力资源的功能；企业主要作为技能人才的使用者和技能人才培育的重要主体，在集团内充分利用技工教育资源，把企业需求融入人才培养各个环节和全过程，避免企业用人与学校育人的滞后性和不匹配，与技工院校共同承担国民教育功能，担当技能人才供给的社会责任。

济宁市技工教育集团面临的主要任务是：立足于解决县市区技工学校招生难、生存发展难，技能人才培养与企业需求、市场需求匹配度不高，技工院校实训设备投入不足，高水平师资力量短缺等制约技工教育高质量发展的“四大难题”，统筹推进集团院校和企业开展全方位、深层次、实质化合作，着力打造紧密型利益联结体，推动形成“行业企业得人才、职工学生得技能、技工院校得发展、地方发展得支撑”的多方共赢新格局。

第一，构建“三大圈层”，搭建科学合理组织架构。

技工教育集团是以济宁市技师学院为依托，由各类技工院校、职业培训机构、企业、科研机构在自愿、平等、互利基础上，组建而成的一个跨区域、跨行业、多层次、综合性的业务紧密型利益联结体。集团各成员单位性质不变、隶属关系不变，以市场化方式运作，共享优势资源，共享合作成果，严格按章程规定建立相应进入和退出机制，实现自我管理。集团组织框架分为指导层、核心层、合作层三个圈层。

指导层为市委市政府工作专班。由市政府分管领导和人力资源社会保障、教育等部门负责同志组成，指导集团运作，协调解决重大困难问题，提供政策支持。

核心层为集团理事会和常务理事会。负责拟定集团发展规划、方针及目标，研究决定集团重大事项；理事会下设招生就业、教育教学、师资调配、培训鉴定、学生管理、科研创新等 6 个专门工作委员会，由集团秘书处统筹协调，全面推进成员单位密切交流合作、推进改革创新、实现共同发展。

合作层为与集团密切相关的合作单位。根据需要为集团提供科研、管理咨询、人才支撑，参与集团科研课题立项、鉴定、成果转让及师资培养等工作。

第二，统一“六个平台”，推动各方紧密协同合作。

集团推行“校企双制、工学一体”企业新型学徒制培养模式，实际运作上实现

"六统一"。一是统一招生就业平台。集团院校、企业联合招生，实现"招工即招生、入企即入校、企校双师共同培养"。二是统一教育教学平台。集团统一确定专业设置和教学方案，校际专业实行错位发展，企业深度参与专业建设，校企共育知识型、技能型、创新型人才。三是统一学生管理平台。完善推广"优秀传统文化 + 军事化 + 企业 7S 文化"的管理育人模式，坚持以优秀传统文化铸魂育心、军事化管理塑形育行、工匠精神培优育能，创建"立德树人"特色品牌。四是统一师资调配平台。健全专业教师和企业专家双向互派机制，集团院校教师和企业专家、产业教授由集团统一调配使用。制定《集团人才共享暂行管理办法》，畅通师资流动渠道，最大限度发挥师资特长优势。五是统一科研创新平台。集团成员单位共享生产和科研实验设施设备，共建实训基地、实验室，既盘活了集团内部资源，避免有些设备、场地长期闲置，也有效解决技工院校实训设备投入不足和单个企业科研设施老化、技术性能落后的问题。六是统一培训鉴定平台。坚持学制教育和职业培训并举，面向集团院校师生、企业职工、社会人员开展各种就业创业、职业技能提升培训和技能鉴定工作，服务区域经济发展。

六个工作平台是推动集团单位合作提质增效的实质化运作载体，对应"六个平台"分别成立 6 个专门委员会，将招生、育人、就业、科研各方面紧密结合，开展链式运作，这使各类成员单位参与技工教育项目建设有实体可依、有载体可用，主动参与集团化办学的积极性和主动性得以有效发挥。校企之间、校校之间、学校与行业之间的合作以六大平台为纽带，建立了多渠道、立体式、互惠式关系，集团邀请成员单位参与具体工作，在各平台相应业务范围内开展项目合作，先后与企业共建实训基地和培训中心、举办校园大型招聘会、开展教学业务专题讲座、评选学生教育管理优秀典型案例、组织院校服务企业技改和产品开发、立项评审科研课题、举办集团职业技能大赛、评选技能大师工作室等主题活动。集团瞄准企业真实所需，积极拓宽技能人才发展渠道，推动技能人才直评技术职称，设置高技能人才工程技术高、中级评审委员会，有效促进了企业专业技术人才队伍建设，各成员单位融入集团化发展的参与感显著增强。

第三，建立"三大体系"，形成务实高效工作机制。

一是建立政策支持体系。济宁市委、市政府大力支持技工教育集团化发展，将"做大做强技工教育集团"写入党代会报告、政府工作报告。2019 年，市政府出台《关于支持济宁市技工教育集团化发展的若干措施》，提出 8 个方面 16 条专项扶持政策，着力破解制约技工教育发展的体制机制障碍。2021 年，又出台《关于进一步推进济宁市技工教育集团化发展的若干政策措施》，提出 10 条具体措施，明确每年投入 1000 万元支持集团发展、划拨 1000 亩土地支持技师学院拓展办学空间、技工院校面向社会提供有偿服务等收入的 70% 可以用于教师绩效分配等“硬核”政策，持续加大支持保障力度，推动集团更好更快发展。

二是建立日常工作运作体系。市委市政府工作专班每月召开调度会议，听取集团秘书处工作进展情况汇报，提出指导意见，推动形成集团实质化运作常态机制。集团秘书处作为理事会常设办事机构，明确为副处级建制，配备 12 名专职人员，按照《济宁市技工教育集团章程》，协调处理集团日常工作，实行工作例会和每周工作台账制度，推进集团成员单位密切合作、共同发展。

三是建立智能化管理体系。依托济宁市技师学院“5G+ 智慧校园”系统，研发了“济宁市技工教育集团可视化综合管理平台”，整合政府部门、企业、技工院校及学生到“一网四端”，实现了集团六个平台全程信息智能化运行。

三、主要成效

第一，企业实质性参与办学全过程，做到“招生即招工、毕业即上岗”。

济宁市技工教育集团成立之初，就聚焦解决校企合作助就业这一关键核心问题，引导企业与技工院校建立对应的供求关系，确保企业在参与集团化办学的过程中，尽义务并享红利。企业向技工院校提供长期稳定的、技术含量较高的、与企业技术发展先进水平相匹配的实习、培训、就业岗位，院校与企业共建人才培养“直通车”，为企业精准输送新型适用型人才，切实解决技能人才培养与企业需求匹配度不高问题。一是企业直接参与办学决策。集团内企业全程参与专业设置、课程开发等办学决策，根据企业需求“量身定制”培养技能人才。目前，集团院校与京东、吉利等 300 余家企业开设订单班次 287 个，与山东荣信、辰欣药业等 59 家企业开展“新型学徒制”培养 2600 余人，校企联合开发一体化校本教材 34 本。二是企业专家直接参与集团教学。聘请“山东省首席技师”“齐鲁大工匠”等 30 余位行业、企业专家担任“实训教授”，老师讲理论、师傅带实操，让学生在学校即可掌握企业先进技术。三是将企业生产场景直接搬进课堂。校企联合打造智能制造、高端化工、京东校园等实训平台，把生产任务带进课堂，学生在校园内进行生产实践，实现实训与就业无缝衔接，学生毕业即可直接上岗工作。2021 年集团毕业生就业率达 98.5%，其中制造业从业人数占 61.2%。

第二，产教多层次深度融合，做到“围绕产业办专业、办好专业兴企业”。

济宁市技工教育集团致力于推动技工院校建设发展与产业转型升级相适应，推动形成技工教育支撑产业发展、产业发展反哺技工教育的良好局面。一是依托产业办专业，精准培养技术技能人才。聚焦新旧动能转换和“十强”产业需求，增设新能源汽车、3D 打印等新兴专业 12 个。按照“专业点 + 企业群”模式，成立信息技术、工业机器人、幼儿教育等产业联盟，推动“企业群”与“院校群”密切合作、“产业链”与“专业链”深度融合。二是紧跟需求建平台，提升服务产业发展能力。紧密对接区域产业，与地方政府和重点企业共建“职业教育产业园”“乡村振兴人才培训基地”等培训平台，与济宁能源共建集团公共培训中心，与山东昊泽共建应急安全体验基地，建设“5G+ 智慧校园”，启动职业培训云平台，构建“线上线下结合、校内校外统筹”的职业培训新模式。2021 年集团院校社会培训与技能鉴定总量达 9.8 万人次，实现区域全覆盖。三是强化引领深化合作，打造“两化”示范培训基地。实施职业技能“标准化、规范化”示范引领工程，与人力资源社会保障部教培中心合作共建“两化”示范培训基地。结合济宁市经济社会和重点产业发展对技能人才需求，以新职业、急需紧缺职业为重点，首批确定工业机器人、虚拟现实、保育师 3 个工种，联合开发培训资源、制定培训标准，开展技能竞赛成果转化，面向全国开展示范培训、师资业务能力提升，推广应用标准化培训课程，推动职业技能培训技术创新和新技术场景应用。

第三，推动资源配置效益最大化，做到“实质性运作、抱团式发展”。

针对部分技工院校专业设置同质化严重、招生困难、生存发展难等问题，济宁市技工教育集团统筹优化、盘活县区和民办技工学校闲置教育教学资源，设立为招生热门高级技工学校、技师学院的分校，通过校校联合开展“1+1+1”分阶段教学模式、“3+2”分阶段注册学籍等办学模式，院校之间签订合作办学协议并约定权利、义务和利益分成，既解决县级技工学校招生困难问题，也为技师学院储备了高层次生源。一是推行专业共建错位办学。统筹集团院校专业建设，结合当地优势产业，集中力量扶持每个院校打造 2~3 个特色专业，有效解决技工院校专业设置同质化严重问题，实现以强带弱、错位发展。2022 年集团全日制招生 10139 人，同比增长 3.01%。二是推行师资共享双向互派。制定《集团人才共享暂行管理办法》，建成 750 余人的专家资源库，由集团统一调配，校企共享优质教师、企业专家和能工巧匠，畅通师资流动渠道。三是推行设备共用盘活资源。集团成员共享设施设备，共建实训基地、科研平台，有效解决学校实训设备投入不足和部分企业科研设施老化、落后问题。目前，已共建机器人视觉动态、机电装备等科研创新平台 5 个。

四、体会与思考

经过三年的实质化运行，济宁市技工教育集团工作机制不断完善、产教融合持续深化、办学特色日趋凸显、人才培养质量显著提高、服务经济社会发展的能力明显增强，各项改革取得了积极进展。主要体会和思路如下。

一是技工教育迎来了前所未有的发展机遇。从习近平总书记关于“大力发展技工教育”的重要指示，到新职业教育法的出台，技工院校产教融合、校企合作的内在优势得以充分体现，工学一体、技能成才的育人模式得到普遍认可，需要以坐不住、慢不得、等不起的紧迫感，主动推动技工院校开展新一轮改革创新。

二是集团化办学是推动技工教育高质量发展的有效举措。经过 3 年的实践，济宁市技工教育集团通过构建跨区域、跨行业、多层次、综合性的紧密型利益联结体，坚持走集团化发展路子，完成了初期建设目标，有效破解了制约技工院校发展的瓶颈，打通了校企合作精准培养高技能人才的最后一千米。

三是党委政府和各级人力资源社会保障部门的大力支持是集团化办学的“主心骨”。济宁市委、市政府两次出台专项扶持政策，是推动集团发展的坚强后盾；人力资源社会保障部发文推广集团办学经验，并在济宁举办全国调研活动，给予了集团发展强大动力。正是得益于党委政府和主管部门的大力支持和关心厚爱，才坚定了集团化办学的信心和决心。

五、专家点评

济宁市技工教育集团以集团化办学的方式整合区域内技能人才培养、使用各项资源，克服了技工院校单打独斗的不足之处，为技工教育发展和校企合作探索了新的路径。特别是通过建机构、建机制，从人员编制、财政投入、日常运行等层面保障了技工教育集团的实体化运作，使集团化办学从松散走向紧密、从面上深入具体。

与此同时，济宁市委市政府对技工教育集团化办学的高度重视和大力支持，为济宁市技工教育集团创造了良好的环境。2019 年、2021 年，济宁市政府分别出台《关于支持济宁市技工教育集团化发展的若干措施》《关于进一步推进济宁市技工教育集团化发展的若干政策措施》，在全市层面、集成多部门力量对济宁市技工教育集团化发展给予政策支持，使技工教育集团获得了强大的发展动能。

附录

济宁市技工教育集团简介

长久以来，技能人才培养与企业需求不匹配问题比较突出，高技能人才严重短缺，“就业难”与“招工难”并存的就业结构性矛盾日益凸显。为着力破解就业结构性矛盾，精准服务新旧动能转换和资源型城市转型，2019 年 10 月，在市委、市政府和各级人力资源社会保障部门大力支持下，由济宁技师学院牵头，联合 129 家企业、19 所技工院校、3 家职业培训机构探索组建济宁市技工教育集团。

围绕打造紧密型利益联结体，集团创新推行“校校合作、资源共享”，实行招生就业、教育教学、学生管理、师资调配、培训鉴定、科研创新“六统一”，推动技工院校错位发展、抱团发展。深度推进“校企合作、产教融合”，让企业直接参与办学决策、企业专家直接参与集团教学，把企业生产场景直接搬进课堂，使企业在人才培养上由“被动接收”变为“主动参与”，老师讲理论，师傅带实操，车间就是课堂，上课就是工作，实现“招生即招工、毕业即上岗”。2020 年，集团校企联合培养“订单班”94 个，同比增长 39.1%，毕业生就业率 98.5%。

官网：https://www.jnsjgjyjt.com

官微二维码：

“一核双驱三支撑”的技工教育集团化办学实践

山东省机械行业职业培训教育集团实体化运作案例

摘要：山东劳动技师学院始终坚持深化产教融合、校企合作，充分发挥自身优势，优化配置政府、企业、学校、行业资源，组建山东省机械行业职业培训教育集团并开展集团化办学。集团在探索实体化运作过程中，逐渐构建了以理事会为核心，制度体系与运行机制为驱动，分支机构、特色机构、服务载体为支撑的“一核双驱三支撑”职教集团实体化运作模式；集团单位合作共建了现代产业学院、技能大师工作室、技术技能创新平台等各类产教融合平台，校企双方通过产教融合平台共建专业、共建课程、共建师资、共同培养、共担就业、共享成果。上述做法为解决技工院校集 团化办学过程中集团工作常态化运行机制不健全、多元主体间的利益协调机制不健全、成员单位合作深度与效益水平欠佳等问题提供了行动参考。近年来，集团影响力不断提升，2021 年被确立为国家示范性职业教育集团（联盟）培育单位。

关键词：集团化办学；实体化运作；产教融合载体

一、背景和意义

作为深化产教融合、校企合作的重要抓手，集团化办学是进一步激发技工教育办学活力，促进优质资源开放共享的重要手段。但长期以来，集团化办学存在多元主体间的利益协调机制不健全，集团工作常态化运行机制不健全，成员单位合作深度与效益水平欠佳等问题，使得集团化办学无法发挥真正作用，为适应新时代国家对技工教育的最新要求，实体化运作改革势在必行。

山东劳动技师学院发挥近70年机电类专业的传统优势，优化配置区域内行政、企业、学校、行业资源，以山东省机械行业职业培训教育集团实体化运作为切入点，以各级各类产教融合平台建设和功能发挥为抓手，在生产、教学、研究、培训、鉴定等方面深入推进产教融合、校企合作。

二、关键举措

第一，创设了“一核双驱三支撑”实体化运作模式。

经过近十年的发展，集团形成了涵盖98家企业、3家行业协会、6家技工院校、4家中高职院校、3家本科院校在内的多元主体的山东省机械行业“朋友圈”，集团逐步探索构建了以理事会为核心，制度体系与运行机制为驱动，分支机构、特色机构、服务载体为支撑的“一核双驱三支撑”职教集团实体化运作模式，成为山东省机械行业交流服务高地，极大地促进了山东省机械行业教育链、人才链与产业链、创新链的有机衔接。

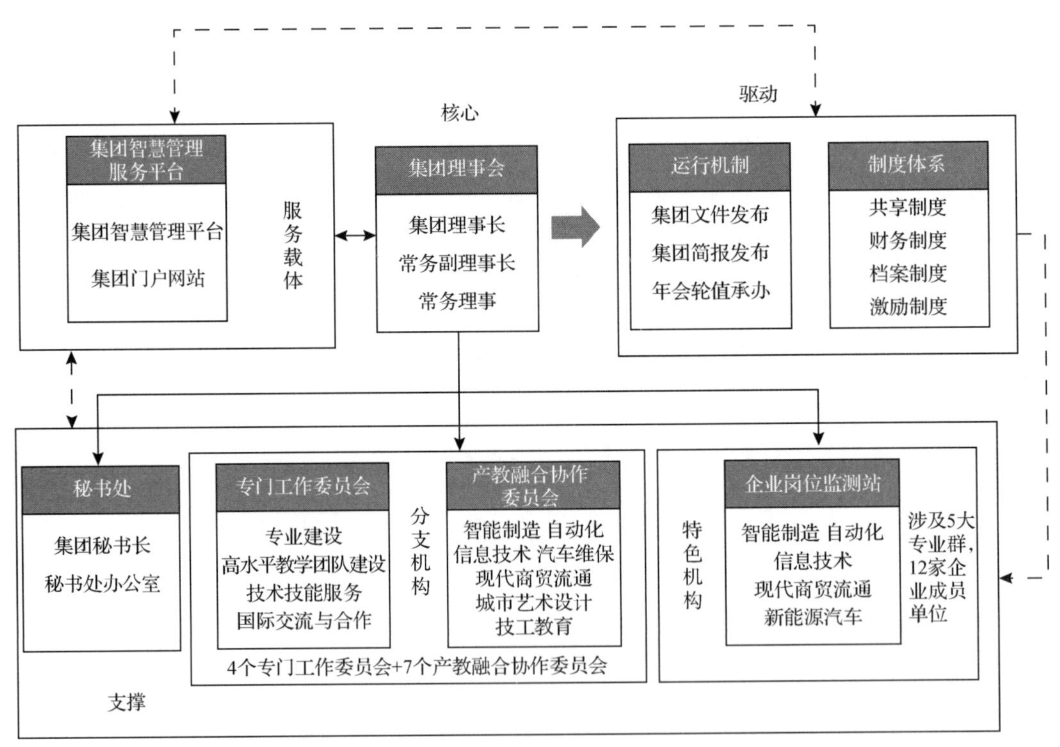

图 “一核双驱三支撑”职教集团实体化运作模式

一是集团充分发挥理事会为核心决策作用，构建了以集团《章程》为基本遵循的管理制度体系。理事会作为集团核心决策机构实施任期制，理事长由山东省人力资源社会保障厅厅长担任，每届任期五年，理事会根据集团发展情况定期修订集团《章程》，先后出台了资源共享、经费管理、档案管理、分支机构管理、考核与激励等方面的制度，搭建了完整的集团管理制度体系。

二是在运行机制方面，集团建立了“两发布、一轮值”的集团常态化运行机制，即文件发布、工作简报以及年会和论坛活动轮值承办等机制。文件发布机制是将集团规划、机构调整、工作部署、考核奖励、活动组织、重要讲话等以集团文件的形式发布；工作简报发布机制是将集团运行过程中的重要事件、发展成就、典型案例等以工作简报的形式定期发布；为进一步提升集团各成员参与集团发展建设的积极性，探索形成了集团年会及论坛活动的轮值承办机制，每年举办的集团年会由集团成员轮流承办。

三是集团设立了“分支机构 + 特色机构”组成的集团二级运行单位，包括专业建设、高水平教学团队建设、技术技能服务、国际交流与合作等 4 个专门工作委员会，以及智能制造、自动化、现代商贸流通、信息技术、汽车维保、城市艺术设计、技工教育等 7 个产教融合协作委员会等集团分支机构，实现了集团运行管理的精细化。集团 12 个企业成员中设立了岗位监测站，将企业成员的新技术、新工艺、新规范，以及相关岗位需求和能力要求变化情况及时反馈，提高学校成员单位在专业调整、教学标准修订、课程内容更新等方面的响应速度，成为集团的特色机构。

四是建成了集团智慧管理信息服务平台。平台对外展示集团发展成果，对内在招聘就业、实习实训、专业建设、课题研发等方面实现集团成员之间的内部资源共享，提升了成员单位之间的数据互联、信息互通、资源共享、项目共建水平。平台还实现了对集团机构、制度、文件、经费、研究成果、企业运行等情况的信息化管理，实现以信息化带动管理精细化，进而将集团打造成山东省机械行业的人才供需、校企合作、项目研发、技术服务、科学研究的聚集高地。

第二，政企行校共建多元产教融合载体。

一是共同出资兴办现代产业学院。将集团企业成员资本、知识、技术、设备、管理、品牌与学校成员的教育教学资源充分结合。集团成员单位山东劳动技师学院、武汉华中数控股份有限公司共建的混合所有制智能制造学院，实施校企双主体人才培养模式，实现人才共育、成果共享。教学设备设施由校企双方共同投入建设，产权按照谁投资谁拥有的原则划分，校方提供智能制造学院所需的教学、办公场所与基础技能实训设备；智能制造学院所需要的知识软件、专业技术标准和部分专业性实训、大赛设备等由企业提供，产权归企业，智能制造学院拥有使用权。此外，校企双方共同投入了 3000 万元，建设了高端实训中心和智能制造产教融合协同创新中心，共建了工业机器人技术（工业机器人应用与维护专业方向）、智能制造系统调试和运行维护 2 个专业，开发了 18 门课程标准，6 本校企合作教材；联合开展了生产性实训、智能制造一体化教师培训、企业产品研发与制造、技能大赛培训等工作。

二是实质性合作建设“一站一室一平台”。成员单位合作共建齐鲁技能大师特色工作站、于峰国家级技能大师工作室、王芳名师工作室、智能控制技术技能传承创新研发平台等产教融合载体，在校企合作进行产品研发、课程开发、资源建设、师资培养等方面发挥重要作用。以校企联合共建的智能制造生产线的生产运营为依托，与企业联合开发设计生产实训项目、教学实训课题并完成企业员工培训的同时，参与生产线的使用管理与维护，构建产品生产与教育培训共同体；实施“一课双师”教学模式，即有校内专任教师与行业企业高技能水平兼职教师共同讲授一门专业课程，双方发挥各自专长，共同探讨确定课程的教学目标、教学内容及教学过程，保证课程内容与职业标准对接，教学过程与工作过程对接，并根据实际教学内容及教学过程开发校企合作教材；企业成员单位设立教师企业实践工作站，集团院校开展五年一周期教师企业锻炼，为院校成员培养了大批“双师型”教师和教学创新团队；签订企业委托横向“四技”合同 119 个，“四技”合同到款额 905.65 万元。

三是高水平建设世界技能大赛 CAD 机械设计项目集训基地。集团积极推动校企协同世赛集训与成果转化，基于世界技能大赛 CAD 机械设计项目，集团成员共同建成了国内一流的世赛集训基地，协同打造了一支以世赛首席专家和行业领域专家为核心，以企业技师和校内专任教师为骨干，以心理辅导师和技术翻译为辅助的，省内一流、全国知名的大赛专家教练团队，形成可复制、可借鉴的大赛选手选拔、培养体系模式，并探索了如何将世赛成果转化为卓越技师培养的路径，初步形成了德技双修的“齐鲁工匠”人才培养体系。

三、主要成效

2020 年以来，在共建共享方面，集团培育山东省产教融合型企业 12 个、共建专业 33 个，共同开发课程 169 门、教材 18 本。在师资共建方面，成员单位共有企业兼职教师 2949 人，校际兼职教师 833 人，教师企业实践 768 人月。在合作育人方面，校企联合培养订单班学生 4826 人，学生在成员单位顶岗实习占全部实习学生的 92.4%，毕业生在集团内企业就业人数占总就业学生数的 47%、集团内毕业生孵化企业 8 个、集团内毕业生孵化创业项目数 21 个、毕业生受国家或省级奖项 205 个。在研究交流方面，成员单位合作申请专利 17 项、合作获得省级和国家级奖励 116 项。集团成员间横向科研项目达 78 项、集团成员之间横向委托资金 268.49 万元。岗前培训 3561 人次、岗位培训 109636 人次、继续教育 352 人次。

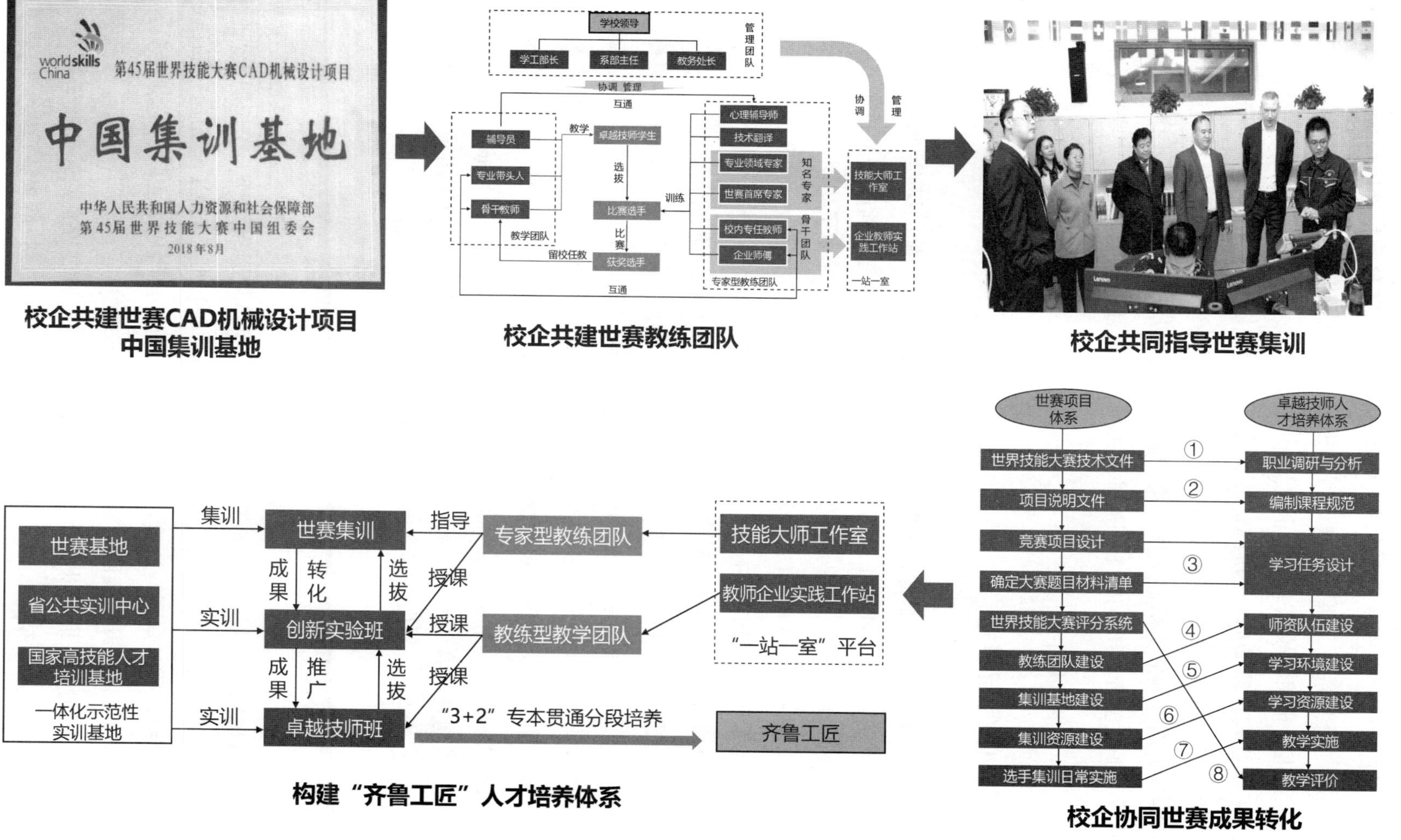

图 世界技能大赛集训与成果转化

光明日报、大众日报、中国网、中国教育在线、齐鲁晚报等国内数十家媒体对集团发展、经验做法、典型案例进行了报道；2019 年 8 月 15 日，中央电视台新闻联播也报道了集团院校服务集团企业员工技能提升的典型做法，并给予了充分肯定。2021 年职业教育活动周全国启动仪式在山东济南举行，集团作为全国知名职教集团参加了职教周现场活动，集中展示了集团近年来在推进产教融合、校企合作、人才培养等方面开展的实质性工作，集团影响力进一步提升。2019 年集团被认定为山东省骨干职业教育集团，2021 年被确立为国家示范性职业教育集团（联盟）培育单位。

四、体会与思考

一是集团以精细化管理实现高效能治理。集团章程理清了多元主体之间的关系，为集团治理提供具有操作性的现实指导。完善了集团民主协商的决策机制，在涉及集团发展的重大事项时，充分发挥理事会的积极作用。建立了集团分支机构和特色机构，使集团内部的教师队伍建设、实训基地建设、招生就业、课程开发、教学资源共享、技术研发与推广都有专门的机构统筹发展，提升工作的科学性与效率。二是以信息共享促进成员间协同。通过集团智慧管理平台，动态发布集团动向与成员单位信息，畅通沟通渠道，促进成员单位的相互了解，有效减少由信息不对称而造成的损失。三是以成员荣誉感提升组织凝聚力。充分利用了集团门户网站、微信公众号、新闻媒体等大众传播平台，提升了职教集团的社会影响力和美誉度，激发了成员组织荣誉感、认同感与归属感，形成牢固的组织承诺。下一步，集团将探索创新产权形式，院校、行业协会、企业、政府部门等多元主体以资金、设备、技术、品牌等入股组建混合所有的组织实体，成员单位依托份额参与集团管理与分配，使集团获得独立的民事主体资格，形成风险共担、利益共享机制。

五、专家点评

山东省机械行业职业培训教育集团积极探索实体化运作路径，在长期实践过程中，开创了“一核双驱三支撑”的管理体制和运行机制，实现了集团运行的稳定、高效、可持续，同时集团智慧管理平台的应用促进了集团成员之间的信息共享与沟通了解，为技工院校开展集团化办学积累了有益的经验。

在办学机制上，集团以混合所有制改革为牵引，通过校企共建产业学院、产教融合协同创新中心、技能大师工作室、教师企业工作站、技能大赛世赛实训基地等多元化、全链条的产教融合载体，实现了集团成员共商专业规划、共议课程开发、共组师资队伍、共创培养模式、共建实习基地、共享培养成果的校企合作办学模式，使校企合作从形式走向实质并形成丰硕成果。

附录

山东劳动技师学院简介

山东劳动技师学院（山东劳动职业技术学院）是山东省人力资源和社会保障厅直属的全日制普通高等院校。1955 年建校，是山东省第一所公办技术学校。学校占地面积 1050 亩，建筑面积 49.7 万平方米，全日制在校学生 16500 余人，招生专业 43 个，教职工 690 人，其中教授 32 人、享受国务院特殊津贴专家 2 人、泰山领军人才 1 人、全国技术能手 7 人、全国模范教师 1 人、国家级技能大师工作室领办人 1 人。校内实习实训场地面积 95000 多平方米，实践基地、实训室 168 个，实习实训工位 6100 多个，教学科研仪器设备总值达 1.84 亿元。

学校坚持“高端引领、特色立校、内涵发展、多元办学”的办学方针，先后获得“全国职业教育先进单位”“国家高技能人才培养示范基地”“国家级专业技术人员继续教育基地”“国家技能人才培育工作突出贡献奖”等称号。学校是第 44、45、46 届世界技能大赛中国集训基地，山东技能大赛研究中心，山东省公共实训基地建设单位，牵头成立的山东省机械行业职业培训教育集团被确立为国家示范性职业教育集团（联盟）培育单位。

官网：http://www.sdlvtc.cn

官微二维码：

7

引企入校　精准共育高技能人才

浙江建设技师学院引企入校案例

摘要： 为了积极响应行业人才需求和保障学生就业，浙江建设技师学院建筑艺术系建筑装饰专业联合相关企业完善教学架构设计，实施新型校企合作高技能人才培养模式，与企业共同建立“产教联合基地”，开发课程和教学资源，形成了从学习到模拟再到真实岗位学习的逐级螺旋递进的教学体系，有效解决了技能人才培养供给侧和相关产业需求侧存在的结构性矛盾，努力实现人才培养与企业需求的无缝对接。

关键词： 引企入校；产教融合；精准培养

一、背景和意义

随着我国建筑工业化进程的推进，新技术赋能带来的产业结构升级，产业化、信息化、绿色化发展对建筑装饰人才提出了更高要求。当前技能人才培养供给侧和相关产业需求侧在结构、质量、水平上存在一定的矛盾，普遍存在学生的综合职业能力不强，就业对口性不高的问题。因此，如何提升学生技能水平和职业素养，如何实现人才培养与企业需求无缝对接，是值得探究的课题。按照浙江省政府关于建设建筑大省、建筑强省的部署，浙江建设技师学院立足建筑产业转型升级发展需要，从学院建筑装饰专业着手，引企入校、引起入教、精准培养契合行业岗位需求的高技能人才。

二、关键举措

第一，因“岗”制宜，引企入校。

一是通过大量调研，与行业、企业专家会谈，以建筑装饰行业发展现状、趋势与人才需求为依据，以满足学生就业需求为导向，确定本专业工作领域和岗位群，明确了涂装项目管理研修、装配式内装研修、全屋定制设计与施工等研修培养方向。二是学院成立了由上级主管部门、行业协会、90余家企业的领导和专家共同组成的“校企合作指导委员会”，共同商讨产教融合、校企合作相关培养方案，改进课程模式，完善评价标准，提升培养质量。三是学院与德华兔宝宝装饰新材股份有限公司、浙江品宏涂装有限公司等多家企业共同建立了“产教联合基地”，签订了“企业助学协议”，引企入校并搭建人才培养平台。

第二，一企一案，定制培养。

学院建筑装饰、环境艺术设计等专业实施“一企一案，工学结合”培养模式。按照企业主导、“一企一案”的原则，院校教师与企业专家、一线师傅共同组建校企合作团队，通过实地调研、专题研讨、企业座谈、专家指导等方式，全面深度调研德华兔宝宝装饰新材股份有限公司、浙江品宏涂装有限公司、上海开装建筑科技有限公司等入校企业需求，了解企业典型岗位职业技能和职业素养，将不同的岗位需求转化为不同方向的人才培养目标，根据人才培养目标进行课程体系、培养方式，教学组织安排、考核机制等建设，完成“定制型”人才培养方案。结合企业岗位典型工作任务与职业能力分析，校企共建基于真实岗位学习的逐级螺旋递进的教学体系。校企共同完成《装配式装修基础课程导论》《装配式装修材料及工艺》《涂装技术与管理》《兔宝宝设计师》等课程开发。

第三，产教联合，双导共培。

学院实行双导师团队模式共同培养学生，企业导师每周至少1天进行现场教学演示，企业导师每月2次讲座或培训等方式与学校教师共同完成真实项目教学。采用开放式的工作形式，校内导师依据设计任务特点、教学目标，对接课堂教学需要，有针对性指导学生完成企业项目，在真实企业项目中逐步增长学生专业知识，提升专业技能。安排学生定期赴企业学习实践，更真实地体验一线工作环境，融入真实工作岗位。

第四，基地提升，实践引领。

有机结合学院优势实训场地基础，与上海开装建筑科技有限公司等企业开展产教融合深度联动平台建设，对接行业先进技术，整合串联校内校外实训空间。设立浙江建设技师学院开装科技职业训练院，建设了装配式教室、装配式样板间、技能实操等级认定考试室及工具间等真实对接企业项目的实训场所与装配式实训教学展厅，展示了装配式内装在不同应用空间场景的效果，帮助学生更好地理解装配式内装的技术和产品体系。学生在真实场景中获得工作体验，助力学生技能目标的达成。

第五，企校合作，多元评价。

一是对接企业标准，建立并完善学习项目的阶段性检查和考核评价体系。学生每月一次汇报项目实施情况，校企导师共同检查学生项目实施工作进度，对学生提出项目实施过程中遇到的问题大家共同讨论。项目实施进行到中段，学生须向校企导师汇报项目中段取得成果及问题，双方导师对学生项目研究的进度和工作内容、阶段成果进行检查，做好考核记录。对未能完成项目进度的学生，须详细了解原因并进行分析，指导学生按照进度完成项目。二是项目评审与答辩、考核成绩。校企导师共同评审项目，企业导师和指导教师评定项目成绩，填写《浙江建设技师学院技师研修终期评分表》。项目答辩内容以项目为主，由校企双方选派专业人员组织实施。学生最终考核成绩由三项评定合成，企业导师评定项目成绩占 30%，学校导师评定项目成绩占 30%，答辩小组评定成绩占 40%。

三、主要成效

近年来建筑艺术系完成 4 项省级课题，与企业联合开发 5 项专利，获多个全国、省厅级奖项。承担浙江省技能等级认定省级题库《手工木工》开发、第十届中国花博会配套酒店装饰工程重点实践项目等重大项目，参与了绿色酒店装配式内装工程从业人员职业技能评价规范（团体标准）的编写和中国建设劳动学会《手工木工》《PC 构件制作工》团体标准的编写。学校建筑装饰专业高级工毕业生进入德华兔宝宝等引企入校合作企业月薪超 4500 元 / 月，专业对口就业率接近 100%。浙江《都市新时空》等新闻媒体多次报道校企合作工作，社会评价良好。

四、体会与思考

近年来，在浙江省人力资源社会保障厅和行业协会的关心支持下，建筑艺术系已与多家企业携手打造了深度产教融合合作平台，通过引企入校、一企一案、双导共培、精准培养等方式，根据建筑装饰行业的不同岗位需求定向培养学生，将产教融合落实到教育教学全过程。虽然已有一定的成果，但是由于我国建筑工业化进程的推进，当前建筑装饰行业迎来新的转型和机遇，在如何深化产教融合，如何提高企业的积极性和参与意识，共同联合培养企业和社会急需的人才，尤其是在提升学生技能水平和综合职业素养方面还需要继续探索和实践。接下来将通过多种途径，依托校企合作委员会充分发挥好桥梁纽带作用，推动政府、协会、学校、企业四方联动聚力、资源共享和优势互补，与企业共同拓展更多产教融合生产性项目，建设校企合作“互动共驱”的长效机制。

五、专家点评

浙江建设技师学院积极面对新经济、新技术的挑战和机遇、立足于建筑产业转型升级发展需要，多年来与省内外多家知名建筑企业签订合作协议，创建“产教联合基地”平台，弥补技能人才培养供给侧和相关产业需求侧存在的矛盾，努力实现人才培养与企业需求的无缝对接。学院从建筑装饰专业着手，通过因“岗”制宜，引企入校、一企一案、双导共培等方式，精准培养契合行业岗位需求的高技能人才。企业导师定期进课堂教学，与学校导师取长补短，共同开发教学资源包，学校专业教师定期带学生下基地开展教学和实践，工学结合，及时指导，取得了可喜成绩。

附录

浙江建设技师学院简介

浙江建设技师学院成立于 1978 年，是浙江省属公办技师学院、国家重点技工学校、国家技能人才培育突出贡献单位、浙江省集体一等功单位、浙江省一流技师学院建设项目单位、国家级高技能人才培训基地。学校占地面积 344 亩，建筑面积 13 万平方米，全日制在校生近 8000 人，开设 26 个专业，教职工 300 余人。学校建有四大类 63 个实习实训工场，3.6 万平方米实习场地，拥有国内外先进实训设备。

学校坚持以建筑为办学特色，近年来在一体化教学改革、技能竞赛、产教融合校企合作等方面取得了优异的成绩，特别是在第 44、45、46 届世界技能大赛和 2022 年世赛特别赛上取得了 2 金 1 银 1 优胜的优异成绩，12 位学生在 2020 年首届全国职业技能大赛中获得了全国技术能手称号。学院注重劳模精神、劳动精神和工匠精神的培养，学生具有职业定位准、肯于吃苦、专业功底扎实、动手能力强等优点，成为企业的“抢手货”。

官网：https://www.zjjaxx.com

官微二维码：

校企共建教学工厂　提高人才培养质量

贵州省电子信息技师学院校企合作案例

摘要：为深入推进产教融合、校企合作，将学生岗位实习适度前置，贵州省电子信息技师学院遴选优势专业和行业龙头企业，校企共同投资建设“教学工厂”，通过管理机构、制度体系等方面的建设，实现了“教学工厂”常态化运营。学院以“教学工厂”为校企合作重要载体，深入推进了教学模式、教研科研、师资队伍、社会服务等方面的改革，在人才培养质量、企业职工培训数量、科研项目、标志成果、学院创收等方面取得突破。

关键词：教学工厂；人才培养；引企入校

一、背景和意义

贵州省电子信息技师学院针对学生生源素质差异大、学生学习基础和能力不强，实践技能相对薄弱等问题，主动对接区域企业，利用自身优势，整合各方资源，与技术型企业共建“教学工厂”实训基地。“教学工厂”实训基地以加强内涵建设为主线，以生产性实习为主攻方向，利用院校人才培养的各种有利条件和政策，共同探索、尝试改革措施，打破了传统的管理框架和模式，加强了学院与企业之间的交流，探索了特色学徒制培养模式，实现了学校人才供给与企业人才需求无缝衔接，为区域经济社会的加速发展提供高技能人才保障。

二、关键举措

第一，校企共同投资运营教学工厂。

学院投入启动资金20万元，生产性实训设备折合100万元，企业投入生产性实训设备350万元，共同投建“教学工厂”实训基地。校企双方责任共担、权利共享，学院按照生产总值的百分比收取适当的管理费用，企业每月为学生提供勤工俭学岗位，满足困难学生的勤工俭学需求。“教学工厂”实训基地运营方面，由企业负责产品订单、市场维护及解决与需求单位出现的问题，学院负责产品生产、进度控制、检测、物流、设备维护保养等。校企双方成立产品研发中心，由企业技术骨干和校方技能大师共同参与，对新品进行技术攻关，对产品加工过程中出现的问题进行及时解决。

第二，构建教学工厂管理机构和制度体系。

学院成立产教融合中心，科学规划和统筹指导全院校企合作重大问题和事项；产教融合中心作为产教融合校企合作的牵头部门，协助学院各教学部门对“教学工厂”实施动态管理和指导协调。中心推动制定了《教学工厂运行管理制度汇编》《教学工厂设备维护保养管理规定》《教学工厂工量具借用使用条例》《教学工厂物品采购的有关规定》《教学工厂经费使用管理规定》《教学工厂生产质量管理办法》《教学工厂生产成本核算制度》《教学工厂原材料、工具、刀具和教具的管理办法》《教学工厂学生勤工俭学管理办法》等规章制度，构建了系统化“教学工厂”管理制度体系，保障“教学工厂”有序高效运营。

第三，依托教学工厂工作流程实施教学改革。

基于“教学工厂”实际工作流程，创新教学安排形式，以生产管理→后勤管理→技术部门→工艺分析→检测→设备管理→包装等生产环节为基础，设计了师生岗位轮岗制教学安排，教学与工作紧密结合、相互交织，在工作流程中师生共同参与新技术、新工艺的学习应用。校企双方及时总结归纳产品生产流程中的问题，将生产过程中工艺、流程、检测等问题的解决方案融入教学改革，通过动态调整专业课程体系，更新教学内容，开发校本一体化教材，让学生学习过程具象化。

教学工厂师生轮岗流程图

组别	现场管理		后勤			技术+质量							生产组								后勤			质量	后勤		校企办
序号	1		2			3							4								5			6	7		8
产品流程	计划产生订单	毛坯下单	毛坯收货入库	检测		设计工装	制定工艺	工序铣调机	自检	工序车调机	自检	检测	工位一	生产检测去毛刺	工位二	生产检测去毛刺	工位三	生产检测去毛刺	工位四	生产检测去毛刺	去毛刺	外观检测		尺寸终检	打包	发货	月总结
				数量检测	外观检测																	抛光	去污				
负责人																											
教师																											
学生1																											
学生2																											
学生3																											

图　师生轮岗流程图

第四，建设以教学工厂为核心的产教融合体系。

发挥“教学工厂”产教融合载体作用，学院与都匀大隆传动机械有限公司、凯里航兴凯宏机械有限公司、黔南模具制造有限公司等一批贵州本地企业，以及广州优度热流道有限公司、重庆纽摩新科技有限公司、重庆液涡流汽车零部件有限公司等省外企业进行深度合作，合作企业共计 47 家，同时与都匀匀东开发区、都匀绿茵湖经开区等多个工业园区达成协议并开展合作。“教学工厂”服务双师型教师建设，通过安排专业教师直接参加企业的生产管理，新技术、新工艺的推广应用，技术攻关和新项目开发等工作，不断提高双师素质以及实践、科研能力，聘请行业企业的专业人才和能工巧匠到学院担任兼职教师，建成了一支专兼结合的实践教学师资队伍。

三、主要成效

一是“教学工厂”为实习教学提供了具有 100 个工位的生产车间，满足学生实习实训需求。二是“教学工厂”深度推进了教学与生产有效对接，创新了工学一体的教学模式，累计培养学生 32 批次，780 余人累计培训教师 127 人次，其中轮岗教师 46 人次，培训教师 81 人次，平均每学期完成 3200 课时。三是“教学工厂”培训企业从业人员 180 人次，培训技师、高级技师约 70 人次，为周边 20 余家微小企业提供技术指导、设备安装维修等多项服务达 50 余次，为周边困难户提供岗位，解决了本地贫困户 20 余人的就业问题。四是通过“教学工厂”平台引进专业带头人 3 人，培养专业带头人 5 人，引进骨干教师 3 人，培养骨干教师 8 人，每年选派 10~15 名专业课青年教师到企业顶岗实践或授课，提高师资队伍整体素质。五是“教学工厂”作为产教融合的重要载体，极大推进了校本教材的开发和科研项目研发，通过“校企合作联合申报科研课题”“企业委托学院研究开发”“学院科研成果进行技术转让或联合开发”等多种形式，累计开发新品 60 余项，申报专利 18 项，开发校本教材 20 余本。六是“教学工厂”成为学院营收增长点，生产了 70 余种 20 万件以上的产品，产值达 300 万元。

四、体会与思考

“教学工厂”符合学院“立足地方、贡献地方，联合培养、优势互补，形式多样、注重实效，互惠互利、共同发展”的办学原则，学院以服务区域经济发展为纽带，以行业企业为依托，以培养高素质技能应用型专门人才为目标，以实践教学改革为动力，以师资队伍建设、生产性实习实训教学体系建设为支撑，深入推进“教学工厂”建设与运行。探索出的校企合作新模式具有市场化的运作模式、工厂化的建设格局、一体化的教学组织、融合化的教学团队、产品化的教学成果、个性化的技能人才的“六化”特色，为培养高素质技能型人才，实现学院高质量发展奠定了坚实基础。

五、专家点评

贵州省电子信息技师学院以校企共建“教学工厂”为平台，以产品为依托，突破常规培养模式，实现教学与生产、学院与企业文化的有效融合；结合企业产品生产，开发了教学项目和教学案例，推行“生产共抓，育人同担”的运行机制；推行项目化实训，实训教学按企业工作流程实施，实现产品生产企业化、实习教学生产化，形成成熟的校内生产性实习实训平台；教学项目和案例来自产品生产比例达到80%以上，具备产品研发能力；实现企业技术、标准、设备校企共享，产品营销市场化；充分服务于政府、社会、行业企业及周边院校。学院通过共建工厂、共同管理、共建机制，从资金投入、组织保障、日常运行、制度保障、利益共享、责任共担等层面保障了“教学工厂”的可行性运作，为技工教育发展和产教融合校企合作探索了新路径。

附录

贵州省电子信息技师学院简介

贵州省电子信息技师学院创建于1975年10月，是省属全额拨款的事业单位，隶属于贵州省工业和信息化厅。学校总占地668亩，建筑面积23万多平方米，可容纳学生8000人；设有24个专业，教职工474人，具有高级职称教师比例达到25%，中高级实习指导教师、高级技师148人。实训设备资产1.38亿元，其中数控设备、工业级3D打印、工业机器人、无人机等各类生产教学设备价值5100余万元。拥有各类实习设备仪器4800台（套），教学用计算机2700余台，安全生产培训考试用机480台，各类实习实训工位4600余个。

学院传承军工“三线”精神，立德树人，以办人民满意的职业教育为宗旨，获得“全国高等职业学校德育工作先进单位”“国家高级技能人才培育突出贡献奖”“贵州省技工学校先进单位”等荣誉称号，建有世界技能大赛国家集训基地2个，国家级高技能人才培训基地 2 个，省级高技能人才培训基地 3 个，国家级技能大师工作室 3 个，省级技能大师工作室 4 个，是全国职业教育先进单位、国家电子信息产业高技能人才培训基地、贵州省第 84 国家职业技能鉴定所。学院分别于 2018 年和 2022 年建设完成并投入运行的两家机械制造类校内“教学工厂”，有成熟的“教学工厂”运行机制、整套“教学工厂”工作流程和人才培养程序及各项规章制度。

官网：https://www.gztcme.cn

官微二维码：

构建从“输出型”向“输入型”转变的技能竞赛体系

云南技师学院技能竞赛体系建设案例

摘要：“以赛促教、以赛促学、以赛促改、以赛促建”，不断提高人才培养质量，是技工院校组织、参与技能竞赛的主要目的。但是长期以来，技能竞赛经费投入多是困扰技工院校办赛的主要问题。云南技师学院总结多年办赛经验，通过承接各级各类比赛，构建了企业职工培训、职业资格鉴定、技能等级认定一体化解决方案，有效平衡了技能竞赛的投入与产出，探索出了一条校企合作办赛之路。学院通过承办大赛，同步提升了教师能力水平、完善了实习实训条件，形成了“承办大赛—改善办学条件—助力人才培养—形成良好声誉—承办更多大赛”的良性循环。

关键词：技能竞赛；校企合作；企业职工培训

一、背景和意义

满足技工院校学生的技能训练需求，需要投入大量资金，解决建设与行业企业需求相匹配的实训条件，实施工学一体化技能人才培养，与办学经费相对不足的矛盾，是技工院校高质量人才培养过程中面对的重大课题。随着国家、社会对技能竞赛重视程度不断增强，技能竞赛的投入也越来越大，技能竞赛的组织、训练已经成为技工院校办学投入的重要组成部分。如何将技能竞赛工作从“输出型”转变为“输入型”，云南技师学院不断探索校企合作新模式，服务企业新需求，将培训、竞赛、取证融为一体，服务企业职工技能提升，实现校企双方互利共赢。

二、关键举措

第一，健全学院竞赛工作机制，激发承赛活力。

制定了《云南技师学院竞赛工作指导意见》《云南技师学院竞赛工作指导管理办法》等制度文件，从制度保障、后勤保障、经费预算、教师成长通道、选手成长通道等方面建立了竞赛工作机制，规范了学院竞赛工作。在学院预决算等财务制度的框架内，各教学单位主动对接企业，承接企业职工技能大赛，所得经费全部纳入教学单位二级预算，用于教学单位技能竞赛、专业建设、教学改革、实训条件改善等方面的支出，极大地提高了各教学单位主动承接培训、竞赛的能动性。

第二，将竞赛融入学院人才培养全过程。

学院构建了由世界技能大赛、国家大赛、省级大赛、行业赛、州市级大赛、校级竞赛组成的“六级”竞赛体系。以“竞赛化”为基本理念，依托“六级”竞赛体系，将技能竞赛要求有机融入日常教学、技能节、选拔集训等各方面，以技能大赛为核心开展专业建设、课程改革，形成“竞赛化”氛围。将职业技能竞赛标准、规范融入专业人才培养方案、课程体系、教学内容、教学评价等方面，实施“赛课融通”教学改革。学院每年4—7月开展“技能节”系列活动，将技能竞赛项目设置和训练标准对接世赛、国赛、省赛和行业赛的项目和技术标准，以冲击最高奖项为目标，科学制定竞赛训练方案，逐项分解训练计划，在学院内部营造了浓厚的技能比拼的氛围，为各级各类比赛选手选拔提供土壤。

第三，构建培训、大赛、取证于一体的服务企业职工技能提升新模式。

学院将承办企业职工职业技能大赛作为深化校企合作重要途径。学院是云南省人力资源和社会保障厅备案的社会评价组织，结合学院教学实训条件，按照技能等级证书评价标准，主动对接企业需求，面向企业开展“培训＋竞赛＋取证”服务。以学院和云南省能源投资集团有限公司合作为例，学院相关部门通力合作，为云南省能源投资集团有限公司提供职工职业技能竞赛电工赛项服务。在职工原有技能等级证书的基础上，根据国家电工职业技能等级取证标准，校企共同设计培训内容、时长、方式，在经过一段时长培训的基础上，组织职工技能大赛。大赛内容融合了技能等级证书评价标准，按大赛文件规定对成绩优秀的职工进行表彰奖励，对符合技能等级证书评价标准的职工，发放相应等级职业技能等级证书。这种模式搭建了校企学习交流、切磋技艺、提升技能的平台，为企业职工搭建了技能迅速提升和技能等级证书获取的快速通道。

三、主要成效

近年来，学院通过为企业提供“培训＋大赛＋取证”的职工技能提升服务，完成职业资格鉴定及职业技能等级认定考核 17.5 万人次，累计培训、鉴定考核 42.85 万人次。学院与 247 家省内外知名企业建立合作，在省内 60 多个企业挂牌成立“云南技师学院联系企业服务站”。学院承办大赛工作获得人民日报、中国日报、技能中国、大国人才、环球在线、中国培训、云南发布等国家级、省级媒体宣传报道，共 10 余篇。

四、体会与思考

企业有职工能力提升方面的需求，技工院校在技能培训、组织竞赛、鉴定技能等级证书等方面具有天然优势，通过承接培训，以技能竞赛的形式检验培训效果是校企双方开展合作重要契合点，企业员工实现了技能提升，学校也部分解决了办学经费紧张的问题。技能竞赛是评价技工院校人才培养质量的重要方式，以赛促学、以赛促教、以赛促改是技能竞赛更深层次要求，通过技能竞赛，极大推进了教学改革，锻炼了师资，提升了人才培养质量。

五、专家点评

云南技师学院充分发挥学校服务社会的工作职能，坚持“以服务为宗旨、以就业为导向、以质量为核心”，积极适应市场需求，大力开展校企合作，遵循“企业先利、资源共享、合作育人、校企双赢”的原则，努力探索新路子、新方法，深入市场、深入企业，推进校企融合，充分利用学院优势资源，为企业提供职工技能提升服务，构建了培训、大赛、取证于一体的企业职工技能提升模式，为企业提供了所需求的技能人才提升服务，同时优化了学院的自我造血功能，激发了各教学单位主动承担社会服务职能的积极性，搭建了学院教师与企业职工同台切磋技艺的平台，有效推进了学院校企合作的深度和广度，实现了院校和企业的互利共赢。

附录

云南技师学院简介

云南技师学院是云南省人民政府主办，云南省人力资源社会保障厅直管的省属公办技工院校，始创于 1961 年。2009 年 11 月经云南省人民政府批准，升级为云南技师学院，成为云南首家技师学院。2017 年获批成立云南工贸职业技术学院，2019 年省委编办正式批复学校为云南技师学院（云南工贸职业技术学院）。学院占地面积 1167.65 亩，总建筑面积 40 万平方米，现有专业 32 个，全日制在校生 15000 余人，教职工 625 人，高级专业技术职称教师占比 29.43%，有享有国务院政府特殊津贴人员、全国技术能手、云南省高技能人才、兴滇英才支持计划、云南省技工院校教学名师等各层次奖项 29 人次。学校建有国家级高技能人才培训基地 4 个，世界技能大赛中国集训基地 2 个，国家级康养基地 1 个，省级技能实训示范基地 4 个，校内实训基地 60 多个。

学院坚持“德融四海、技行天下”的校训，秉承“崇德尚技、追求卓越”的学校精神，坚持“校企合作、工学一体”的办学模式，构建“品德铸魂、技能立身、体美添彩、劳动塑形”人才培养体系，实践“四化三式”教学模式，实施“五廉一体”工程、建立“七位一体”监督体系，保证学院办学和校园安全秩序运行顺畅。学院是世界技能大赛冠军的摇篮，累计 3 个项目选手 5 次进入第 44、45、46 届世界技能大赛国家集训队。在第 45 届世界技能大赛中，刘旺才老师担任移动机器人项目中国教练，指导学院郑棋元同学（现作为特殊人才引进为学院教师）获“移动机器人”项目世赛金牌；段宜宏老师担任“飞机维修”项目翻译并助力该项目获得世赛银牌。2022 年世界技能大赛特别赛中，段宜宏老师担任“网站设计与开发项目”翻译，助力中国选手夺得铜牌，刷新世赛该项目中国历史最好成绩。

官网：https://www.yncts.com.cn

官微二维码：

10

依托专业办企业　发展企业促专业

江苏省交通技师学院校办企业工作案例

摘要：江苏省交通技师学院充分发挥行业办学优势，以校办产业为载体，以“在工作中学习，在学习中工作”为导向，通过建设“校中厂”，推进教学内容与岗位需求、教学人员与生产人员、教学实训与生产实践等“六维合一”，实施了工学一体化培养模式改革，有效地解决了校企协同机制不够完善、企业主体作用不够突出、校企合作深度及成效不足等问题。

关键词：校办产业；工学一体；产教融合；校企合作

一、背景和意义

与校外企业不同，校办企业因校而生、因校而兴，具有天然优势，是最紧密、最直接的校企合作单位。江苏省交通技师学院于 1989 年开办了公路施工与养护专业；1992 年成立了交通工程试验室；1996 年被批准为省交通厅工程质量监督站检测中心，2007 年该中心取得交通运输部“公路工程综合甲级”试验检测资质（目前江苏仅 3 家单位有此资质）；2011 年 2 月，按照“行业为依托、市场为导向、专业为载体、产教为一体”的校办企业建设思路，依托该中心成立了江苏森淼工程质量检测有限公司（以下简称森淼公司）。森淼公司总部设在校内，是真正的“校中厂”，并在全国设有多个工地试验室项目部，业务范围覆盖公路桥梁隧道质量检测全领域，目前已成为学院产教融合、校企合作、工学一体的重要平台，较好地解决了产教融合“融而不深”、校企合作“合而不强”等技工教育难点堵点问题。

二、关键举措

第一，成立校企组织机构，构建专业课程体系。

学院组织森淼公司技术骨干、行业专家和道路与桥梁工程系骨干教师共同成立了土木工程专业合作委员会，通过分析职业标准和企业岗位需求，归纳整合典型工作任务，以及吸收世赛国赛省赛先进理念、技能标准、评价体系，确立了道路桥梁施工放样、道路桥梁工程质量检测等4项职业能力，划分8个学习领域、29个教学模块，构建了“以职业岗位为课程目标，以职业标准为课程内容，以教学模块为课程结构，以职业能力为课程核心”的公路施工与养护专业课程体系；对照国家职业标准，编写出版了《土质与筑路材料》《公路工程现场检测技术》等体现新方法、新工艺、新技术的教材，完善教学资源库建设，促进了课程体系与职业标准紧密衔接、教学内容与岗位需求无缝对接。

第二，建立校企人员交流机制，促进师资队伍建设。

学院通过校企人员互聘、企业导师制度、教师下企业实践锻炼等方式和途径，建立了“双向双责双考核”制度机制，打造了校企“双向奔赴”的“教师＋工程师”团队。学院专业教师除承担教学任务外，还定期参与森淼公司生产任务；森淼公司骨干生产技术人员以企业导师身份，全方位参与教学过程，重点承担学生顶岗实习阶段生产指导任务；校企共同对公路施工与养护专业教师和生产人员进行考核。“双向双责双考核”制度有效实施，为学院专业教师与企业技术人员角色转变、岗位转换、职责转接提供了有力的制度支持、机制保障，促进了教学人员与生产人员高度合一。

第三，打造实践基地，强化学生技能培养。

坚持“一端连接教学、一端连接生产”的理念，按照企业实际生产情境建成了路桥结构、试验检测等40余个功能齐全的实训室，建成了“管理理念先进、设施设备齐全、运行机制完善”的实训体系。坚持常态化开设森淼订单冠名班，校企共同制定人才培养方案、课程标准并开发工作页，共同实施工学一体化人才培养。将森淼公司承接的检测任务融入学生实训项目，组织学生利用课余时间参加森淼公司试验室辅助试验，使学生在学习中接触生产任务，实现了“实训＋生产”一体、“教学场景＋生产场景”合一的实训教学。

第四，强化素质教育，提升学生综合能力。

学院坚持内外贯通、知行合一，统筹开展专业文化与企业文化教育。发挥课堂教学主渠道作用，以校内设立的茅以升爱国主义教育基地、“匠心讲堂”、劳模工匠进校园、企业家论坛、职业规划与创新创业大赛等为载体，将森淼公司团队意识、安全意识、创新意识、诚信精神、社会责任等企业文化元素融入教学内容，强化学生职业素养培育。将校企双元评价相结合，构建学生学业成绩、操行评定、职业素养、职业能力“四位一体”的综合评价体系，推动形成了以职业能力为核心、以综合素质为支撑的全过程全方位评价机制，实现了学校评价与企业评价合一。

第五，深化教学改革，推进工学一体。按照人力资源社会保障部工学一体化人才培养模式改革要求，学院紧密对接产业升级和技术变革趋势，申报承接了人力资源社会保障部公路施工与养护优质专业和工学一体化课程标准开发、5门规划教材编写、2门精品在线课程建设、工学一体化教学资源开发等任务，在公路施工与养护专业中构建了工学一体培养模式，为在其他专业中全面推广进行了探索和示范。

三、主要成效

一是公路施工与养护专业已建成江苏省技工院校示范、重点专业，新建了交通工程智能检测基地、交通建设工程试验检测联合实训中心等省级实训基地；校企双方共同开发精品课程5门，编写出版教材6本，完成省级以上科研课题9项。二是毕业生总体就业率保持在98%以上，用人单位满意度保持在90%以上；2019年以来，学院师生累计62人次在国家级、省级技能竞赛中获一等奖，其中24人次获国家级一等奖，取得了显著成效。三是路桥专业教师队伍经森淼公司培养与锻炼，培养正高级职称5人、副高级职称18人，专业教学团队一体化教师占比95%以上，省“333人才”高层次培养对象、省交通运输厅“100人才工程”培养对象4人，省技能大师工作室2个；专业教师与企业人员组建创新团队，近年来共同研发了3项发明专利、47项实用新型专利，制定了4项团体标准并已在业内推广，助推了森淼公司转型发展，成功创建省高新技术企业。四是森淼公司充分发挥公路工程综合甲级试验检测资质优势，近五年累计签订合同金额近3.4亿元，年均完成产值6000万元左右；面向行业社会广泛开展试验检测、公路养护工等专业（工种）培训，近五年累计培训10000余人次。

四、体会与思考

推进产教融合、校企合作是实施工学一体化的灵魂和关键，其难点在于如何最大限度地发挥企业主体作用，让优势资源在校企之间充分涌动、合作效应不断叠加；其重点在于画好校企协同发展的“同心圆”、找准产教融合的“圆心”、延伸校企合作的“半径”。校办企业一端连着专业和学校，一端连着产业和社会，校办产业以“五业联动”（产业、行业、企业、职业、专业）为导向，更为直接、有效、深入地参与校企合作。学院通过创新政策体系、组织架构、运作模式、推进机制等，走出了“依托专业办企业、发展企业促专业”特色发展之路，为更好地推进产教融合、校企合作工作，探索了路径、积累了经验。

五、专家点评

大力发展技工教育，必须坚定走产教融合、校企合作之路，江苏省交通技师学院的校办企业充分发挥校企“双主体”作用，以“八个共同”为导向，以校办企业为载体，推动工学一体化技能人才培养模式的改革与实践，在完善制度机制、搭建平台、实行校企人才双聘双评双考核、校企共培技能人才、共建专业体系、共同开展社会服务和技术攻关等方面，有效发挥了技工院校基础性作用，充分调动了企业参与技工教育的积极性和能动性，优化了校企双向投入、双向支撑、双向协同的深度合作机制，精准落实工学一体化人才培养“五个一体化”任务，实现了技能人才培养规模与质量的同步提升。

附录

江苏省交通技师学院简介

江苏省交通技师学院于1978年由江苏省汽车技工学校和镇江交通职工技术学校合并组建，是全国交通运输系统第一所培养高技能人才重点技师院校。学院隶属于江苏省交通运输厅，是省属全日制公办院校。学校占地600亩，建筑面积18万平方米，全日制在校学生8300多人，开设专业30余个。专职教师中，正高级职称14人，全国技术能手、全国交通技术能手18人，省级技术岗位能手16人，省333高层次人才、江苏交通100人才10人，市级以上专业带头人、教学名师58人。学院为国家高技能人才培养示范基地、交通运输部职业资格中心培训基地、江苏省高技能人才培养示范基地、江苏省职业技能鉴定基地、江苏省公路职工教育培训中心、江苏省机关事业单位技能人才培训中心。

学院立足江苏、服务全国，立足交通、服务社会，曾获得“国家重点技工学校”“全国交通职业教育示范院校”“国家职业教育改革发展示范学校”“全国职业教育先进单位”“全国交通职业教育先进集体”“国家技能人才培育突出贡献奖”“江苏省首批重点技师学院”等荣誉称号，已培养输送各类人才10多万人。学院创办了工程质量检测、汽车驾驶员培训等产教型校办企业，设有交通运输部甲级工程质量检测中心、江苏省路桥国家职业技能鉴定所等多个服务机构。

官网：https://www.jsjtc.edu.cn

官微二维码：

11

企校一体　以高素质技能人才助推世界一流现代化企业建设

徐工集团企业办学创新实践案例

摘要：徐工集团作为中国工程机械行业龙头企业，在企业办学方面有着31年的深入实践与成功探索。徐州工程机械技师学院作为徐工集团主办的技师学院，精准赋能徐工及地方经济社会高质量发展，通过三项顶层设计、五重支持赋能、五维企校融合、五业融通联动，将“企校一体、产教融合”引向深入，为企业办学贡献了徐工智慧、输出了徐工方案、打造了徐工样板。

关键词：企业办学；企业基因；一体互融

一、背景和意义

技能工人队伍是支撑中国制造、中国创造的重要力量，也是建设世界一流现代化企业的基础保障。徐工集团始终将高技能人才培养工作纳入集团战略发展高度并予以统筹推进，先后实施技能人才素质提升工程，制定《关于以全生命周期理念打造“金工匠”产业工人队伍的实施意见》，通过健全机制、完善平台、丰富载体等形式，构建具有徐工特色的技能人才培养体系，扎实锻强人才培养链。1992年，徐工集团投资兴建徐州工程机械技师学院（简称：徐工技师学院）。建校以来，学院构建了从技校入门到生产岗位实践、再到大赛练兵的高技能人才全流程培养制度，形成了从技术新手到岗位能手，再到技能大师的全生命周期技能人才赋能模式，为徐工及社会培养输送了1.4万名高技能人才，不仅助力青年学子在技能成才中实现人人出彩，更精准服务徐工及价值链上下游企业技能人才需求，实现多方合作共赢，为徐工及地方经济发展做出积极贡献。

二、关键举措

第一，四项顶层设计，领航企业办学发展。

一是战略引领，强化“三精”理念育人。将学院建设纳入徐工集团战略发展整体规划，根植徐工企业文化，确定“精品、精致、精深”的办学理念，将“精”字渗透办学育人全过程。二是制度保障，凸显企校一体办学特色。将徐工集团先进企业管理理念应用到技工教育领域，植入徐工卓越绩效管理模式，建立基于岗位价值贡献的目标责任制考核激励机制，整合责任、用人、激励与约束三类机制，激发员工自主能动性；在技能人才培养方面，按照“聚焦核心，聚力登顶”的人才管理理念，出台《徐工集团高技能人才管理实施办法（试行）》《技能工人素质提升工程推进意见》等管理制度，健全和完善以培养、评价、使用、激励为重点的高技能人才工作机制，实现校企管理贯通、需求对接、资源共享、共同发展。三是建设“三位一体”协同共管体系。成立以公司党委副书记为主任，人力资源部门负责人和各单位党委书记为委员的职工教育委员会，下设各专业（工种）专家组成的高技能人才专业建设管理委员会，形成具有徐工特色的“集团、二级公司、学院”三位一体协同共管体系，护航高技能人才队伍建设。

第二，五重支持赋能，筑牢企业办学根基。

徐工集团把建设一流技师学院、培育优秀高技能人才队伍作为赋能集团发展的重要举措，全方位支持学院发展。一是资金支持。累计投入 4.3 亿元，建成与国际接轨的现代化学校，设立“徐工集团董事长奖学金、助学金”，激励学院高技能人才培养。二是智力支持。委派企业技能大师、生产一线技术骨干作为兼职教员深度参与学院教学、职工培训工作，为学院专业建设、课题研究提供全方位的咨询服务。三是技术支持。为学院设备购置、维护保养提供全方位的咨询服务；将徐工集团各类主机产品操作、调试、维修技术前移，植入学生实训、职工培训全过程；与学院联合开发基于徐工产品特色的实训设备和一体化教学工作站，将徐工各类主机产品操作、调试、维修技术“原汁原味”贯穿人才培养培训全过程。四是设备支持。无偿提供生产设备及生产关键零部件 120 余台套，服务学生实训教学、职工培训提升。五是基地支持。徐工集团各二级单位与学院共建共享生产性实训基地 21 个，共同制定学生顶岗实习管理制度，实现学生在企业顶岗实践规范化管理。

第三，五维企校融合，凝结企业办学智慧。

经过多年的创新实践，徐工企业办学构建了对标国际、“校企双元、八位一体”的高技能人才培养培育模式，实现主体、文化、课程、师资、场景、时间、教材、评价八个方面的双元一体，企校协同育人。一是共融徐工文化。在专业课中，设计贴合企业生产的学习任务，在技能讲授的同时融入徐工产品理念、质量理念等特色文化，实现学生技能和素养双提升；在职业素养课中，以徐工特色案例教学模式生动传承企业“大器文化”“登顶精神”；常态化开展“企业专家进校园”等特色活动，播撒“精益、专注、创新、奋斗”的徐工工匠精神火种。二是共建课程体系。聘任企业专家担任“企业教学咨询师”，以综合职业能力提升为根本、以生产岗位典型工作任务为载体，校企共建学生自主学习和教师全过程评价相结合的一体化课程教学体系；对接企业技术发展共同开发课程标准，出版以徐工产品为基础的部颁教材28本，填补空白的行业标准4个。三是共培优质师资。将徐工企业文化植入师德师风建设，培树价值观高度一致的师资队伍；创新落地基于“课堂教学、企业实践、专业发展”三种能力提升的“135”师资培养模式，通过为每位教师量身定制涵盖课堂教学胜任能力、企业实践等5个方面14项指标的1张职业生涯专业发展图谱，搭建第三方督导、教学业务反思等3类载体，畅通全脱产企业实践、国际交流学习等5条路径，引导教师明晰成长目标；畅通与徐工企业之间的师资互聘互任机制，引进企业一线技术专家、工艺师到学院任教，安排教师每年进行不少于2个月的全脱产顶岗实践，企校共建一支作风过硬、素质过硬、能力过硬的师资铁军。四是共办高质培训。校企合作开展多工种、多层次、多样化的岗位技能提升培训，共建技能人才培养、评价和激励标准与机制，畅通从中级工到技能大师的职业晋升通道，协助企业构建技能人才成长健康生态。建成全国首家模拟驾驶培训基地，面向工程机械价值链上下游开展海外服务工程师及操机手等专项培训；实施“项目制”培训，企业学员结合生产存在的生产或质量瓶颈进行项目攻关，学院聘请企业专家、高校教授等对学员进行辅导，有效拓展高技能人才成长空间；推行高技能人才“研修”制，定期组织企业高级技师等高层次技能人才开展前沿技术、设备等研修，提升高技能人才队伍攻坚克难、创新创优的能力，服务高技能人才终身学习。五是共推技能竞赛。依托学院世赛省集训基地优势，校企共同组建涵盖企业专家、优秀教师的竞赛辅导团队，提供“金牌”教练指导、高水平裁判和赛事组织保障等服务，激发职工、学生学习技能、钻研技能的热情。辅导企业职工900余人次获得市级以上竞赛奖项，其中国赛冠军8人，省赛冠军63人。

第四，五业融通联动，构建供需良性生态。

徐工企业办学持续根植于产业发展，对接行业和企业需求，服务职业岗位及个人职业发展需要，落地于专业建设的人才培养培育机制，形成产业、行业、企业、职业、专业“五业”相融相成、相促相长良性生态。徐州市总工会、徐工集团与徐工技师学院“政企校”联合建立徐州工匠学院，构建“产业人才终身职业教育培训”和“产业人才评价认证”两大体系；建设“职业教育数字化培训”和“产业人才培养赋能”两大平台；做精以技能“生手”为对象的“准工匠”定制培养，以满足具有技师职业资格或技能等级的高技能人才岗位提升需要的“名工匠”项目制培训和赋能高级技师、特级技师等技能领军人才的“金工匠”研修三大精品培训项目，助推地方经济高质量发展。与徐工技师共建工程机械施工技术培训学院，构建基础工程全系列产品后市场人才职业技能培训体系，建设“人才培养＋专业服务＋项目孵化”产教融合示范基地，建成产业学院；先后与近30家企业合作开展9个专业10个工种的企业新型学徒制培训，为企业培养学徒2400余名，坚持以徐工技能育人智慧和力量扎实反哺产业、服务行业、赋能企业、引领职业、提升专业，助推地方经济高质量发展。

三、主要成效

一是学院内涵品质持续深化。学院先后荣获“国家技能人才培育突出贡献奖”“第六届黄炎培职业教育奖产教融合优秀企业奖”等荣誉，先后两次获批国家级高技能人才培训示范基地。二是教师职业能力不断提升。学院专业课教师中一体化教师占比达90%以上，26%的教师赴德国等国家参加“双元制”职业教育培训研修，双语教师29人，全国技术能手6人，江苏省特级技师2人，江苏工匠1人，校企共同开发实训设备14类近250台套。三是学生综合素质显著提高。徐工技师学院为徐工及社会输送高素质技能尖兵1.4万人，其中98%都在当地就业，促进技能工人队伍结构优化，实现徐工高技能人才占比达64%；优秀毕业生中，拥有全国劳模1人，2022年大国工匠年度人物1人，江苏大工匠、工匠16人，国赛冠军8人，省赛冠军63人。四是赋能企业行业发展成绩显著。指导各企业技能大师工作室建设，建成覆盖焊接、高精尖设备维修等核心技能领域的技能大师工作室13个，劳模创新工作室11个，劳模创新团队107个；面向工程机械价值链上下游开展海内外服务工程师及操机手等专项培训，培训范围覆盖“一带一路”沿线25个国家，涉及31个省/直辖市，惠及全球工程机械操机手1800余名；高质量实施加蓬职业教育海外培训项目，实现徐工技能育人品牌国际化输出；高效链动“政企行校”资源，建设跨企业培训中心，为上下游合作伙伴提供增值服务，年培训量超2.5万余人次。

四、体会与思考

徐工企业办学的生动实践说明企业办技工教育，在专业对口、国际顶尖技能交流、产教融合、员工终身教育、传承企业文化、推进精益生产等方面更容易走出自己的路子，形成自己的特色，更能精准培养贴合企业需求的高技能人才。当下，国家提出构建政府统筹管理、行业企业积极举办、社会力量深度参与的多元办学格局，鼓励各类企业依法参与兴办职业教育。为了有效激活企业在高技能人才培养中的主体作用需着重做好以下几个方面：一是从政府层面持续健全“发挥企业重要办学主体作用”的动力机制和保障机制，以有保证的经费、能保障的政策、能看见的优惠切实增强企业，特别是优质企业的办学活力、育人动力、可持续发展生命力。二是要不断创新校企合作的模式和形式，通过共建产业学院、开设定制班，实施企业新型学徒制培养等多种举措增强校企合作的黏性和广度。三是积极对标先进，躬身实践，从标杆企业办学成功实践中汲取办学智慧，在技能人才培养方面要从企业源头健全技能人才培养、使用、评价、激励制度，构建出技能人才成长健康生态，精准赋能企业发展。

五、专家点评

徐工集团投资兴建的徐工技师学院既是江苏省乃至全国企业办学的成功典范，也是将企业现代管理理念有机融入技工教育领域的创新范例。在校企合作上思路清、路子新、步子稳、效果实，形成鲜明的产教融合、校企合作特色。学院依托企业办学这一天然校企合作土壤，构建三位一体的校企合作管理模式，形成了企业主导、二级单位参与、学院主抓的校企合作管理体系，分工明确；制定出台覆盖技能人才全生命周期的培、选、留、用人才共育机制，共建技能人才成长健康生态；通过共建产业学院、开设定制班、成立专业教学指导委员会、量身定制各类职工培训等形式，将职业素养、工匠精神、企业文化和针对性技能培养前置到入学校教育环节，做深做实到校企协同育人当中。

附录

徐州工程机械技师学院简介

徐州工程机械技师学院创办于 1992 年，是徐工集团独资兴建的具有工程机械特色的现代化技工学校。学院占地面积 13.5 公顷，建筑面积 5.3 万平方米，拥有 5 大实训基地、51 个一体化实训区、35 个开放式实验室和一站式图书馆，全日制在校学生 4500 余人，招生专业 11 个，教职工近 200 人。校内实习实训场地面积近 2 万平方米。

学院坚持“精品、精致、精深”发展理念，与徐工目标共融、资源共享、发展共赢，形成了独特的徐工高技能人才培养模式和特色的教育品牌，彰显优质企业办学特色。学院先后荣获“国家技能人才培育突出贡献奖”和“第六届黄炎培产教融合优秀企业奖”等荣誉，是国家人力资源社会保障部认定的“国家职业技能鉴定所”，国家级高技能人才培训基地和江苏省首批高技能人才专项公共实训基地，第44、45届江苏省世界技能大赛建筑金属构造、重型车辆维修项目集训基地，人力资源社会保障部首批“企业新型学徒制”试点合作院校，人力资源社会保障部工程机械运用与维修专业一体化课程开发牵头校，全国技工院校工学一体化第一阶段建设院校和江苏省高水平技工院校建设单位。

官网：https://www.xcmg.com/xgjsxy

官微二维码：

校企融合共发展　合作双赢创未来

北京汽车技师学院深化校企合作案例

摘要：北京汽车技师学院是北京汽车集团有限公司（以下简称“北汽集团”）下属唯一一所技工院校，建校50年来始终紧密对接集团发展，以集团企业需求为导向培养高技能人才。学院以“五对接”原则、“六共同”育人模式为遵循实施集团企业订单培养，成立创新工作室对接集团企业岗位开展教学改革，紧密对接集团企业强化师资队伍和实训基地建设，创新三大培训模式对集团企业职工开展培训。实践证明，北京汽车技师学院的企业办学模式，是校企合作的深度实践，培养了大量符合企业实际用人需求的高素质技能型人才。

关键词：企业办学；工学一体；内涵发展

一、背景和意义

北京汽车技师学院是有着近50年办学历史的技工学校，在北汽集团改革创新转型发展的关键时期，作为北汽集团下属唯一一所职业院校，面对北汽集团庞大的下属企业，北京汽车技师学院把握机遇，充分了解北汽集团下属企业用人需求，找准教育教学改革的切入点，全面加速培养支撑智能网联化与全面新能源化的高技能人才队伍，将教学成果向企业实际生产转化，不断更新与创新教育教学成果，让职业教育发展紧跟企业前进步伐，为自身发展带来了新的生机与活力。

二、关键举措

第一，以“订单”培养为纽带，打造校企双元共育人才模式，实现专业—岗位零对接。

学院服务北汽集团所属各企业，根据企业生产、销售、服务等业务对技能人才需求，合作开展“订单”培养。坚持“对接行业定专业、对接产业定模式、对接企业定学生标准、对接岗位定课程、对接学生定教法”的“五对接”原则，与集团企业深度合作，建立双元育人机制，在校内外共建实训基地，形成了“共把方向、共享资源、共建课程、共同育人、共同评价、共定订单”的校企“六共同”育人模式。合作内容涵盖集团企业的文化、工艺流程、产品服务特征，打造“招生即招工，工学交替、学岗对接”的校企合作模式。

第二，对接集团企业岗位，创办工作室，实施教学改革。

围绕常设核心专业，建成了新能源创新工作室、汽车科技创新工作室等 6 个集团星级创新工作室，以及北京奔驰公司创新工作室联盟、北汽新能源公司创新工作室联盟等 4 工作室联盟。工作室及联盟与北汽集团企业岗位需求紧密对接，不断完善各专业相关课程体系。充分发挥集团企业创新工作室联席机制作用，积极开展工学结合教学改革，制定符合集团企业岗位专业人才培养目标的专业教学标准，使专业人才培养目标与用人单位人才需求目标保持一致；结合人力资源社会保障部“五个一体化”相关要求以及行业发展、集团企业需求，建设教学资源，全部专业推行工学一体化教学模式。

第三，对接集团企业强化师资队伍建设。

学院以提升教育教学水平为目标，以一体化教学为方向，通过外引内培，逐步打造一支满足学院教学需求、结构合理、品质过硬、技能够强、经验丰富、业务精湛的教师队伍；制定了《教师企业实践管理办法》《产教融合管理办法》，保障教师在集团企业实践的顺利开展，制定了《能工巧匠管理办法》《技能大师管理办法》《骨干教师管理办法》《职教名师管理办法》，推进各层次师资的培养，逐步构建形成了以普通教师→一体化教师→课程负责人→专业带头人梯级人才培养为主，能工巧匠→技能大师、骨干教师→职教名师认定为辅的师资队伍建设体系。与北京奔驰、北汽新能源等集团企业，完成教师常态化暑期企业实践工作，将企业的真实任务进行课程转化并形成定制化课程体系。聘请北京奔驰、北汽新能源等集团企业的赵郁、巩森、张洪超到校任教，讲授奔驰 EQC 电动汽车装配、北汽 EU5 故障检修等课程；聘请集团企业北京奔驰汽车有限公司培训师周峻水、汪洋到校任教，讲授工业机器人应用与维护课程，逐步实现实际工作和教学零距离对接。

第四，依托集团企业建设实训基地。

坚持“高端引领、创新驱动、智能转型、校企合作、绿色发展”的理念，依托北汽集团平台，充分发挥校企专业指导委员会的作用，与北汽集团企业、汽车行业、相关行业进行纵向联合，通过企业大师工作室与学院技师工作室的强强合作，不断强化和优化集学历教育与社会培训为一体的校外实训基地建设。新能源汽车检测与维修专业陈猛大师工作室与北京新能源汽车股份有限公司深度合作，建设“首席技师工作室”和“创新工作室”，充分利用企校首席技师工作室和创新工作室的资源和优势，有效配置和优化整合资源，推进信息共享，定期开展技术技能交流活动，建立高技能人才绝技绝活代际传承机制，促进技术攻关和创新，推动创新成果转化，为双方培养具有高超技艺和创新能力的高技能人才提供支撑。

第五，面向集团企业开展技能培训。

围绕行业发展及北汽集团转型发展思路，面向“高、精、尖”产业发展人才需求，积极开展培训工作。学院充分发挥国家高技能人才培训基地、北京市公共职业技能实训基地、职业技能鉴定所作用，建立起完善的技能人才培训、鉴定体系。针对集团企业的不同需求，总结提炼培训项目开发路径和方法，量身打造企业高技能人才培训方案，研究创新了“定制化岗位技能培训与鉴定”“技能比武强化训练培训”“企业内部标准化作业”三大创新培训模式。吸引国内知名专家参与到学院课程开发和实施过程中，融入行业发展所需的新工艺、新技术，打造高端培训项目。

三、主要成效

在教育教学方面，学院先后与北京奔驰汽车有限公司、北京现代汽车有限公司、北京新能源汽车有限公司等近 10 家集团下属企业建立长期稳定的“订单”培养机制，累计为集团培养输送万余人。2012 年至今，与北京奔驰汽车有限公司共完成了数控加工、汽车装调、工业机器人应用与维护等 3 个专业共 10 期 34 个班次的订单培养，累计 1000 余人。建成了一批产学研深度融合、办学特色鲜明、课程改革与基础建设匹配的职业教育特色专业及四个骨干专业群，实现示范特色专业对汽车产业价值链的全覆盖。近 3 年，学院为集团下属企业提供各类培训，累计培训员工 20000 余人，其中高技能人才 8000 余人、技师及高级技师达 1000 余人。

四、体会与思考

企业办学具有得天独厚的条件，可充分强化与企业的密切合作，获得相关设备支持和技术支持。专业教师可长期与企业交流合作，融入企业实际工作岗位。围绕产业链、价值链，企业下属学校可紧跟产业发展主线，不断强化特色专业及专业群建设，不断打造具有企业特色示范引领作用的高水平实训基地，不断提升学院的核心竞争力。从教学水平到师资结构，从硬件到软件，企业办学在举办具有行业特色的优质专业方面具有先天优势，可达到较高的专业建设水平，形成一定的引领性和示范性。

五、专家点评

北京汽车技师学院作为北汽集团下属技工院校，结合北汽集团集团化发展战略，把握机遇，服务北汽集团所属企业及北京周边相关行业，充分了解企业用人需求，结合国家、部委及地方系列政策文件和相关标准，找准教育教学改革的切入点，将教学成果向企业实际生产转化，不断更新与创新教育教学成果，让技工教育发展紧跟企业前进步伐，为自身发展带来了新的生机与活力。学院以培养学生职业综合素养为目标，突破传统办学模式，探索通过产教研高度融合、校企深度合作，不断改革与创新，整体推进，全面发展，取得初步成效，具有一定推广价值。

附录

北京汽车技师学院简介

北京汽车技师学院始建于 1973 年，行政上隶属于北京汽车集团有限公司，业务主管为北京市人力资源社会保障局，是北京市最大的一所公办技师学院。学院占地面积约 500 亩，建筑面积约 8 万平方米，全日制在校生 3000 余人，招生专业 17 个，教职工 180 人。2011 年以来共投入项目资金近 6 亿元，建立有汽车技术实训室、奔驰汽车制造与装配典型工位生产线等专业实训室。

学院秉承“团结、求实、开拓、奉献”的精神，为北汽集团及周边相关行业输送了一批又一批的高素质技能人才，先后被授予“全国机械行业职业教育教师实践基地”“全国职业教育教师企业实践单位”“全国职工职业技能实训示范基地”“国家级高技能人才培训基地”“北京市职业技能公共实训示范基地”“世界技能大赛培训基地”等荣誉称号，是国家级重点技工学校、北京市重点技工学校。学院结合人力资源社会保障部“五个一体化”要求和学院创新人才培养模式的经验，全面推进内涵建设，持续探索、深化一体化教学改革，打造具有北汽特色的高水平技师学院。

官网：https://www.bjqjx.com

官微二维码：

13

校企共建合作平台　共育汽车服务高技能人才

北京市工业技师学院校企合作案例

摘要：北京市工业技师学院汽车服务专业群立足服务北京、辐射津冀，为传统汽车产业和新能源智能汽车产业高端品牌维修企业提供优秀高技能人才支撑。为满足企业品牌发展需求，学院与一汽大众－奥迪汽车销售有限公司、沃尔沃汽车销售（上海）有限公司合作共建一汽大众奥迪职业学校、沃尔沃培训中心，打造了集高技能人才订单培养和企业员工培训为一体的两大校企合作平台，依托平台校企深度合作，在高技能人才培养模式创新与实践中积累了丰富的经验，为首都高技能人才队伍建设做出了贡献。

关键词：校企合作；工学一体化；人才培养

一、背景和意义

北京市工业技师学院始终秉承"企业的需求就是学院办学目标"的理念，吸引企业深度参与人才培养方案制定、课程标准开发、教学实施、实训基地建设、师资

图　一汽大众－奥迪职业学校

图　沃尔沃校企合作培训中心

队伍建设等工作，工学一体技能人才培养取得了显著成效。在此基础上，学院持续探索校企合作创新模式与技能人才培养创新模式，实现“校、企、生”三方共赢。2018 年、2019 年校企共建一汽大众奥迪职业学校和沃尔沃培训中心，学院依托一汽大众奥迪职业学校和沃尔沃培训中心，与企业共同培养学生、开展企业员工培训等。截至目前，两个合作项目培养高技能人才 270 多名，开展企业培训 12 期，培养企业认证培训师 12 名，两个项目在深度校企合作方面做出了示范，为创新首都高技能人才培养模式进行了深入探索与实践。

二、关键举措

学院以习近平新时代中国特色社会主义思想为指导，不断探索创新校企合作模式，以校企双制为基础，工学一体为支撑，资源共享为保障，将校企合作育人模式贯穿于学院学制教育和培训始终。校企共建平台、共享资源，企业提供内部技术资料、维修规程和最新型车辆、实训设备等，开展企业培训师认证；学校提供先进的人才培养培训理念模式，一体化技能人才培养培训课程体系、教学方法、师资队伍，专业化的订单培养、定制培训、竞赛服务等。依托校企共建的合作平台，共同确定人才培养目标，共同开发工学一体化课程体系，共同打造工学一体化师资队伍，共同培养高技能人才，共同评价学生培养质量等。

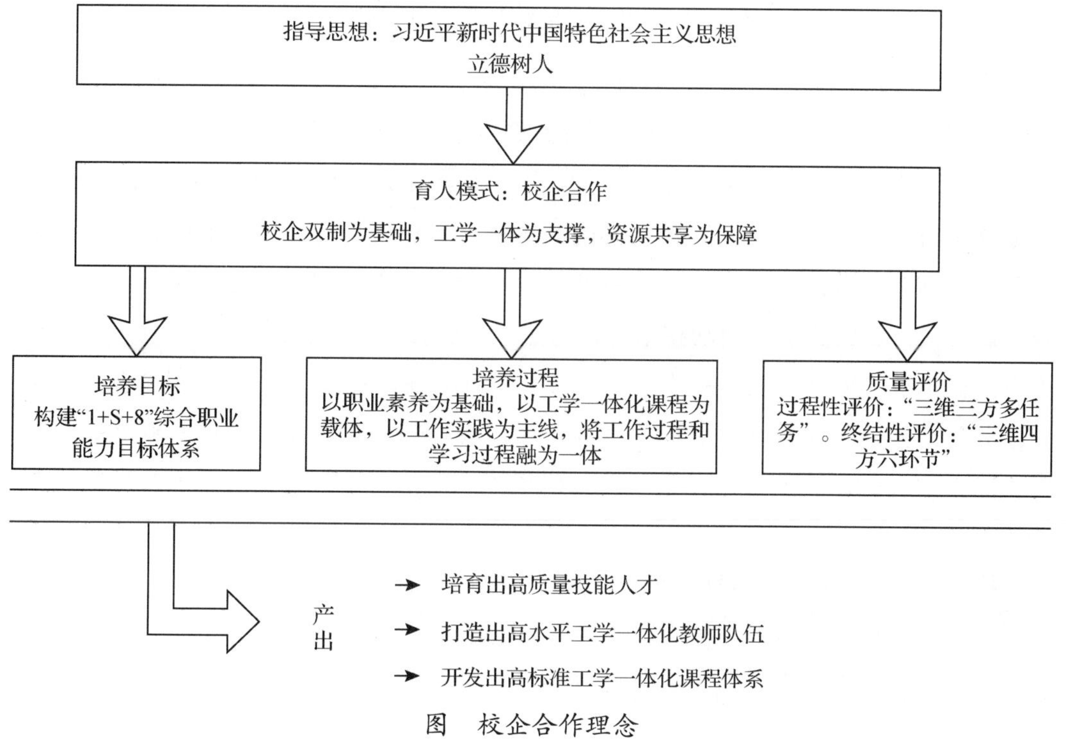

图　校企合作理念

第一，校企协同，共同商定人才培养目标。

学院与“一汽大众－奥迪汽车销售有限公司”“沃尔沃汽车销售（上海）有限公司”签订订单培养协议，明确学校与两大品牌汽车销售有限公司人才培养责任。在“国家技能人才培养工学一体化课程标准”和“课程设置方案”指导下，结合国家、行业、企业对人的发展需求，学院创新构建了思政引领、专业能力与8个维度核心素养螺旋提升的“1+S+8”技能人才培养目标体系，其中八维核心素养包括团队合作、自我管理、沟通能力、学习能力、解决问题能力等，并分解落实在公共基础课、工学一体化课及德育活动中。依据“1+S+8”技能人才培养总目标，全院统一构建中、高、技师（预备技师）三个层级的思政素养目标，专业教师与企业专家合作制定专业能力和职业核心素养目标。

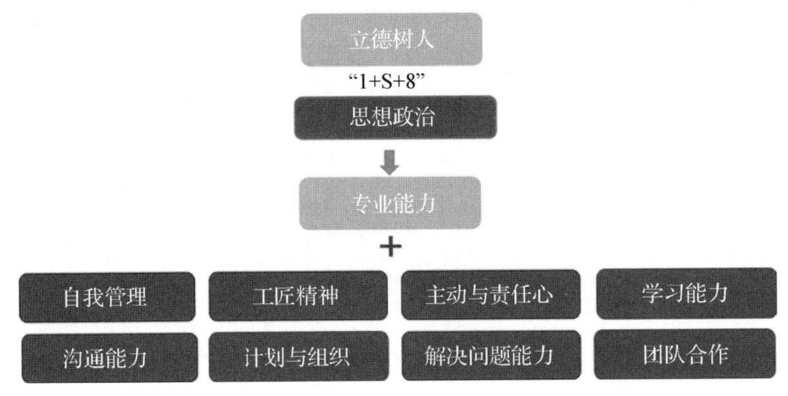

图 “1+S+8”综合职业能力目标体系

第二，校企协作，共同开发一体化课程体系。

汽车维修专业作为人力资源社会保障部首批一体化课程教学改革试点专业，多年来持续深化工学一体化课程改革，落实立德树人根本任务，对标行业、企业标准，借鉴德国行动导向教学理念，校企共同开发符合企业岗位能力要求的课程体系。以培养学生综合职业能力为导向，将劳动教育、美育、心理健康教育等课程与劳动实践、德育活动、技能节等活动相结合，构建“三全育人”“五育并举”综合人才培养方案。在工学一体化课程体系开发中，以“1+S+8”能力目标为引领，以企业典型工作任务为载体，将思政素养、职业素养等融入专业能力培养中，形成专业能力与非专业能力融合的螺旋上升的工学一体化课程体系，培养德智体美劳全面发展的高技能人才。

第三，校企互聘，共同打造工学一体化师资队伍。

学院自2011年开始实施“导师引领＋做事成长＋专项培训”相结合的工学一体化师资梯级培养思路，借助一体化课程开发的手段和工具，通过调研、访谈相关教学和实践专家，提取不同级别教师的典型工作任务，分析各级别对应的能力标准，赋予不同级别一体化教师不同职责，构建了“四梯八级”工学一体化专业师资队伍体系。依托两个合作平台，定期组织教师参加企业新技术、新车型的专项技术培训，不断提高教师自身专业技术技能水平，与行业技术发展保持同步。同时，教师获得企业认证后，既承担校内学生的教学任务，又承担企业员工培训任务，从而提升工学一体化师资队伍建设质量。

第四，校企交替，共同培养学制技师。

汽车维修专业作为全国首批知识技能型学制技师培养试点专业，实现了中级工、高级工、技师贯通培养。多年来不断探索创新学制技师培养模式，按照不同层级人才能力特征和培养目标，采取不同的校企合作模式和运行机制，选取不同特征的学习任务。中级工层级主要采取“学校为主，企业为辅”的模式，学习任务多以封闭式任务为主；高级工层级主要采取“校企双元，人才共育”的模式，学习任务多以较复杂的程序性任务为主；技师层级主要采取“企业为主，学校为辅”的模式，学习任务多以有难度的开放型任务为主。在技师阶段，每一名学生分别由一位奥迪或沃尔沃的企业导师和一位校内导师共同指导，在学校－企业双场所交替学习，实现“双导师”学制技师培养。使学生专业知识和技能的学习与企业真实工作任务相结合，更早融入企业真实工作环境，接受企业文化熏陶，在提升专业能力的同时，更好实现职业生涯可持续发展。

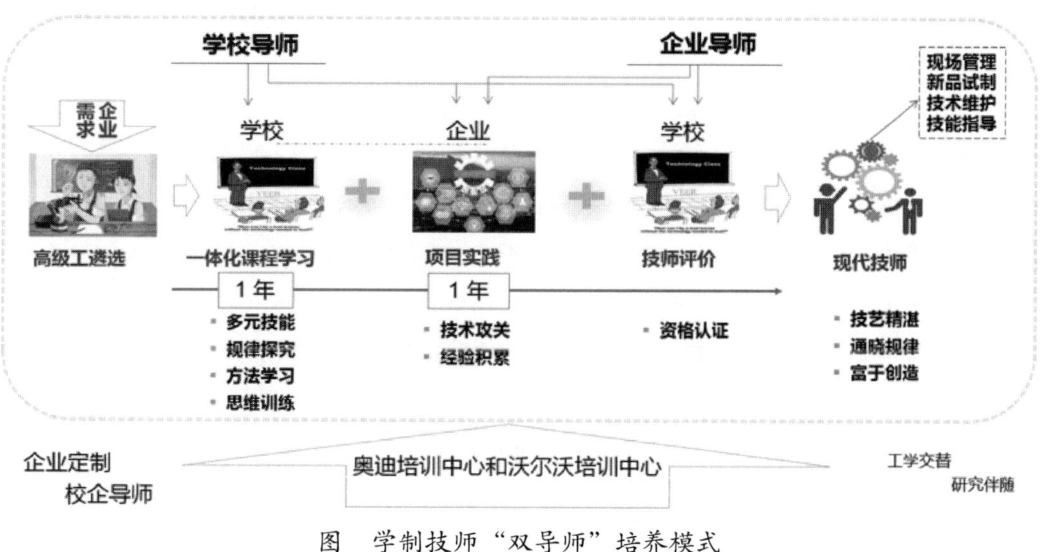

图　学制技师“双导师”培养模式

第五，校企联动，共同评价学生培养质量。

学院推进技能人才培养模式改革的同时，同步开展学生培养质量评价改革，过程性评价与终结性评价相结合，建立了学生综合职业能力评价模式。以发展导向为评价理念，将专业技能与职业核心素养融入评价全过程。在过程性评价中，借助学院综合职业能力评价系统，构建公共基础课教师、专业课教师（含工学一体化课教师）、班主任多元参与的过程性综合职业能力评价方式，以学习任务和日常行为表现为载体，对学生思政素养、专业能力和职业核心素养进行评价。在过程性评价中，通过研讨、实践、行动研究等方式不断完善和细化评价标准，借助工学一体化课程学习成果和技能达标项进行专业能力评价，形成“三维、三方、多任务”的评价模式，即“思政素养、专业能力和职业核心素养”目标三维，“公共基础课教师、专业课教师（含工学一体化课教师）、班主任”三方，关注学生全过程的任务完成情况和行为表现。在终结性评价中，开展基于完整学习任务的综合职业能力测评，形成“三维、四方、六环节”的评价模式，即“思政素养、专业能力、职业核心素养”目标三维，“企业、家长、教师、学生”四方，“接受任务、制订计划、做出决策、实施计划、过程控制、评价反馈”工作过程六环节。测评内容以企业代表性工作任务为载体，结合行业标准、企业标准和世界技能大赛评价标准等制定评价标准，根据学生任务完成情况和具体行为表现进行评价。

三、主要成效

多年来，学院汽车维修专业与奥迪、沃尔沃等高端品牌维修企业深度合作，通过校企“八共”实现开发高标准课程体系、打造高素质教师队伍、培育高质量技能人才三方面成效。

一是开发高标准课程体系。在公共基础课程、工学一体化课程及德育活动多维联动的综合育人改革实践中，工学一体化课程是实现学生综合职业能力培养的重要载体，思政素养、职业素养等融入专业能力培养中是工学一体化课程体系建设的关键内容。借助国家技能人才培养工学一体化课程标准开发平台，教师团队积极参与汽车维修专业和汽车营销专业国家技能人才培养工学一体化课程标准开发工作，将开发理念和经验应用于校内专业课程标准等相关指导文件修订中，开发由信息页、工作页和数字化资源等组成的教学资源包，形成支撑专业能力与非专业能力融合培养的教学实施文件。目前，学院校企合作开发修订工学一体综合人才培养方案 8 份，工学一体化课程标准 29 门，配套工作页、信息页 20 份；建设学习平台，并配套开发数字化资源和线上课程，通过“百师百课”行动，打造精品课程；推进培养目标、培养模式、评价体系全面改革，取得了显著的教学效果，为探索高技能人才培养供给侧改革贡献方法和经验。

二是打造高素质教师队伍。通过顶层设计、系统规划、主动培养，形成了一支师德高尚、技术精湛的高素质教师队伍。目前，学院教师中具有技师及以上职业资格（职业技能等级）的占83%，工学一体化教师占专业课教师比例为90.5%，校级课程负责人3人，市级专业带头人2人；4名教师通过沃尔沃企业资质认证，8名教师通过奥迪职业学校教师认证（含机电类5人、营销服务类2人、汽车钣金喷漆类1人），8名教师拥有企业培训师资质，5名教师成为全国师资培训主讲教师，专业教师团队在北京市职业院校教师素质提升计划中被评选为“北京市职业院校专业创新团队”。

三是培育高质量技能人才。推进工学一体化技能人才培养模式改革，提高了学生综合职业能力，促进了学生职业生涯的可持续发展。学院不断探索技能人才培养内涵，以“企业文化进校园”“行业企业标准进课程”“企业专家进课堂”“企业评价进考核”等多种方式，实现校企联合招生、共同培养、认证与就业的统一。近几年，奥迪职业学校和沃尔沃校企合作培训中心的订单班学生企业认证考核通过率均为100%。学院不断拓展终身培训模式，打造社会服务示范平台，与奥迪、沃尔沃合作开展企业新型学徒制培训，目前已实施20余个班次，通过线上、线下结合的方式培训企业员工1200余名。此外，奥迪职业学校和沃尔沃校企合作培训中心具有员工资质认证培训职能，开展各类企业员工培训累计90余人，其中技术类资质认证培训50余人，营销类资质认证培训40余人。

四、体会与思考

校企深度合作对提升技能人才培养质量具有重要意义，近几年国家陆续出台相关政策，对于校企合作起到了很好的促进作用。政策层面进一步明确政府、企业、学校的责、权、利，完善评价、监督及激励机制，将更有力地促进校企双方合作积极性和主动性。未来，学院将进一步加强党的领导，深化校企合作内涵，构建“大思政”教育体系，将思政素养教育有机融入工学一体化课程体系，加强工学一体化师资队伍建设，将工学一体化技能人才培养模式的理念与内涵应用于学徒培养，丰富“企业新型学徒制”人才培训模式，完善教学资源建设，研究和推广综合职业能力评价，不断积累校企合作高技能人才培养创新经验。

五、专家点评

北京市工业技师学院秉承“企业的需求就是学院办学目标”的理念，弘扬“做事才能成长，多做事、做难事、认真做事才能快成长”的文化，贯彻“高端引领、校企合作、多元办学、内涵发展”的办学方针，坚持走高端化、国际化内涵发展之路，办有特色、有品牌的首都技工教育，将学校建设成高技能人才培养和培训改革创新的试验田和示范基地。紧紧围绕“产教融合、校企合作”这一时代命题，学院与一汽大众－奥迪汽车销售有限公司共建一汽大众奥迪职业学校，以及与沃尔沃汽车销售（上海）有限公司共建沃尔沃校企合作培训中心两个平台，深度开展集品牌高技能人才订单培养和企业员工培训为一体的两大校企合作项目，深化工学一体人才培养模式，搭平台、建内涵、创成效，为技工院校的品牌校企合作开辟了新路径。

附录

北京市工业技师学院简介

北京市工业技师学院创建于 1974 年，隶属于北京化工集团，是财政全额拨款的事业单位。学院占地 150 亩，总建筑面积近 8 万平方米，在校生近 4000 人，年开展职业技能培训 10000 余人；开设 25 个专业 43 个工种等级，其中 3 个专业群入围北京市特色高水平专业群建设项目；具有本科及以上学历的教师占比高达 93%，专业教师具有技师及以上职业资格（职业技能等级）的占 83%，一体化教师占 90.5%，形成了由黄炎培杰出校长、国务院特殊津贴获得者、全国优秀教师、黄炎培杰出教师、国家技能人才培育突出个人、全国技术能手等为引领，北京市职教名师、专业带头人等为核心，北京市优秀青年骨干教师、北京市技能大师为骨干的师资队伍。学院固定资产 5 亿多元，专业设备资产 3 亿多元，就业率保持 99% 以上，校企合作订单率 100%。

学院秉承“企业的需求就是学院办学目标”的理念，弘扬“做事才能成长，多做事、做难事、认真做事才能快成长”的文化，坚持“高端引领、校企合作、多元办学、内涵发展”的办学方针，培养了大量高技能人才，拥有国家高技能人才培训基地、全国技工院校师资研修中心、职业院校教师提升计划国培基地等 8 个国家级基地和 6 个市级以上研究中心。自 2013 年起，连续 10 年被评为北京市技工教育教学优秀单位（先进单位）；2014 年被评为第十一届国家技能人才培育突出贡献单位；2019 年入围北京市特色高水平职业院校建设项目，是北京市唯一入围的技工院校；2020 年在脱贫攻坚评选中获得集体记大功的荣誉；2020 年获得北京市模范集体荣誉称号；是第 42 届至 46 届世界技能大赛数控车、数控铣项目的中国集训基地，第 45、46 届水处理技术和机电一体化两个项目的世赛中国集训基地，在过去的 5 届世界技能大赛中，累计获得了 7 枚金牌、2 枚银牌、1 枚铜牌和 1 个优胜奖。

官网：http://www.bitc.org.cn

官微二维码：

“校企 · 竞赛”并驾齐驱 阶梯式培育高技能领军人才

广东省机械技师学院培育高技能领军人才案例

摘要：为培育高技能领军人才，各地都启动了相关培养工程，提供了各种政策支持，但高技能领军人才的培育道路，以及培育过程中如何综合发挥技工院校与行业企业的作用，则仍处于探索阶段。针对这些问题，广东省机械技师学院从毕业生林金盛成长为高技能领军人才的历程中，探寻出一条“校企合作”和“技能竞赛”交织并行，兼具系统性、改革性和前瞻性的阶梯式高技能领军人才培育道路，为技工院校培育高技能领军人才工作积累了经验。

关键词：高技能领军人才；校企合作；综合职业能力；工学一体

一、背景和意义

近年来，各地对高技能领军人才的培养都给予了政策与资源支持，但技能人才培育理念的滞后性及培育过程中的不可视性，为高技能领军人才的培育工作带来一定的困难。广东省机械技师学院通过调研高技能领军人才的成长经历，挖掘其成长路径并基于此提炼培养模式，希望能为高技能领军人才的培育路径和培育方式提供经验参考。广东省机械技师学院林金盛是学院中技班和高技班学生，毕业留校担任数控专业教师，逐步成长为数控铣高级技师，是第 43、44、45 届世界技能大赛数控铣项目中国集训队教练，荣获“广东省技术能手”“全国技术能手”“国家级大师工作室牵头人”“南粤优秀教师”等称号。林金盛从一名技校学生成长为高技能领军人才这一过程中所积累的经历与经验，对探索高技能领军人才的培育工作具有重要参考价值。

二、关键举措

第一，从生手到熟手：校企合作生产队模式。

校企合作生产队模式是以具备完整工作过程的加工任务为载体，实行完整工作过程和学习过程结合的“企业订单加工＋技能训练”产教融合育人模式，指导老师是学院引进的具备丰富企业实践经验和技能竞赛获奖经历的高技能人才。林金盛通过完成“布置工作任务→提出工作要求→团队负责任去执行→解决问题完成任务”等环节的全流程工作任务，习得了融于其中的理论知识和实践知识，实现了“在工作中学习，在学习中工作”“做中学，学中做”。校企合作生产队工作任务是从易到难、从简单到复杂、从单一到复合、从直接到间接、从显性到隐性的递进式系列加工任务。林金盛通过完成体系化真实完整的企业订单加工流程实训，快速成为能够针对部分学习任务和环节，独立制订计划、选择工艺和工具，进行质量控制的“准职业人”，进而成长为能与教师共同确定问题情境和设计工作计划与工作方式方法，制作部分工具，按照标准、流程和进度独立或合作完成工作式的学习任务，具备一定的质量、效益意识，以及反思能力的“职业人”。

第二，从熟手到能手：订单班教学和企业实践。

为解决技能大赛突出选手无法将技术技能转化为教学任务并融合技术理论输出的痛点问题，学院实施教学改革。在校企合作经验基础上深入探索，学院开设了校企合作订单班，并强化教师的企业实践。一是学院与中国船舶工业集团公司合作“中船华南柴油机数控班”（以下简称“中船班”）。“中船班”延续校企合作生产队的产教融合育人经验，根据企业要求实行理实一体化教学，即基础模块施行统一教学，达到高级鉴定目标；鉴定完成后，实施模块化的实践技能训练教学。基于“中船班”的校企合作模式及理实一体化教学形式，班级实操主带教师是从企业骨干转型或具有丰富竞赛经验的教师。他们结合自身丰富的真实工作经验，在实操课的教学组织和教学设计中融入企业真实的生产或服务流程，渗透企业技术人员的思维方式。作为订单班教师的林金盛，他的教学思维方式逐渐摆脱保守且割裂的实操教学思维模式，在学校实操教学中融入企业的思考，站在企业用人需求和未来职场发展需求的角度思考教学目标，将企业真实的理念、环境和工作流程转化为实际的教学组织与实施，使学生在一次次模拟的生产实操项目中逐渐具备过硬的技能水平和良好的综合职业素质。二是教师企业实践。企业实践是教师掌握前沿技术、关注把握企业的人才需求、清晰定位人才培养目标的最佳渠道。林金盛长期深入企业一线，与企业车间班子结对，学习基础加工、企业批量生产流程、数控软件操作等方面前沿技术，更新自身技术体系。经过长期实践，林金盛不仅保持自身专业能力的持续提升，还不断更新教育理念和教学方式，提高教学教研能力，从单一身份角色逐渐成长为多元身份角色，从只能解决常规任务到能够完成蕴含问题的非常规工作。林金盛老师在 2010 年获得“广东省技术能手”称号，2011 年获得“全国技术能手”称号。

第三，从能手到高手：执教世界技能大赛团队。

世界技能大赛代表并引领职业技能的世界先进水平和行业的领先水准。学院积极备赛，针对世界技能大赛的选手训练积极进行研发。一是汇聚多位全国技术能手、广东技术能手、南粤技术能手，以及国务院特殊津贴专家、企业资深技术骨干的经验和心血结晶，研发出涵盖各参赛项目、各水平阶段及各单独技能强化模块的世界技能大赛训练资源库，林金盛老师作为学院数控铣项目的主教练也参与其中。二是开发了集为选手量身制订训练计划、智能分析训练结果、精准设置评分准则、整体把握训练进度、建立选手个人训练成长档案等功能于一体的职业技能训练管理平台，能够精准、快速、高效地提升学院竞赛团队的能力和效率。三是林金盛老师带领竞赛团队拜访全国加工技术最先进水平的河南洛阳中国空空导弹研究院，逐步理解了竞赛规则，学会了系统思考问题，逐步养成了执着专注、精益求精、一丝不苟、追求卓越的工匠精神。经过近十年的磨炼，学院先后参加五届世界技能大赛参赛，共培养出 10 位世界技能大赛冠军。

三、主要成效

一是高技能领军人才培育成果显著。近年来，学院每年均有 20% 的毕业生在西门子、山特维克等世界 500 强企业就业，共有 30 多名学生被中国空空导弹研究院、洪都航空工业集团等国防重点企业录取。2020 年 7 月 17 日，时任广东省委书记李希、时任人力资源社会保障部部长张纪南、时任广东省省长马兴瑞莅临学院调研。李希书记指出“广东省机械技师学院是‘广东技工’工程的典型代表”。二是师资队伍建设成效突出。截至 2022 年 12 月，学院拥有享受国务院特殊津贴专家 5 名、国家级技能大师 3 名、全国技术能手 53 名、正高级讲师 18 名、高级讲师 218 名、高级技师 248 名。三是世界技能大赛成绩斐然。学院在近十年参加的五届世赛上共获得“10 金 3 银 4 铜 1 优胜奖”的优异成绩，其中数控铣项目连续四届获得金牌。参加第六至第九届全国数控大赛，历届总成绩均为全国最好，皆被评为“冠军选手单位”。四是社会影响力显著提升。学院是广东省三所创建全国一流技师学院和十所创建高水平技师学院之一，也是国家高技能人才培训基地，以及全国首批 28 所国家职业训练院试点单位之一。2014 年被教育部等七部委授予“全国职业教育先进单位”，被人力资源社会保障部授予“国家技能人才培育突出贡献单位”，2017 年、2019 年学院两次被广东省政府予以“记大功”。得到了央视、新华社、人民日报等30多家国内主流媒体的广泛宣传，全国各地每年有200多个单位、3000多人次来校参观交流。

四、体会与思考

通过对林金盛老师成长路径的探究，不难发现无论是技工院校学生时期从“准职业人”成长为“职业人”的求学阶段，还是从“青年教师”成长为“全国技术能手”的职业阶段，再进而从“竞赛教练”成长为“国家级大师”的职业阶段，校企深度合作和优良的师资都从未缺席，并对其最终成为高技能领军人才有着极其重要的帮助。从校企合作的角度看，校企深度合作是培育高技能领军人才的突破口。以往由于校企合作深度不够，合作能力不足，企业与学校之间存在着一堵“墙”。但随着国家和社会对技能人才越发重视，越来越多的企业意识到，只有深度参与技能人才培养的全过程，提高人才培养的针对性和有效性，才能使培育出来的技能人才真正契合其产业需求。技工院校也越来越深入地借助企业优势，不断促进产教要素之间的相互转化，提高自身的人才培养能力。林金盛老师从技工院校学生成长为高技能领军人才的经历清楚表明，只有校企资源共享、优势互补，才能真正做到强基培优、提质增效，最终实现培养高技能领军人才的“广东路径”。从师资角度看，优良的师资队伍是培育高技能领军人才的重要支撑点。为林金盛老师从技工院校学生成长为高技能领军人才提供诸多帮助的“引路人”，不仅精通专业技能和具备深厚的教育教学经验，还拥有综合性的职业能力，并能将企业工作任务转化为教学内容，根据工作过程设计教学过程，在引导学生获得知识的同时留下足够的创造空间，支撑学生的快速成长。由此可知，无论是政府还是技工院校，都应该在师资队伍的政策支持、能力培养、思政育人方面加大力度，让优秀的教师在突破其职业能力瓶颈的同时能反哺学校和社会，培养技艺更为精湛、品德更为优异的高技能领军人才。

五、专家点评

广东省机械技师学院的办学成绩得到了社会各界的广泛认可。在近十年参加五届世界技能大赛上共获得“10金3银4铜1优胜奖”的优异成绩，是中国参加世赛获得金牌数最多、总成绩最好的参赛单位，被誉为“金牌的摇篮”。广东省机械技师学院培养高技能领军人才成长的案例，既不是传奇，也不是神话，学院没有满足在世界技能大赛中取得的斐然成就，而是进一步整合政校企资源，研究探索高技能领军人才的成长路径，并将校企融合、产教融合贯穿于培养的全过程，积极探索并勇于实践具有中国技工教育特色的高技能领军人才培养模式。

附录

广东省机械技师学院简介

广东省机械技师学院经广东省政府批准于 1978 年成立，2011 年晋升为技师学院，是广东省人力资源社会保障厅直属的副厅级事业单位。学院占地面积 1012 亩，学生 15000 人，教职工 1007 人，预备技师专业 8 个，高级工专业 20 个。

学院秉承“创新载体，融合平台，驱动发展，走向世界”的办学理念，坚持“高端引领，内涵发展，校企双制，多元办学”的指导思想，以培养先进智能制造高端技能人才、服务粤港澳大湾区和全国经济为己任，培养了大量高技能人才，是广东省三所创建全国一流技师学院和十所创建高水平技师学院之一，世界技能大赛塑料模具工程、数控铣、数控车等 6 个项目的中国集训基地，国家高技能人才培训基地，全国首批 28 所国家职业训练院试点单位之一。2014 年，学院被教育部等七部委授予“全国职业教育先进单位”，被人力资源社会保障部授予“国家技能人才培育突出贡献单位”；2017 年、2019 年，学院两次被广东省政府予以“记大功”；2020 年，被广东省委省政府授予“广东省先进集体”；2021 年，学院党委被评为广东省直机关先进基层党组织和省直机关模范创建先进单位，并荣获广东省五一劳动奖状。

官网：http://www.gdjxjg.com/

官微二维码：

“双主体　四阶段”开展建筑企业新员工技能培训的实践与探索

中国建筑第五工程局高级技工学校案例

摘要：中国建筑第五工程局（以下简称中建五局）高级技工学校作为中建五局主办的央企职业学校，主动对接中建五局，通过定期对企业新进员工进行技能培训，建立了校企深度链接。在实施过程中，学校结合建筑行业特色，采取“工学交替、线上线下结合、双主体育人”模式，分为“学—工—学—工”四个阶段组织实施企业技能培训，创新了技能人才培训模式，取得较好成效。

关键词：开展企业技能培训；校企合作；技能人才培训模式

一、背景和意义

产业工人和技能人才是社会经济发展的基础性力量，中建五局每年招收超过2000名新员工，他们如何快速融入企业，适应岗位需求，如何高效率低成本地对新进员工进行培训，是企业急需解决的问题。中建五局高级技工学校是中建五局主办的技工院校，与中建五局合作推行企业新员工技能培训，采取“工学交替、线上线下结合，双主体育人”模式，分为“学—工—学—工”四个阶段组织实施培训，培训结束后学员可获得相对应等级的职业资格证书或职业技能等级证书，并与收入挂钩。经过探索实践，这种培训模式提高了建筑企业与员工的满意度，全面提高专业人才技能培训效率，能有效满足企业可持续发展的要求。

二、关键举措

第一，明确培训主体职责。

培训对象一般为与中建五局签订一年以上劳动合同的技能岗位新招用人员，企业也可结合生产实际自主确定培训对象。培训为在岗培训，由中建五局人力资源部牵头，中建五局安全监督部、中建五局高级技工学校联合组织实施。中建五局与新员工签订培训协议，明确培训目标、培训内容与期限、质量考核标准等内容。中建五局委托中建五局高级技工学校承担新员工在岗培训的部分培训任务，与学校签订合作协议，明确培训的方式、内容、期限、费用、双方责任等具体内容，保证新员工在企业工作的同时，能够到学校参加系统性、有针对性的专业知识学习和相关技能训练。学校与企业签订合作协议后，对培训人员进行非全日制学籍注册，加强培训学习管理。

第二，校企共商培训内容。

培训时间为 1 年，培训内容主要包括专业知识、操作技能、安全生产规范和职业素养，注重工匠精神的培育。中建五局为主导确定具体培训任务，并由中建五局与中建五局高级技工学校共同组织实施。培训分别在校企内展开，在企业通过企业导师带徒方式进行，在学校采取工学一体化教学方式开展。培训导师来自校企双方，企业导师由中建五局选拔的优秀高技能人才担任，着重指导培训学员进行岗位技能操作训练，帮助培训学员逐步掌握并不断提升技能水平和职业素养，使之能够达到职业技能标准和岗位要求，具备从事相应技能岗位工作的能力；学校导师由中建五局高级技工学校优秀实习指导教师担任，承担学校部分教学任务，强化学员理论知识学习，并做好与企业实践技能的衔接。

第三，校企轮转创新培训模式。

结合建筑行业特色，采取“工学交替、线上线下结合，双主体育人”模式，分“学习—工作—学习—工作”四个阶段实施。

第一阶段为集中授课形式，授课时间为每年 7 月 18 日—8 月 7 日，在中建五局高级技工学校进行，由学校的教师讲授建筑施工技术、安全生产法规、安全生产管理、安全生产技术、建筑制图、工程测量绪论、水准测量、工程施工用电安全手册及职业素养课程。

第二阶段为网络学习形式，授课时间为每年 8 月 8 日—12 月 30 日，学员在各项目开展工作的同时，利用移动端开展线上专题培训，内容包括建筑施工安全知识讲座、工程项目施工人员安全指导手册、燃烧条件及灭火方法、地铁站房安全管理等 10 余门课程。

第三阶段为集中授课形式，授课时间为次年 1 月 2 日—1 月 21 日，在中建五局高级技工学校进行，由企业和项目经验丰富的安全总监负责讲授脚手架模板、工程法律法规、安全生产费用、有限空间安全、附着式升降脚手架、物料提升机等 20 余门课程。学校安排学员进入中建五局在建项目的施工现场开展认识学习，组织开展施工现场交流会；学校不定期与中建五局在建项目的施工团队、研发团队一起探讨、交流，将项目建造的新工艺、新模式和新材料适度纳入学校教学内容，并开展现场教学。

第四阶段为网络学习形式，授课时间为次年 1—5 月，学员利用移动端线上开展专题学习，内容包括管廊防水质量控制要点、桥梁安全管理、思维转换、品质管理意识培训、燃烧条件及灭火方法、工程项目施工人员安全指导、工程项目施工人员安全指导、盾构施工测量等 20 余门课程。

三、主要成效

学校与中建五局合作开展企业员工技能培训，有效整合教学资源，节省企业培训成本；受训人员能够深度理解企业文化，技能习得与企业中的岗位技能需求一致；有效解决建筑企业发展过程中的人员需求问题，已为企业累计培训了 1306 人。学校被评为 2022 年度长沙市特色劳务品牌建设单位。

四、体会与思考

企业新员工技能培训中最突出的难点问题就是工学矛盾，建筑企业的员工分散在各个不同的地区、不同的项目，难以集中组织学习，学校“工学交替、线上线下结合、双主体育人”模式，以及分为“学—工—学—工”四个阶段组织实施培训，契合建筑企业新员工培训的要求，能够合理平衡工作与技能提升之间的关系。企业新员工技能培训中的重点问题是学员主动参与培训的积极性不高，建筑企业人力资源管理部门应制定更为切实有效的制度，使接受技能培训后获得职业技能等级证书的员工在评优评奖等方面得到优先考虑，在晋职晋级中作为加分项，并与员工的收入挂钩，使员工被动接受培训变为主动要求学习技能。下一步，学校应着力加强培训教材开发、师资建设、管理人员培训、管理平台开发等培训基础建设；设立专门机构，调研区域产业发展的信息，以区域经济转型发展、产业结构调整升级为导向优化专业设置；形成一套有利于在全省乃至全国范围内推广的企业新员工人才培训模式建设的典型经验做法。

五、专家点评

中建五局高级技工学校充分利用行业办学优势，深入开展企业技能培训，形成了“双主体、四阶段”的企业技能人才培训模式。其主要特色：一是校企双主体深度融合，在技能培训中引入企业文化、企业师资、企业标准、企业课程，立足岗位需求，培养企业技能人才，做到了与工作岗位高度贴合，充分满足企业需要。二是坚持干中学、学中干，既克服了工学矛盾，也满足了企业的用工需求，做到学以致用、教学相长。三是分为“学—工—学—工”四个阶段培养模式，既符合马克思主义认识论，也符合成人学习规律，在学习和实践中不断提高终身学习的能力，提高职业能力的成长性。四是充分运用“互联网+”开展培训，提高了技能培训效能，形成了产教融合、校企协同育人的典范。期待学校与企业进一步合作，助力企业技能培训，促进企业高素质技能人才队伍建设。

附录

中建五局高级技工学校简介

中建五局高级技工学校成立于1978年，隶属于中国建筑第五工程局有限公司。学校占地面积152亩，建筑面积95000余平方米，在校全日制学生2300多人，开设专业10个，现有教职工130人，其中正高级1人，高级讲师、高级工程师24人，讲师、工程师38人，特聘企业专家46人。每年岗位培训和职业技能鉴定50000人次以上。

学校坚持内涵发展，加强队伍建设，致力于营造“公开、公平、公正”的制度环境和“和谐、健康、向上”的人际环境，获颁“第六届中国百个优秀青年志愿服务集体”“全国中职学校德育工作先进集体”“国家技能人才培育突出贡献单位”“湖南省首届文明校园单位”“湖南省第五届黄炎培职业教育优秀学校奖”等荣誉。学校是第43、44、45、46届世界技能大赛砌筑项目中国集训基地，第45、46届世赛抹灰与隔墙系统项目中国集训基地，第46届世赛数字建造项目中国集训基地，世界技能大赛瓷砖贴面项目湖南省集训基地，是住房城乡建设部、教育部确定的建设行业技能型紧缺人才培训基地，具有省市住建、人力资源社会保障、安监、财政等行政部门批准的多种岗位培训和职业技能鉴定资质。在世界技能大赛砌筑项目比赛中，学校连续三届获殊荣，培训了世赛砌筑项目中国获奖第一人邹彬、第一块金牌得主梁智滨、蝉联金牌者陈子烽，是全国6个连续三届在世赛中获奖并蝉联金牌的集训基地之一，得到了人力资源社会保障部高度肯定，被媒体誉为“世赛福地”“世赛冠军摇篮”。在 2020 年第一届全国技能大赛上，学校荣获 1 金 1 银 4 优胜，是湖南省唯一获得金牌的学校。

官网：https://www.csbes.com

官微二维码：

16

凝聚匠心 培育大师 技能助力海南自由贸易港建设

海南省三亚技师学院技能大师工作室案例

摘要：海南三亚是一座旅游城市，第三产业发达，但技术工人的技能水平普遍较低。为响应“加快建设多层次技能人才队伍，满足自贸港高质量发展需求”的号召，海南省三亚技师学院通过建立国家级技能大师工作室，发挥具有绝招绝技的高技能人才和技能带头人在传承传统技能、技能攻关、技能推广等方面的作用，激发技能大师的主动性与积极性，加快推进高技能人才培养工作。通过典型引路、高端带动、增强效能，把技能大师工作室建设成为新技术、新工艺引入，技术技能攻关，高技能人才技能展示交流示范基地。

关键词：技能大师工作室；人才培养；示范基地

一、背景和意义

海南省三亚技师学院是海南省琼南地区一张亮丽的名片，也是琼南地区唯一一所近万人的学校。学院占地 418 亩，总建筑面积 19 万平方米，固定资产总值近 10 亿元。海南三亚的社会经济结构以旅游业为主，在旅游业的基础上衍生了覆盖上下游的产业链。为提高产业链上技术人员的技能水平，海南省三亚技师学院申报并获批了电工、汽车维修、烹饪三个方向的国家级技能大师工作室，分别为张晓辉大师工作室、祝金辉大师工作室、熊永安大师工作室。张晓辉为海南省三亚技师学院教学管理副院长、维修电工高级技师、国家级维修电工技能大师工作室领办人、海南省领军人才，2012 年获评国家技能人才培育突出贡献奖，2020 年获评享受国务院特殊津贴。祝金辉为海南省三亚技师学院教师、汽车维修技师、国家级汽车维修技能大师工作室领办人、全国模范教师、海南省领军人才。熊永安为海南省三亚技师学院教师、烹饪高级技师、国家职工职业技能竞赛注册高级（一级）裁判员、国家级烹饪技能大师工作室领办人。

二、关键举措

第一，完善制度，筑牢长效机制。

一是建立岗位职责和日常管理规范制度。学院在充分调研的基础上，建立健全了《大师工作室章程（岗位职责）》《大师工作室日常管理规范》，确定大师工作室的工作任务，细化工作室成员的岗位职责，确定课题研究方案及计划，组织开展带徒传技、技能攻关、技能传承等专题培养培训活动。二是建立考核制度。出台了《大师工作室考核方案》，从思想品德、理论提高、管理能力、教育教学能力、研究能力、技能水平等方面对工作室成员进行考核，依据考核结果动态调整工作室组成成员。三是建立档案管理制度。出台了《大师工作室档案管理制度》，及时收集工作室成员工作计划、总结、听课、评课记录、公开课、展示课、教案等材料，并对材料进行归档、存档。四是规范工作室财务管理，按照三亚技师学院相关财务制度和《海南省技能大师工作室管理暂行规定》申领使用工作经费的规定，专款专用，不允许以任何借口和理由挪用工作室项目经费的相关规定，制定了《大师工作室经费使用条例》，对工作室经费的进行监督、管理和使用。

第二，大师亲传，助力教师能力全面提升。

一是以技能大师工作室为平台，将新入校的教师和部分青年教师纳入工作室，发挥技能大师工作室的带徒传技功能。科学制订新进教师和青年教师的实操技能培养计划及教学能力培养计划，通过师傅带徒弟的方式对教师专业技术技能和教学能力进行多维度、全方位培训，并对培训结果进行考核评估，确保师资培训有结果、见成效。二是依托技能大师工作室，校企共建教学、科研研修平台，企业人员和青年教师在技术创新、技艺传承、学术交流、专业建设等方面开展科研合作，不断提高团队青年教师的工程创新能力和社会服务能力，助力高效产出高质量教科研成果，最大限度发挥“技能大师工作室”品牌效应和专业内涵建设示范引领作用。

第三，引进来，走出去，有效推进校企交融发展。

一是引进来助力学校人才培养。学院以“技能大师工作室”为媒介，聘请行业企业技能大师、技术技能专家、技能领军人物和骨干技能人才、南海工匠为客座教授，动态对接行业企业的岗位需求，定期参与学院的人才培养方案的制定和修订。充分发挥客座教授技能高超、技艺精湛的优势，带团队、授技能、做教研，以产业、行业、企业的最新标准指导学生，培养学生职业岗位能力、专业技术和创新能力。二是走出去服务企业一线。学院技能大师工作室充分发挥技术、设备和人才的优势，为企业开展各类技术服务工作。技能大师受聘深入企业生产一线，完成对员工的培训授课工作，协助员工解决工作中遇到的难题和瓶颈，改进企业生产工艺，提高生产效率，帮助企业一线员工树立正确的人生观和价值观，提高员工的文化素养和技术技能水平。在技能大师工作室成员努力下，企业生产与技工院校的互相促进，优势互补。大师工作室领办人还率领工作室核心成员加入国家级或省市级专业技能技术协会，学习了解最前沿的新的专业技能技术知识和新原料新技能技术的开发运用动态及发展方向，了解区域产业发展水平状况，有针对性地开展区域技能技术人员培训。

第四，言传身教，传承工匠精神。

一是工作室成员在增进涵养、夯实学识的同时，还通过走入课堂、开展培训班的形式，将大师道德情怀传递给学生，树立学生的理想、信念和爱岗敬业、无私奉献的职业道德。二是学生通过学习、观察、切磋、交流等形式，可以切身体会到技能大师精益求精的工作作风和严谨务实的工作态度，从而激发学生崇尚科学、崇尚技能、探索求知的兴趣，培养其探究性、创造性思维品质，源源不断培养高素质技术技能人才、大国工匠、能工巧匠。三是邀请技能大师、南海工匠进校园为师生进行授课、讲座，在授课过程中向年轻一代传授自己的经验和技巧，让年轻人了解工匠精神的真正涵义，切身体验技能大师的一言一行和大师精益求精的工作作风、严谨求实的科学态度，让工匠精神得以延续。四是开展教学经验交流活动，通过开展一体化课程建设的思考、怎么上好一堂课、如何上好一堂公开课等讲座，面向全院教师宣讲职业教育新理念，进一步更新全院教师教学理念，提升教师教育教学水平。

三、主要成效

以技能大师工作室为载体，学院培养了大量符合社会需求的高技能人才，其中取得高级工证书人数为 350 人、技师人数为 11 人、高级技师人数为 3 人。开发了维修电工（初级、中级）的任务书、工作页、作业指导书和烹饪（中级、高级）的任务书、工作页、作业指导书等校本教材；《基于维修电工工作任务为导向的一体化教材》获 2018 年海南省中等职业教育教学三等奖；出版的教材《西门子 S7-200/300/400 系列 PLC 自学手册》《德国西门子 S7-200PLC 版机床电气与 PLC 控制技术理实一体化教程》《典型工控电气设备应用与维护自学手册》等在多所院校推广使用。完成重大技术革新 2 项，参与重要技术改进活动 10 项，通过实施工艺改进和教学创新，累计为学院、企业节约资金近 100 万元。技能大师工作室有 6 人获得“南海工匠”荣誉称号，3 人取得海南省“领军人才”荣誉称号。在技能大师工作室的带领下，工作室成员承担着教师技能竞赛和学生技能竞赛的培训与裁判任务，学院 2013 年至 2022 年先后获得国家级一等奖 7 个、二等奖 23 个、三等奖 41 个、优胜奖 7 个，省级一等奖 131 个、二等奖 207 个、三等奖 188 个、优胜奖 51 个。

四、体会与思考

技能大师工作室成员多为学院骨干和企业骨干，不仅需要承担较多的工作任务，还要兼顾工作室的职责，在时间安排、内容衔接方面要求不尽相同。根据工作室规章制度，科学合理安排工作室任务是规范工作室有效运行的重点之一。技能大师工作室运行面临的挑战是，工作室在开展工作时的经费主要由学院提供，受经费支持力度的制约，如遇大型的活动或技术研发项目，资金使用更为紧张。学院属于非营利性单位，对外提供的技术指导与技能培训基本免费，工作室发展的造血功能不足，无法建立、实施表彰奖励机制，很难调动成员的工作积极性和创造性，需研究如何通过政府购买培训成果、企业委托培养、专项培训补贴等方式，加大大师工作室的资金支持力度，调动成员的工作积极性和创造性。

五、专家点评

海南省三亚技师学院技能大师工作室，实现了“一室两功能”。一是创新应用，即通过平台运作，将技能大师的创新性技能应用到更多的企业，解决更多的问题。二是技能传承，通过企业新型学徒制等方式，使得大师们的技能得到广泛传承。技工院校技能大师工作室不仅是技能大师参与学校师资能力提升和人才培养、技术技能传承的平台，也是校企合作的桥梁。大师工作室的作用体现在企业技能大师参与学校人才培养，以及学校师生参与企业技术服务与生产两个方面。一是大师与院校教师结对子，培养学校的专业教师，并参与技能人才特别是高技能人才的培养和训练。二是大师带徒，大师可以从优秀学生（学员）中选择徒弟，也可以从企业中选择优秀员工作为徒弟，并安排其参与工作室的项目工作。三是工作室与企业开展创新应用项目研发，聚焦企业的实际工作项目，将企业项目纳入大师工作室的建设之中。

附录

海南省三亚技师学院简介

海南省三亚技师学院是2005年经海南省政府批准，三亚市政府整合三亚职业教育资源，将海南省人力资源社会保障厅管辖的海南三亚技工学校和三亚市管辖的海南省海洋学校、三亚市职业中专学校合并组建的一所集职业教育和社会短期职业技能培训、职业技能鉴定为一体的技工院校，由海南省人力资源和社会保障厅和三亚市政府共同管理。学院位于三亚荔枝沟教育园区，占地面积418亩，建筑面积19万平方米，在校生近8000人，固定资产7亿元（不含土地），教职工456人。

学院秉承“为民立校，精品兴校”的办学理念，坚持“琼南为根、服务为本、德育为先、技能为重、就业为要”的办学宗旨，聚焦国际旅游，深耕现代服务，全力打造全国职教品牌，先后获评国家中等职业教育改革发展示范学校、国家高技能人才培养示范基地，被授予全国职业教育先进单位、国家技能人才培育突出贡献奖、第五届黄炎培职业教育奖、优秀成人继续教育院校（培训机构）、“五四”红旗团委、中国职协优秀科研单位、中国职协优秀宣传单位、海南省文明单位、“双拥”示范单位、海南省人社系统先进集体、海南酒店餐饮业职业教育示范学校、第七批全国民族团结示范单位等荣誉称号。学院紧抓海南建设国际旅游岛重大机遇，结合海南十二大重点产业和三亚经济发展需求，坚持全日制教育与社会培训并举，以培养中级技工（中职）、高级技工、预备技师（技师）为主，积极开展社会人员培训，充分发挥服务社会、服务企业、服务就业的功能。

官网：http://www.syjgxx.cn

官微二维码：

政校企深度融合　盘活资源结硕果

云南省玉溪技师学院AD11文化创意园双创基地建设实践案例

摘要：云南省玉溪技师学院在校企深度合作办学实践中，针对旧校区资源闲置、学生实习实训平台不足、毕业生创业就业难等诸多问题，采取“政府支持、学院主导、企业运营”的协同发展模式，积极引入社会资本，科学规划建设，实施市场化运作，建成了艺术创新创业平台“玉溪技师学院AD11文化创意园双创基地”。基地主动服务“云南民族民间工艺产品产业发展体系”等区域发展战略，吸纳40余家企业入驻，打造了非遗传承平台、众创空间、技能大师工作室等双创载体，有效盘活了学院老校区闲置资源，搭建了稳固的学生实习实训、创新创业教育和优秀创业项目推广平台，极大提升了毕业生就业创业能力。基地建设成为玉溪市推动大众创业万众创新的专业化综合基地，为学生高质量就业，玉溪市双创事业发展提供了重要支撑。

关键词：校企合作；双创基地建设；创新创业；促进就业

一、背景和意义

云南省玉溪技师学院在玉溪市委、市政府主导下，从2001年开始实施了玉溪工业学校、玉溪财贸学校、玉溪市技工学校的办学资源整合，办学层次逐步升级成玉溪高级技工学校、云南省玉溪技师学院，完成了新校区建设与搬迁，学校办学规模不断扩大，办学条件逐步改善，办学水平不断提升。在新的发展阶段，为了盘活老校区长期闲置的教学场地设施，全面提升学生双创能力水平，主动服务玉溪市双创事业发展，云南省玉溪技师学院采取政府支持、学校主导、企业运营的合作模式，在老校区建立AD11文化创意园双创基地，搭建了学生双创实习实训平台，极大地促进了学生创新创业团队成长，为有效解决学生就业创业难题提供了支持。

二、关键举措

第一，政校企协同推进，企业自主运营。

学校委托上级主管部门向有关部门提出建设“AD11 文化创意园”双创基地建设项目申请，市发改部门会同规划部门对项目名称、建设地点、建设规模和内容、总投资和资金来源等事项进行审核，学校自主招标确定融资建设企业。中标企业负责项目融资，对现有建筑进行加固修缮和新建扩建，企业自主实施双创基地的运营管理，自负盈亏。学校向主管部门和有关行业单位争取政策和项目资金支持并用于项目建设。企业自主运营产生的营利收入为企业所有，企业为校方提供部分专业学生实习实训，以及为有创新创业意向毕业生提供就业发展平台。自主运营期限为 25 年，到期后企业经营管理权限终止，“双创”基地经营管理权无偿全部归还给学校。

第二，科学规划建设双创基地，服务学校辐射全省。

项目建设与运营企业投资 2000 余万元对占地 9277 平方米的老校区进行改造建设，建成建筑面积 9000 多平方米的 AD11 文化创意园双创基地。基地按照功能划分为四个区域。第一区域设立了众创空间、双创工作室、微电影室、影视空间室、动漫制作室、玉溪技师学院智慧财务管理创新中心、电子商务中心，以及设计创意、营销策划及艺术互动平台等载体，满足学生和社会人员创新创业的多元化发展需要。第二区域设立了富有地方特色的滇中民居“一颗印”传承中心、滇中传统建筑暨装饰研究工作室，展示滇中地区传统优秀文化。第三区域设立创意沙龙、会议室、演艺厅、多功能报告厅、商品展示空间、产品发布、技能大师作品展、饮食文化传承互动及名特优手作街区等，引导青年人才投身文创事业，建立创意创新示范点，搭建玉溪文化、文艺、创意的交流平台。第四区域展示玉溪市各县区特色文化产业，主动服务“云南民族民间工艺产品产业发展体系”建设，建成“AD11 文化创意园版权服务咨询中心”“云南优媒电商中心”，通过电商培训平台、视频制作平台、新媒体推广平台、众营电商平台、货源集采对接平台、品牌包装设计平台、人才团队孵化平台等七大平台运营，实现基地的营收，为校方毕业生和社会人员提供良好创业环境。

第三，校企深度合作，培养高技能人才。

校企在基地建成 10 个“技能大师工作室”，通过典型引路、高端带动、增强效能，把技能大师工作室建设成为新技术、新工艺、创造创新、绝技绝活、新标准研发推广、高技能人才技能展示交流的重要平台，有效助力地方能工巧匠和双创人才成长。基地通过非遗传承平台、传统手作艺术平台、文化交流基地平台等载体建设，打造了具有玉溪标志性和文化特色的“青年手作艺术产业化项目中心”，有效整合玉溪地方高校青年资源，实现“以文促文、以文养文、以文兴文”。“双创”基地入驻企业玉溪九方汇财务管理有限责任公司，与校方玉溪技师学院联合实施企业新型学徒制市场营销人才培养，将与企业签订 1 年以上劳动合同的技能岗位新招用、转岗和技能提升人员定为学徒培养对象，为期 2 年。

三、主要成效

“双创”基地为云南省玉溪技师学院搭建了学生创新创业教育和优秀创业项目推广平台，提供了形式多样的学生创新创业教育培训，支撑了学生优秀创业项目的培育孵化，先后开展创新创业等教育培训 50 余期，共计培训学员 3000 余人次，实施企业新型学徒培养 29 人。基于“双创”基地，建成了玉溪市推动大众创业万众创新的专业化综合基地，通过非遗传承、手作艺术、电商平台、技能大师创作示范等功能发挥，聚合一大批玉溪文化创意行业主体，吸引一大批创新创意团队，形成集“研发设计、生产制作、推广发布”于一体的玉溪文化创意集群，打造成了特点鲜明、重点突出、引领发展的玉溪一流文创基地。基地建成两年来吸引企业入驻 42 家，吸纳学校 200 余名毕业生到基地就业创业。玉溪日报、玉溪电视台等多家媒体作了相关报道。

四、体会与思考

充分利用老校区闲置资源，通过校企深度合作，建立文创、创业、创新实践基地，盘活了闲置教学资源，拓展了学校学生实习实训平台。工作重点是基地要科学规划和规范运营，能够满足人才培养、社会培训、项目孵化、文化传承等多项功能，主动服务玉溪市双创事业发展，产生一定的社会效益和经济效益。工作难点是地方政府支持、学校主导、企业运营“三位一体”发展模式，政府要从政策角度大力支持，学校要将基地建设与人才培养紧密结合，企业运营要自负盈亏，兼顾公益与盈利。

五、专家点评

云南省玉溪技师学院搭建的双创基地和平台，既是技工教育的内在要求，也是服务国家创新驱动发展战略的重要途径，凸显了技工院校的本质属性和功能特色。

学院将双创教育视为整合服务地方发展、服务社会需要、促进学生高质量就业的重要切入点，通过科学分析老旧校区的区位空间、周边环境、配套设施情况，将双创基地建设作为主攻方向，以较小的资金投入盘活了闲置资源、激发了内在潜能。发挥政府统筹职能，将土地使用权作为撬动社会资源的杠杆，引入市场竞争机制，通过招标确立开发企业建设双创园区，施行企业化运营，引进企业入驻双创园区，为服务学生创新创业和玉溪市双创事业发展提供了重要支撑。

附录

云南省玉溪技师学院简介

云南省玉溪技师学院始建于 1978 年，是经云南省人民政府批准成立的一所融中高级技工和技师教育、中高职教育、技能培训鉴定和就业服务于一体的全日制公办国家级重点职业院校。学院占地面积 720.13 亩，建筑面积 20 万平方米，各类在籍学生 11853 人（含企业新型学徒 3905 人），开设 40 余个专业，教职工 489 人，其中硕士及以上学历 79 人，副高级以上职称教师 138 人，正高级讲师 8 人，国家高层次人才 1 人，全国技术能手 2 人，省市级高层次人才 28 人，“双师型”教师 375 人。学校建有机电一体化、光电技术、光伏技术、物联网、工业机器人、交通运输、信息工程、财经、电子商务、陶瓷工艺、食品加工、建筑等实训中心。

学院现有国家级示范专业 5 个，是国家级高技能人才培训基地、云南省第 23 职业技能鉴定所、云南省安全生产考试点，先后荣获全国文明单位、全国文明校园、国际生态学校、全国教育系统先进集体、全国黄炎培职业教育“优秀学校奖”、全国职业教育先进单位、全国首批中等职业教育改革发展示范学校、教育部首批现代学徒制试点学校、国防教育特色学校、中国陶行知研究会非遗教育实验学校等多项殊荣。学校与云南开放大学、玉溪师范学院等高校联合办学，形成了“中职—专科—本科”与“中级工—高级工—预备技师”有机衔接的技术技能人才培养体系。

官网：http://www.yxgcx.com

官微二维码：

校企政三方一站式帮扶 助力乡村振兴技能脱贫

湖北东风汽车技师学院校企合作案例

摘要：围绕乡村振兴国家战略和打好精准脱贫攻坚战要求，聚焦乡村人才的培养定位不准，就业去向不明，脱贫效果不好的问题，湖北东风汽车技师学院通过建立地方政府、大型央企、地方技术学校三方协同工作机制，搭建全方位资助体系，定制特色化培养方案等举措，探索实践订单人才精准培养，将政府“精准扶贫”、企业“精准资助”、学院“精准培养”有机结合，形成了面向农村地区贫困适龄学生技能提升、精准就业的解决方案，让农村娃快速成长为高技能人才，切实做到智志帮扶，为技能脱贫探索出一条行之有效道路。

关键词：乡村振兴；校企地合作；订单班

一、背景和意义

十堰市位于华中地区湖北省西北部，地处秦巴山区汉水谷地，因第二汽车制造厂建设设市，是闻名全国的汽车工业基地。房县作为十堰市辖县城，位于十堰市南部，受制于地理位置和气候条件影响，经济结构单一，较十堰及湖北其他地区有较大差距。湖北东风汽车技师学院积极对接国家乡村振兴战略，充分发挥学院汽车专业优势，以及与东风汽车的合作基础，联合十堰市房县政府，面向县域内“建档立卡”适龄学生开设订单班，校企政三方协同实施一站式技能帮扶，有效解决了当地家庭因经济结构单一、产业基础薄弱导致的长期贫困问题，创设了基于当地政府、当地学校和合作企业紧密联结、深度合作的技能脱贫实施路径，形成了可复制、易迁移的合作模式。

二、关键举措

第一，建立三方协同机制，提升工作组织精细度。

湖北东风汽车技师学院、深圳市东风南方公司、房县县委县政府签订“东风南方班”框架协议，明确合作目的、主要任务、职责分工等合作事项，三方协同推进订单培养。政企、校企间分别签订工作细化协议，将招生宣传、培养过程、顶岗就业、资助补助等工作，以及师资队伍建设、实训基地建设等相关合作进一步做实做细，明确职责和工作流程。经过探索实践，形成了校企地三方合作框架协议为基础，各方间细化协议为支撑的订单培养协同工作机制，贯穿了招生、培养、就业全流程，实现了工作组织的系统化、精细化。

第二，搭建全方位资助体系，增强订单培养保障力度。

政府牵头组织校企双方深入乡镇，面向“建档立卡”适龄学生进行宣讲，让贫困家庭全面深入了解资助政策。政企双方签订了“职业教育捐赠”协议，通过企业出资、政府拨付落实的方式，为学生分批次提供在校期间生活补助，每人合计10800元。校企双方签订合作协议，明确住宿费、教材费、交通费等10项费用的资助标准和支付方式，每人合计4090元。企业按照4000元/班/年标准为优秀学生提供奖学金。学校与企业不同下属单位签订顶岗实习协议，明确实习工资，前三个月由600~2000元不等的基本工资，以及提成工资组成，第四个月起考核通过的学生与企业职工同岗同酬。生活补助、学业资助、奖学金和实习工资组合式资助政策，为学生提供了全流程、全方位的资金保障，切实实现了学生三年学习生活的“零投入”。

第三，定制特色化培养方案，提高学生就业精准度。

根据就业岗位实际要求优化专业课程体系，将合作企业典型工作任务和课程内容有机融合；针对来自大山农村家庭学生对现代工业概念认知普遍缺乏的学情，适度增加认知实训、企业参观等教学环节学时。给予学生人文关怀，企业定期派人到校开展班级活动，通过召开“东风南方主题班会”等形式了解班级学生的思想动态，提升订单班凝聚力。企业文化融入培养过程，东风南方公司派出精兵强将，通过企业文化宣讲、职业发展方向讲座、企业内部管理培训等形式，与学生互动交流，提升学生对企业的认同感，为精准就业奠定基础。校企通过共建“双基地”、组建“双导师”教学团队为订单人才培养提供坚实保障，成立了“东风南方汽车服务技能人才培养基地”“湖北东风汽车技师学院校外实习基地”，校企双导师队伍达50人。特色化的人才培养路径，为实现高质量精准就业奠定了重要基础，2019年房县1期学生34人就业率为100%。

三、主要成效

截至 2022 年，“房县班”招收了两期学生共 70 人，企业累计投入经费 80 余万元，订单班首届毕业生实现了全部就业，吕启伟等同学已成长为企业骨干。湖北东风汽车技师学院长期发挥专业优势，履行社会公益责任，为乡村地区学生提供高水平的技能教育，83% 的学生来自乡村地区，95% 的学生毕业即就业，改善贫困家庭经济情况，阻断贫困的代际传播。2020 年 10 月 26 日，人民日报介绍了扶贫定向班与当地职业技术学校联合办学的典型做法，认为“教育 + 就业”新模式改变了贫困户子女的生活，实现了“毕业即就业、就业即脱贫”的目标，这种合作模式已推广到广西马山县等地区。

四、体会与思考

通过订单定向培养的技能脱贫模式重点是要充分发挥学校、企业、当地政府各自优势，形成一套紧密联结、深度合作的协同工作机制，将招生宣传、人才培养、工作就业等环节有机衔接，做到培养面向精准、培养过程精确、就业去向明确，让贫困学生通过学习摆脱贫困。工作难点是需搭建一套全方位资助体系，为学生学习、生活提供坚实保障，真正实现贫困家庭三年“零投入”。

五、专家点评

“东风南方汽修技师班”项目采用“教育 + 就业”扶贫模式，因地制宜、输血造血、扶智扶志，体现了“鱼渔兼予、智志双扶、受授同惠”的精准帮扶特色，有效地落实了国家乡村振兴战略、精准脱贫的部署要求，切实阻断了贫困的代际传递。政府“精准扶贫”、企业“精准资助”、学院“精准培养”的有机结合，充分展示了政府作为，学校职能，央企担当。

附录

湖北东风汽车技师学院概况

湖北东风汽车技师学院成立于 1973 年，是一所公办全日制职业学校。学校开设 20 余个专业，现有在校生 3000 余人，教职工 271 人，其中国家级技能大师 1 人，湖北省级技能大师 4 人；研究生及以上学历 34 人，本科 181 人；正高级职称 7 人，副高级职称 85 人，中级职称 83 人，中高级职称占比 65%；专业课教师 188 人。

学院坚持以就业为导向，推行“双元制”培养模式，校企合作单位 200 余家，毕业生就业率达 98% 以上。学院实施学历教育 + 培训事业“双轮驱动”战略，年均培训 6000 余人次。学院是世界技能大赛湖北省四个项目训练基地，第 44、45、46 届世界技能大赛重型车辆维修项目中国集训基地，也是湖北省唯一一家国家集训主基地，先后荣获全国职业教育先进单位、全国职工教育培训示范点、国家技能人才培育突出贡献单位、国家中等职业教育改革发展示范院校等称号。

官网：http://www.hbdftc.cn

官微二维码：

19

广东建立产教评融合发展技能生态机制

广东省人力资源社会保障厅推动技工院校开展校企合作案例

摘要： 为解决当前新技术企业招聘技能人才难和青年就业难的结构性矛盾，围绕“强根基、促就业”目标，重点面向战略性产业和现代服务业，打造新技术、新技能、新工匠的产业技能生态链，促进产业全要素生产率提高，在广东推动实施产业技能根基工程。试点建立以产业岗位标准为引领、以院校学生和教学资源为基础、以职业技能等级评价为纽带的“产教评”融合发展的产业技能生态链，推动实施学生学徒制、“技培生”用培融合、企业自主评价、新职业开发等工作，为产业集群高质量发展提供更多助力。产业技能生态链以龙头企业、上市公司、产教融合型企业等为链主单位，聚集产业内其他用人单位、院校、人才培养评价机构、产业园区等共同组织构建，实现产业技能生态链的共建、共评、共治、共享、共生发展，筑牢产业技能根基，打通青年进入新兴产业就业“最后一千米”。

关键词： 根基工程；产教评；学徒制；技培生

一、背景和意义

为解决企业招聘技能人才难和青年就业难的结构性矛盾，广东省人力资源社会保障厅推动实施产业技能根基工程，围绕“强根基、促就业”目标，重点面向战略性产业和现代服务业，打造新技术、新技能、新工匠的产业技能生态链，探索开展以“直通车”方式培育支持院校和企业开展职业技能等级认定工作，遴选出 63 条“产教评”技能生态链及相应的链主企业，带动了 3170 个生态企业、432 所院校参与，覆盖 18 个产业集群。华为、腾讯、阿里巴巴、今日头条、珠海格力、中国电器科学研究院等十几家业内影响广泛的龙头企业不断完善评价规范和试题开发，广州市公用事业技师学院等技工院校积极参与，广东省战略性产业人才培养与评价联盟等行业组织积极推动，集聚集群内其他用人单位、院校等构建以产业岗位标准为引领、以院校学生和教学资源为基础、以职业技能等级评价为纽带的“产教评”融合发展技能生态机制，创新中国特色学徒制，探索学徒工人力资源供给新模式，吸引龙头企业拿出技术技能岗位开展高等院校、职业院校、技工院校毕业年度在企实习就业学生学徒培养，为企业降本增效、为产业发展输送“新鲜血液”。

二、关键举措

第一，政策先行，省市主管部门出台一系列政策举措。

广东省人力资源社会保障厅联合相关部门出台了《关于印发广东省职业技能培训“十四五”规划的通知》《关于推动实施产业技能根基工程的通知》等相关文件，围绕广东省战略性产业和现代服务业，试点建立以产业岗位标准为引领、以院校学生和教学资源为基础、以职业技能等级评价为纽带的“产教评”融合发展的产业技能生态链，提出了一系列政策举措：一是健全终身职业技能培训制度，全面推进职业技能培训市场化社会化改革；二是大力实施重点培训计划，加强全民数字技能培训，开展职业技能培训共建共享行动；三是实施学生学徒制技能人才储备计划，鼓励在产业技能生态链内建立聘评结合、校企合作评价模式；四是深化技能人才评价制度改革，大力推行行业、企业、院校广泛参与、共建共评共治共享的职业技能等级制度；五是实施职业技能等级认定自主评价强基计划，支持产业技能生态链链主单位提供职业技能等级培训和评价服务；六是实施新职业标准开发计划，支持产业技能生态链自主开展技能人才评价工作。尤其是在原有产教融合的基础上，探索“技能生态链＋企业新型学徒制”，通过“岗位＋培养”学徒计划，帮助青年群体学习新技术新技能，使青年群体直达优质就业岗位。

第二，引入龙头，共建共享人才培养体系。

龙头企业是构建技能生态链的“最强主体”，发挥其快速感知市场风向、及时迭代最新技术的优势，有利于以点成链、以链带面，辐射整个上下游产业链，形成一体化、系统性的人才培养优势，弥补单靠政府、院校培养的不足。行业龙头企业紧密围绕业务范围和产业生态需求，通过大数据分析、文献研究、问卷调查和校企走访等方式深入调研，对本行业领域衍生的新型岗位进行岗位能力、薪资水平和发展前景分析。以国家职业标准为基础，以职业能力为导向，以职业活动为核心，将岗位能力新知识和信息融入知识体系，将国家职业标准中的工种分别与企业认证一一对应，与认定等级一一匹配，职业标准走在前列；发布新制造、新服务领域技能标准成果，如广东率先制定信息通信网络运行管理员、人工智能训练师、集成电路测试员等新职业新岗位标准，国家标准和企业标准贯通，实现在产业转型升级下，人才培养与岗位需求的协同进阶，打造一支与产业发展相匹配的“新工匠”队伍。依托学徒培养计划，技能生态链链主企业、生态企业将拿出10.31万个岗位，面向应往届毕业生开展学徒培养和技能培养，让企业提前参与到产业人才的教学、实训等培育环节，让青年群体直通优质就业岗位。

第三，校企联动，职业院校以人才培养促进认证生态健康发展。

广州市公用事业技师学院、深圳鹏城技师学院等技工院校将技能认定标准融入专业人才培养方案。一是联合龙头企业、社会组织和行业协会，以及产教融合服务企业开展实地调研，进行产业链、技术链和人才链对接分析，确定专业人才培养目标岗位群，明确专业人才培养定位。二是采取“基于工作过程”的工学一体化课程开发路径，提取典型工作任务，结合区域经济发展和培养层次对学习领域进行教学化处理，按照职业成长和认识递进规律进行重构，形成工学一体化课程体系。三是充分利用各方资源优势，由职业标准开发专家、企业资深运营专家、技术工程师和职教专家担任专业建设委员会成员，开展师资队伍专业能力、企业实践和项目运营等能力培训，优化师资结构和提升师资水平。四是建设与工作场景相匹配的教学、实训、技能认定和培训场地。五是积极与产教评链主企业开展学生学徒制培养计划和技培生推荐工作。

三、主要成效

“产教评”技能生态链建设主要取得了三个方面的成果：一是解决企业用人难题。建设技能生态链，企业提前介入技能培训，为企业发展储备技能人才。二是解决院校学生就业难题。生态链提供10万个学徒岗位，通过“岗位＋培养”解决学生就业困难。三是解决青年学技能难题。将培养前置，给青年好岗位，促进技能在手，高质量就业。以“产教评”技能生态链为抓手，广东人力资源社会保障部门正着力打通青年进入新兴产业就业、成长、成才的“最后一千米”，政府、院校、企业“1+1+1>3”的协同发展成效日显，为广东“制造业当家”激活技能人才队伍建设“一池春水”，将有力支撑一体推进人才强省建设。

四、体会与思考

广东针对技能人才培养工作中存在的痛点、堵点问题，进一步优化政策设计，创新制度和培训模式，以充分调动龙头企业、院校、评价机构等各方参与人才培养的积极性，充分发挥产、教、评在扩大技能人才培养工作中的积极作用，提出“产教评”创新举措，进一步提升职业技能评价认定的权威性和质量服务水平。工作重点是构建校企技能人才评价共同体，协同形成职业技能培训、评价、实习、就业和人才补贴的全链条闭环合作机制，持续推动新的国家职业标准开发。工作难点是建立与产业联动的人才培养机制，形成以“职业能力测评—定向人才培养—定制课程学习—职业认证考试—就业双选服务”一体化人才培养模式；利用政校企盟合作平台优势，持续推进认证人员高质量就业。

五、专家点评

在新经济、新业态下，广东大力实施新职业促进就业行动，推进技能人才培养与评价制度改革，建立“产教评”融合型技能生态，逐步形成了以产业龙头企业真实岗位标准为引领、以院校招生和培养能力为基础、以人才评价为纽带的产教利益共同体，为产业培养“新工匠”提供强有力的技能人才支撑。使社会认定标准与企业实际应用更加契合，对引导就业分流、提升就业匹配度、提高就业率乃至稳岗均有积极意义，对战略性产业的高质量发展起到根本性促进作用。

第二部分　工具篇

企业新型学徒制

1.1　企业申报及申领补贴流程参考样例[①]

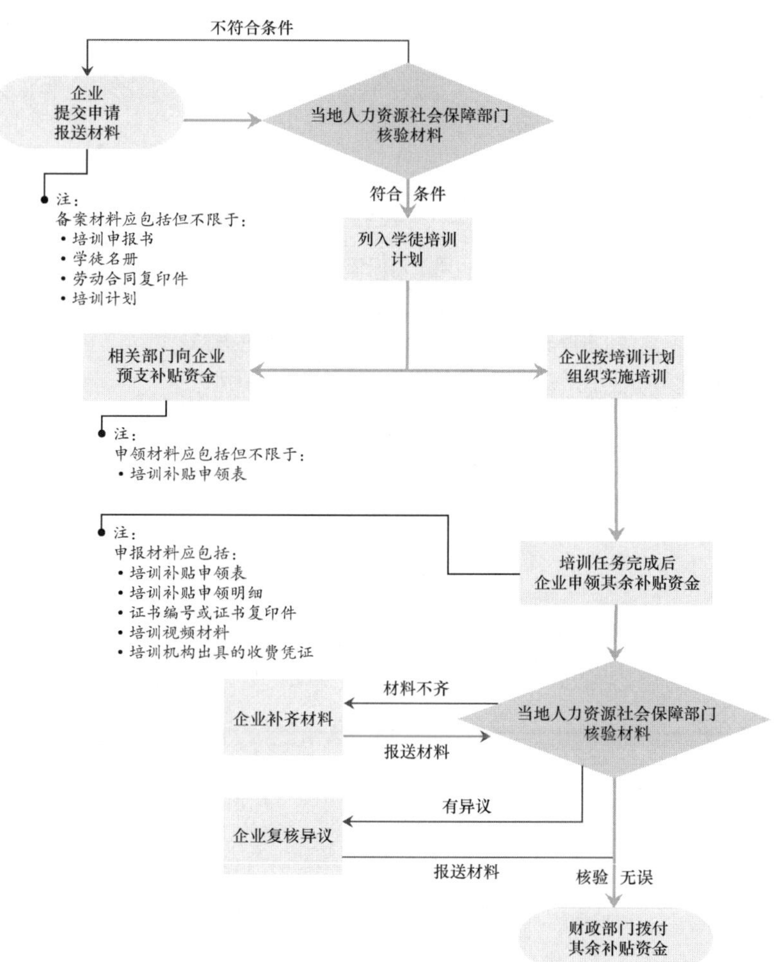

① 人力资源社会保障部职业能力建设司．中国特色企业新型学徒制工作指南［M］．北京：中国劳动社会保障出版社，2021.

1.2 企业组织实施培训流程参考样例①

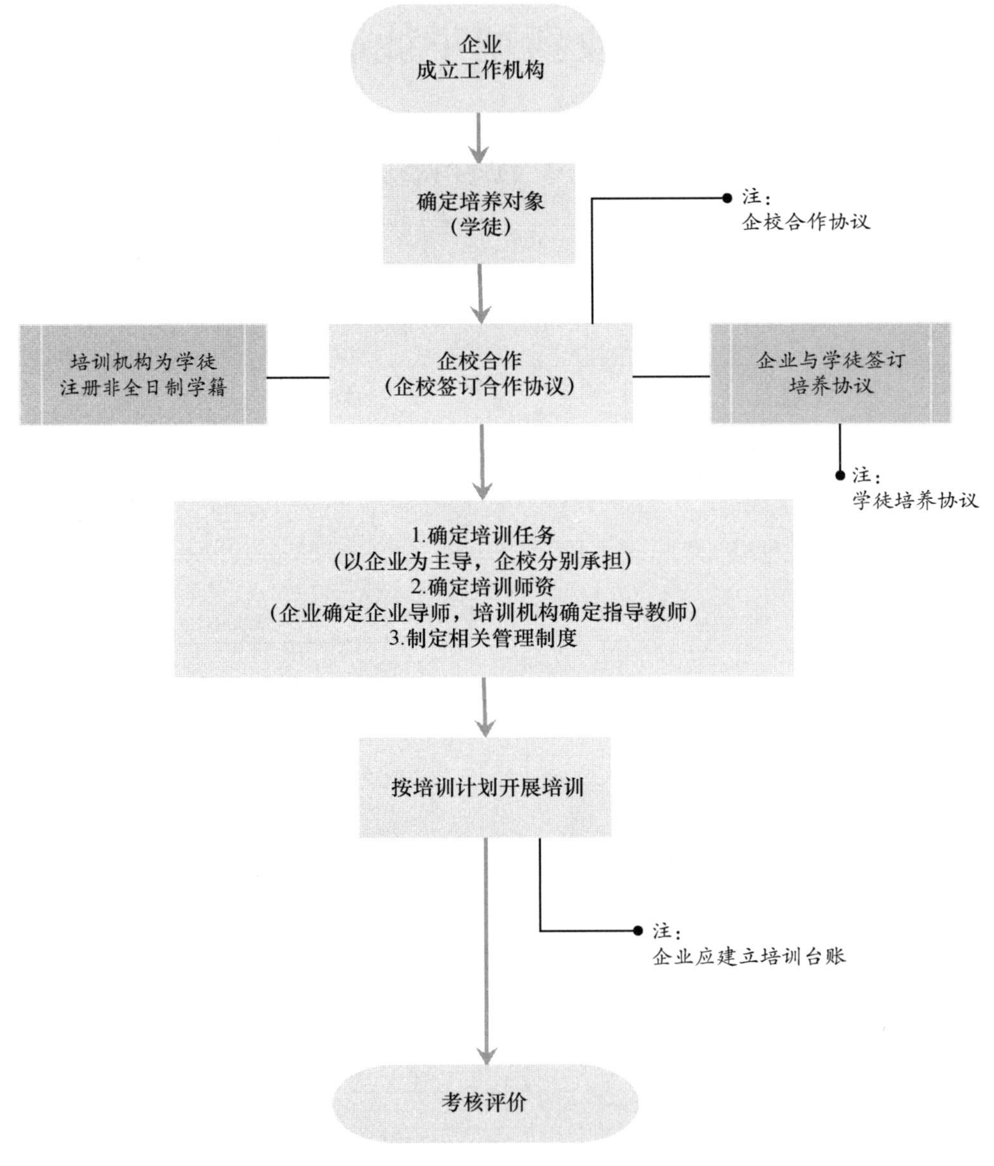

① 人力资源社会保障部职业能力建设司．中国特色企业新型学徒制工作指南［M］．北京：中国劳动社会保障出版社，2021.

1.3　企业新型学徒培养协议参考样例[①]

甲方（企业）：

乙方（学徒）：　　　　　　　　　　　　身份证号：

为贯彻《人力资源社会保障部　财政部　国务院国资委　中华全国总工会　全国工商联关于印发〈关于全面推行中国特色企业新型学徒制　加强技能人才培养的意见〉的通知》（人社部发〔2021〕39号）精神，根据________省（区、市）人力资源社会保障厅（局）______________________文件要求，甲乙双方经友好协商，签订本协议。

一、培训目标

培养乙方成为甲方____________岗位需求的中级工（或高级工、技师、高级技师），并取得相应职业资格证书（或职业技能等级证书、培训合格证书、毕业证书）。

二、培训内容与期限

培训内容：劳模精神、劳动精神、工匠精神、职业素养、安全生产规范及相关专业知识和操作技能。（企业可结合生产实际增加培训内容）

培训期限：自____年____月____日至____年____月____日。

三、培训方式

采取“企校双制、工学一体”的培养模式，由甲方和甲方合作的培训机构共同承担培训任务，甲方培养主要采取导师带徒方式，甲方合作的培训机构培养主要采取工学一体化培训方式。（企业可结合生产实际确定具体培训方式）

① 人力资源社会保障部职业能力建设司．中国特色企业新型学徒制工作指南［M］．北京：中国劳动社会保障出版社，2021.

四、质量考核标准

1. 培训过程中，甲方对乙方进行课程学习及岗位实践评价。（企业可结合生产实际附具体评价标准）

2. 乙方培训期满，可参加职业资格评价（或职业技能等级认定）或结业（或毕业）考核，合格者可取得相应的职业资格证书（或职业技能等级证书、培训合格证书、毕业证书）。

五、责任与义务

1. 甲方负责与其合作的培训机构共同确定乙方的培训计划，选拔优秀高技能人才担任乙方的企业导师，帮助乙方逐步掌握并不断提升技能水平和职业素养，使之能够达到职业技能标准和岗位要求，具备从事相应技能岗位工作的能力。

2. 甲方承担乙方培训费用，费用期限按实际培训期限（不超过备案期限）计算，在协议执行期间，甲方按照劳动合同约定向乙方支付工资（工资不得低于甲方所在地最低工资标准）。

3. 乙方在培训期间应严格遵守相关规定，有义务接受甲方及其合作的培训机构的管理、考核与评价。

（企业可结合生产实际和学徒工作生活实际约定双方责任与义务具体内容）

六、违约责任

（企业可结合本协议第五条约定的具体内容，明确相关责任）

七、其他事项

（企业可结合实际与学徒约定其他事项）

八、附则

1. 甲乙双方在履行本协议过程中若发生纠纷和争议，由双方协商解决。协商不能达成一致意见的，任何一方有权向劳动合同履行地的劳动争议调解部门申请调解。

2. 本协议的变更、续签及其他未尽事宜，由双方另行签署补充协议。

3. 本协议自双方签字（盖章）后生效，有效期为________年。

4. 本协议一式____份，甲方执____份、乙方执____份，各份具有同等法律效力。

甲方（盖章）：　　　　　　　　　　　　乙方（签字）：

签字人：

年　月　日　　　　　　　　　　　　年　月　日

1.4 企校合作协议模板[①]

（企业与培训机构签订时使用）

甲方（企业）：
邮寄地址：
法定代表人：
联系方式：

乙方（培训机构）：
邮寄地址：
法定代表人：
联系方式：

为贯彻《人力资源社会保障部 财政部 国务院国资委 中华全国总工会 全国工商联关于印发〈关于全面推行中国特色企业新型学徒制 加强技能人才培养的指导意见〉的通知》（人社部发〔2021〕39号）精神，根据________省（区、市）人力资源社会保障厅（局）________________________文件要求，甲乙双方经友好协商，就合作开展中国特色企业新型学徒制培训工作达成如下协议。

一、培训方式

甲乙双方采取“企校双制、工学一体”的培养模式共同培养学徒。甲方培养主要采取导师带徒方式，乙方培养主要采取工学一体化培训方式。（企业可结合生产实际与合作培训机构约定具体培训方式）

① 人力资源社会保障部职业能力建设司. 中国特色企业新型学徒制工作指南［M］. 北京：中国劳动社会保障出版社，2021.

二、培训计划

甲乙双方依据甲方需求共同协商组织实施培训，分别承担相应培训任务，并就培训内容、期限及人数等约定如下。

序号	培训职业（工种）	培训等级	培训期限	培训人数

培训内容主要包括职业素养、安全生产规范和专业知识、操作技能等，加大企业生产岗位技能、数字技能、绿色技能、安全生产技能和职业道德、工匠精神、质量意识、法律常识、创业创新、健康卫生等方面培训力度。其中，甲方侧重______________________________等内容培训，乙方侧重______________________________等内容培训。（企业可结合生产实际与合作培训机构约定具体培训内容）

三、培训费用

甲方依据______________________________标准向乙方支付培训费用，费用结算期限按实际培训期限（不超过备案期限）计算，支付方式为______________________________，支付时间为______________________________。乙方负责向甲方提供行政事业性收费票据（或税务发票）等符合甲方财务管理规定的凭证。

四、甲方责任与义务

1. 甲方负责联合乙方共同确定学徒培训计划，明确培训方式、培训内容和期限、质量考核标准等。

2. 甲方保证学徒在企业工作的同时，能够到乙方参加系统的、有针对性的专业知识学习和相关技能训练。

3. 甲方负责选拔优秀的高技能人才担任学徒的企业导师，并对企业导师的教学过程、教学质量进行督导评价。

4. 甲方负责对学徒进行企业培训期间的组织管理等。

5. 甲方和乙方共同对参训学徒进行考核评价（考核标准可由甲乙双方共同协商确认）。

五、乙方责任与义务

1. 乙方负责配合甲方确定学徒培训计划。

2. 乙方负责对学徒进行非全日制学籍注册。

3. 乙方要结合甲方生产和学徒工作生活实际，采取弹性学制，实行学分制管理，建立和完善适合弹性学制和学分制的教学质量评价体系和考核制度。

4. 乙方应为学徒安排具备相应专业知识和操作技能水平的指导教师，负责承担学徒的学校教学任务，强化理论知识学习，做好与企业实践技能的衔接。

5. 乙方负责对学徒进行培训机构培训期间的组织管理等。

6. 乙方和甲方共同对参训学徒进行考核评价。

（企业可结合生产实际与合作培训机构约定双方责任与义务具体内容）

六、违约责任

（企业可结合与合作培训机构约定的权利义务，明确相关违约责任）

七、其他事项

（企业可结合生产实际与合作培训机构约定其他事项）

八、附则

1. 双方因协议的解释或履行发生争议，由双方协商解决。协商不成，任何一方可向原告（或被告）方住所地人民法院提起诉讼。

2. 本协议的变更、续签及其他未尽事宜，由双方另行签署补充协议。

3. 本协议自双方签字盖章后生效，有效期为________年。

4. 本协议一式____份，甲方执____份、乙方执____份为凭。

甲方（盖章）：　　　　　　　　　　乙方（盖章）：

签字人：　　　　　　　　　　　　　签字人：

年　　月　　日　　　　　　　　　　年　　月　　日

股份制办学

办学章程参考样例①

第一章　总则

第一条　本单位名称是____________。（以下简称学院）

第二条　本单位的性质是____________。

第三条　本单位的宗旨是全面贯彻国家职业教育方针，培育高技能人才。

第四条　本单位的登记管理机关是______；本单位的业务主管单位是________。

第五条　本单位的住所地是_______________。

第六条　本章程中的各项条款与法律、法规不符的，以法律、法规的规定为准。

第二章　举办者、开办资金和业务范围

第七条　本单位的举办者代表是 ×××、×××、×××，共 × 人。

（一）举办者代表享有以下权利：

1. 根据其代表的出资比例享有表决权；
2. 推选及被推选为董事、监事；
3. 了解学院办学情况的财务状况；
4. 听取审议董事会、监事会工作报告；
5. 有权查阅董事会会议记录和学院财务预决算报告。

（二）举办者代表负有以下义务：

1. 遵守本章程规定；
2. 按期缴纳所认缴的出资；
3. 依所认缴的出资份额承担学校债务；

① 编写素材由山西冶金技师学院提供素材。

4. 出资后不得抽回出资；

5. 不得从事有损于学院及其关联机构声誉和利益的活动。

第八条　学院开办资金：××× 万元；出资人代表张三 ××× 万元、李四 ××× 万元。

出资人转让出资为原出资金额；非出资人代表的出资不得继承；出资人因辞职、调动、违反学院规定及受到法律惩处等原因解决或终止劳动合同的，其所持出资应当转让。

第九条　学院的业务范围。

（可根据上级部门的批文填写业务范围）

第三章　组织管理制度

第十条　学院设董事会，其成员不超过 ×× 人。董事会是学院的决策机构。董事由举办者代表产生。董事每届任期 × 年，任期届满，连选可以连任。

第十一条　董事会行使下列事项的决定权：

（如修改章程，聘任或解聘学院院长、副院长及财务负责人，罢免、增补董事，举办者代表的人选和变更，内部机构设置等，可以根据实际情况列举）

第十二条　董事会每年召开 × 次以上会议。有以下情形之一，应当召开董事会会议：

（可根据学校情况列举条目）

第十三条　董事会设董事长 1 名，副董事长 × 名。董事长、副董事长由董事会以全体董事的 ××% 选举产生或罢免。

第十四条　副董事长职能是____________________。

第十五条　董事会由董事长召集主持。董事长因特殊原因不能主持时，可以__________，董事因故不能出席，可以________。

第十六条　董事会会议应由 ××% 以上董事出席方可举行。董事会议投票方式______。

以下重要事项的决议，必须全体董事的 2/3 以上通过方为有效：

（可根据学校情况列举条目）

第十七条　董事会会议纪要。

（包含内容，存档等内容，可根据具体情况规定）

第十八条　董事长行使下列职权：

（如召集和主持董事会、提出举办者代表的增减和变更、提出增减开办资金等，根据实际情况列举）

第十九条　学院院长对董事会负责，并行使以下职权：

（如主持学院日常工作，组织实施董事会决议，拟定并执行内部管理制度、方案等，根据实际情况列举）

第二十条　学院设立监事会。

（监事会的产生、组成、要求等可根据实际情况确定）

第二十一条　监事会或监事行使以下职权：

1. 监督检查学院财务。

2. 对学院董事、院长违反法律、法规或章程的行为进行监督。

3. 当学院董事、院长的行为损害学院的利益时，要求其予以纠正；监事列席董事会会议。

第四章　法定代表人

第二十二条　学院的法定代表人为__________。

第二十三条　存在下列情形之一的，不得担任学院法定代表人：

（可根据具体情况规定）

第五章　资产管理、使用原则及劳动用工制度

第二十四条　学院资金来源：

1. 举办者开办资金及投资；

2. 政府资助及融资；

3. 在业务范围内开展服务活动的收入；

4. 投资收益及利息；

5. 捐赠；

6. 其他合法收入。

第二十五条　学院资金来源必须用于章程规定的教育事业发展，盈余不得分红。学院减少开办资金时，由学校回购核减的开办资金，减资后的开办资金不得低于法定开办资金的最低限额。

第二十六条　学院劳动用工、社会保险制度按照国家法律、法规及国务院劳动保障行政部门的有关规定执行。

第六章　章程的修改

第二十七条　本章程的修改，需经董事会决议通过，报业务主管单位审查、登记管理机关备案。

第七章　终止和终止后资产处理

第二十八条　学院有下列情形之一的，应当终止：

（包括无法按照章程规定继续开展活动，发生分立、合并等情况，可根据实际情况列举）

第二十九条　学院终止，应当报业务主管单位审查同意。

第三十条　学院办理注销登记前，应当在登记管理机关、业务主管单位和有关机关的指导下成立清算组织，清理债权债务，处理剩余财产，完成清算工作。剩余财产，应当按照有关法律、法规的规定处理。

第三十一条　学院自登记管理机关发出注销登记证明文件之日起，即为终止。

校企集团化办学

3.1 集团化办学建设指标参考样例①

一级指标	二级指标	观测点
1. 制度建设	1.1 集团章程	1.1.1 建立章程，且对集团的性质、目标、任务以及成员各方的责权利等界定清晰
		1.1.2 章程通过的流程规范、科学
	1.2 管理制度	1.2.1 档案制度（计划总结、会议活动、档案资料等）
		1.2.2 人员、资源、财务与产权制度
		1.2.3 制度考核
2. 运行状态	2.1 机构运行	2.1.1 理事会（董事会）管理决策情况
		2.1.2 秘书处（办公室）日常工作情况
		2.1.3 各执行机构（包括分支机构）运行情况
		2.1.4 建立共同决策的组织结构和决策模式，集团内部治理结构和决策机制完善
	2.2 经费运行	2.2.1 有稳定的日常经费
		2.2.2 经费来源多元
		2.2.3 经费使用情况（预算、决算、明细清单、绩效报告等）
	2.3 考核情况	2.3.1 根据制度制定的考核方案
		2.3.2 考核过程（通知、纪要、总结等）
		2.3.3 考核结果的使用情况
	2.4 激励情况	2.4.1 激励结果运用情况
		2.4.2 加入与退出执行情况

① 编写素材由山东劳动技师学院提供。

续表

一级指标	二级指标	观测点
2. 运行状态	2.5 信息交流	2.5.1 建立集团网站，且常态运行
		2.5.2 共享信息资源丰富
		2.5.3 合作需求信息发布及时
		2.5.4 达成合作频次较高
3. 办学共享成效	3.1 资源共建共享	3.1.1 专业共建共享
		3.1.2 师资共培共享
		3.1.3 课程共建共享
		3.1.4 教材共建共享
		3.1.5 实训基地共建共享
	3.2 人才培养质量	3.2.1 校企联合培养情况（如订单培养、委托培养、定向培养、企业新型学徒制试点等）
		3.2.2 集团内企业为学生提供实习实训岗位量、中介组织介入情况
		3.2.3 就业率（集团化办学提高成员院校就业率情况）
		3.2.4 集团覆盖专业的就业质量（对口就业率、薪酬水平、岗位升迁等）
	3.3 产学研合作	3.3.1 技术开发合作
		3.3.2 合作技术创新，研究成果
		3.3.3 职业技能鉴定
		3.3.4 技术技能积累，对接产业发展、岗位变化的新工种开发和培育等
		3.3.5 校企文化融合
		3.3.6 建设产学研一体化研发中心和共享型教学团队，文化传承
4. 综合服务能力	4.1 服务发展方式转变	4.1.1 专业设置和布局与区域、与行业企业需求相适应、协调
		4.1.2 行业企业对培养人才质量满意度
		4.1.3 服务国家发展战略（乡村振兴、健康中国、一带一路等）

续表

一级指标	二级指标	观测点
4. 综合服务能力	4.2 服务区域（行业）和协调发展	4.2.1 服务本区域、本行业（如推动或参与行业标准的制订等）发展
		4.2.2 以城带乡、以强带弱
		4.2.3 服务东西部协调发展
		4.2.4 扶持民族地区发展
	4.3 服务促进就业创业	4.3.1 院校为企业职工培训
		4.3.2 就业创业服务
5. 保障机制	5.1 政府（行业）领导	5.1.1 制定职业教育集团化办学发展规划
		5.1.2 将集团化办学情况纳入工作目标考核体系
		5.1.3 发布集团年度发展报告
		5.1.4 宣传成绩突出的优秀案例
	5.2 政策支持	5.2.1 支持建设一批省（市）级示范性职业教育集团
		5.2.2 落实教育、财税、土地、金融等政策
		5.2.3 支持集团内行业企业成员单位参与职业教育发展
	5.3 加大投入	5.3.1 政府购买制度
		5.3.2 政府支持共享型实训基地建设
		5.3.3 政府支持建设共享型专业教学资源和仿真实训系统
		5.3.4 政府支持建立区域或行业的集团服务系统

3.2　××××技工教育集团章程参考样例[①]

第一章　总　则

第一条　为贯彻习近平新时代中国特色社会主义思想和党的十九大关于新时代职业教育发展精神，进一步深化校企合作，提升技工教育办学水平，更好地服务×××地区重点产业优化升级，根据《国务院办公厅关于深化产教融合的若干意见》(国办发〔2017〕95号)、人力资源社会保障部《技工教育“十三五”规划》(人社部发〔2016〕121号)等文件精神，制订本章程。

第二条　本集团名称是×××技工教育集团(以下简称“集团”)。

第三条　集团是由×××技师学院发起，联合相关技工院校、职业培训机构、企业、科研机构等单位，在自愿、平等、互利基础上，组建而成的一家跨地区、跨行业、多层次、综合性的业务紧密型利益联结体。

第四条　集团以培养高层次技术技能人才为目标，以精准服务×××经济社会发展、科教文化发展为目的，通过集团化办学实践，创新技工教育办学体制和运行机制，增强办学活力，提升人才培养能力，实现产教融合发展，为产业发展提供坚实的高技能人才支撑。

第五条　集团坚持政府引导、平等自愿、优势互补、资源共享、骨干带动、多元办学、互利共赢的原则。

第六条　集团接受×××人力资源和社会保障局对技能人才工作的业务指导。

第二章　目标与任务

第七条　集团推行“校企双制、工学一体”学徒制培养模式，统一招生就业平台、教育教学平台、学生管理平台、师资调配平台、科研创新平台，推动技工教育与产业需求的“零距离”“全链条”对接，打造规划布局合理、办学理念先进、培养模式科学、服务功能显著、具有××特色的现代技工教育体系。

第八条　集团主要工作任务：

(一)建立和完善集团内部治理结构、决策执行机制和利益共享机制，促进集团成员的深度合作和协同发展。

---

①　编写素材由济宁市技师学院提供。

（二）创新技工教育人才培养模式，采用订单培养、顶岗培养、学徒制培养等方式，开展企业职工技能培训、岗位技能培训、专项技术技能培训、继续教育和远程教育，为合作行业企业量身定制技能人才。

（三）建立技工院校专业教师、企业专家双向互派工作机制，聘请行业企业一流人才和具有创新实践经验的企业管理专家、科技人才、技能人才担任技工院校产业教授，选派技工院校青年专业课教师深入企业一线进行学习锻炼、项目合作或技术攻关。

（四）集团内企业、院校之间共享生产教学设施设备和场地，共建高技能人才培训基地、公共实训基地和技能大师工作室等载体平台，为企业在职职工培训、在校学生培养提供充足的实习实训条件。

（五）建立校企共育人才机制，组织行业企业全面深入参与专业设置、人才培养方案制定、教学组织与实施、质量评价等人才培养关键环节，组织学生深入集团企业进行认识实习、跟岗实习和顶岗实习，提高人才培养与企业需求的相适性。

（六）开展校校合作，畅通成员校之间在生源、专业、课程、师资、实训基地等方面的合作交流渠道，实现成员校错位发展和共享发展，积极推进技工教育“五个共享”人才培养标准化体系建设，即：共享专业设置、共享人才培养方案、共享教学计划、共享课程标准、共享考核评价体系。

（七）联合举办技能竞赛，以赛促学、以赛促练，提升院校师生、企业职工的职业素质、水平和能力。

（八）建立集团门户网站，建设集团综合信息管理系统，实现招生就业、教学培训、师资调配、教学资源等有效管理。

（九）协助政府部门和行业组织做好新一代信息技术、高端装备、新能源新材料、高端化工等“十大产业”人才需求预测和培养规划，为我市产业发展规划编制、产业发展及技能人才培养提出建设性建议。

（十）加强与集团外单位在科研、成果转让、人才支撑及师资培训等方面的合作交流，并将合作成果在集团内推广。

（十一）组织开展高水平技工教育论坛或相关产业、专业技术交流活动。

（十二）加强国际交流合作，构建出国（境）短训、出国留学和教师海外培训的渠道；借鉴国外先进教育理念和培养模式，引进国外先进课程体系和师资力量；促进与“一带一路”沿线国家的技工教育合作。

（十三）加强党的建设工作，认真履行党章及有关规定，强化对集团成员单位政治、思想、组织、作风、纪律、制度建设的指导。积极开展党组织联建、党员联谊和主题教育活动，定期进行经验交流，不断提高集团成员单位党建工作能力。

（十四）积极开展国家职业教育和技术技能人才政策宣传，大力弘扬劳模精神、劳动精神和工匠精神，营造“劳动光荣、技能宝贵、创造伟大”的良好社会氛围，不断提升集团社会影响力。

第三章　组织机构与职责

第九条　集团实行理事会制。

第十条　集团理事会是集团的最高权力机构，它的常设机构是常务理事会。

第十一条　集团理事会由集团全体成员单位组成，成员单位各推荐 1 名代表担任集团理事会理事。

第十二条　集团理事会每届任期五年。

第十三条　集团理事会每年召开一次会议，由常务理事会召集。如果常务理事会认为必要，可以临时召集集团理事会议，需集团理事会成员三分之二以上出席方为有效。

第十四条　集团理事会实行民主集中制，决议重大问题需经出席会议的理事三分之二以上多数通过。

第十五条　集团理事会行使下列职权：

（一）制定集团发展规划、方针及目标，确定集团工作计划；

（二）审议常务理事会年度工作报告；

（三）制定和修改章程；

（四）成立专门工作委员会；

（五）选举和罢免常务理事会成员，决定集团成员的准入与退出；

（六）制定集团规章制度；

（七）统筹集团内资源，协调各成员关系；

（八）审议通过集团理事或常务理事提出的议案；

（九）审议和决定集团内其他重要事项。

第十六条　常务理事会由下列人员组成：

理事长 1 名，副理事长若干名，秘书长 1 名，常务理事若干名。

第十七条　常务理事会每届任期同集团理事会每届任期相同，可连选连任。选举前经广泛征求意见，确定常务理事会提名名单，采用等额方式选举产生。

第十八条　常务理事会在集团理事会闭会期间，具体负责集团日常工作并行使集团理事会职权，可根据需要定期或不定期召开常务理事会议。

第十九条　常务理事会下设秘书处及招生就业、教育教学、学生管理、师资调配、科研创新 5 个专门工作委员会。

第二十条　理事长主持常务理事会的工作，主要职责是：

（一）主持召开集团理事会和常务理事会；

（二）组织制订集团年度工作计划；

（三）向集团理事会作年度工作报告。

第二十一条　副理事长、秘书长协助理事长工作。理事长、副理事长、秘书长组成理事长会议，处理常务理事会的重要日常工作。

第二十二条　秘书处是常务理事会的日常办事机构，设在集团理事长单位。

第二十三条　秘书处在秘书长领导下开展工作，其主要职责是：

（一）负责起草集团理事会发展规划和工作计划；

（二）负责筹备集团理事会议和常务理事会议，起草会议文件，撰写工作报告；

（三）根据集团理事会年度工作计划，协调完成年度工作任务；

（四）完成理事长、副理事长交办的日常工作；

（五）负责集团党建工作；

（六）负责集团宣传及档案管理工作；

（七）负责集团内外联络工作；

（八）负责集团财务管理工作。

第二十四条　各专门工作委员会根据职责分工，积极推进集团理事会成员单位间的交流合作、改革创新与共同发展，各专门工作委员会具体的工作职责、组织构架、人事任命及活动规则等由常务理事会讨论后另行制定。

第二十五条　集团设监事 1 名，监事任期与集团理事会任期相同，监事期满不得连任。监事从集团外部聘请，主要职责是：

（一）对理事会决策情况进行监督；

（二）对理事会、常务理事会、各工作委员会履职行为进行监督；

（三）列席理事会和常务理事会会议，对会议决定的事项提出质询、建议；

（四）跟踪关注重要情况和重大事项进展；

（五）履行法律法规和政策规定的其他职责。

第四章　加入和退出

第二十六条　凡自愿遵守集团章程，恪守集团宗旨，具有独立法人资格的国内院校、有较大影响与较强实力的企事业单位、协会、科研院所和社会信誉较好的职业培训机构等，均可申请成为理事会成员。

第二十七条　入会程序

（一）申请单位向秘书处提交申请书及单位基本情况说明；

（二）经集团理事会讨论通过后成为理事会成员。

第二十八条　理事会成员要求退出时，应提前三个月向秘书处提出书面申请，经常务理事会审议批准，并通报全体理事会成员后，方可退出。

第二十九条　理事会成员不履行集团成员义务，违反本章程，严重损害集团声誉和利益，经劝告无效的，由集团理事会表决通过，责令其退出或除名。

第五章　成员权利和义务

第三十条　理事会成员享有以下权利：

（一）有选举权、被选举权和表决权，有参与集团重大问题决策的权利；

（二）有集团名称的使用权（用途需事前向集团秘书处备案）；

（三）有对集团工作的建议权和监督权；

（四）有享受集团资源和工作成果的优先权；

（五）有加入和退出集团的权利。

第三十一条　理事会成员承担以下义务：

（一）遵守集团章程；

（二）执行理事会、常务理事会决议；

（三）参加集团理事会议及各种活动；

（四）遵守理事会成员间签订的各项协议合同；

（五）维护集团利益和声誉。

第六章　章程修改及集团终止程序

第三十二条　集团有下列情形之一的，应当修改章程：

（一）章程规定的事项与法律、法规及政策规定不符的；

（二）章程内容与实际情况不符的；

（三）理事会认为应当修改章程的其他情形。

第三十三条　本章程的修改须经常务理事会讨论同意后报集团理事会表决通过。

第三十四条　集团如果完成使命需要解散或由于其他原因需要终止活动时，由理事长提出终止动议，经集团理事会审议表决通过并书面告知全体会员。

第三十五条　集团终止后的剩余财产，按照国家有关规定进行处置。

第七章　附则

第三十六条　集团日常活动经费由理事长单位承担，集团的会议会务、技能竞赛、业务考察等大型活动费用支出由集团单位共同协商。

第三十七条　本章程解释权归常务理事会。

第三十八条　本章程经集团理事会议表决通过之日起生效。

3.3　×××技工教育集团理事工作会议制度参考样例[①]

为全面调动技工教育集团全体理事单位参与集团化发展工作的积极性，在集团的科学发展和重大决策时，广泛征求各单位的建议。进一步规范理事单位参与集团化发展的工作程序，实现技工教育集团精准服务×××经济社会发展，提升技工教育办学水平。依据技工教育集团章程，制定本条例。

第一条　集团理事会按照集团章程设立，在集团章程规定的范围内行使职权。理事会议受×××技工教育集团化发展工作专班的指导和监督。

第二条　集团理事长单位、副理事长单位、常务理事单位，按照集团章程选举产生。

第三条　集团理事会议每年召开一次，由常务理事会召集。理事长因故不能主持会议时，可委托秘书长主持。如果常务理事会认为必要，可以临时召集集团理事会议，需集团理事会成员三分之二以上出席方为有效。

第四条　集团理事会议召开七天前，由集团秘书处向各理事单位发出书面通知，包括会议时间、地点、议程草案和相关资料等。

第五条　理事会议可以采用集中方式或者通讯方式召开，但涉及本集团人事任免、分支机构设置、规章制度制定、重大发展决策确定等事项时，须以集中方式召开会议。

第六条　在理事会议召开前三天，各理事单位可向秘书处提出议题，理事长视情况决定是否将其列入会议议程。如有三分之一以上单位提出同一议题，则此项议题必须被列入集团理事会议议程。

第七条　集团理事会行使下列职权：

（一）制定集团发展规划、方针及目标，确定集团工作计划；

（二）审议常务理事会年度工作报告；

（三）制定和修改章程；

（四）成立专门工作委员会；

（五）选举和罢免常务理事会成员，决定集团成员的准入与退出；

（六）制定集团规章制度；

（七）统筹集团内资源，协调各成员关系；

① 编写素材由济宁市技师学院提供。

（八）审议通过集团理事或常务理事提出的议案；

（九）审议和决定集团内其他重要事项。

第八条　理事会议的议题，必须经过会议表决，可以采用举手表决、通讯的方式，无记名投票等方式进行表决。各项议题需经出席会议的理事三分之二以上通过后执行。

第九条　理事会议由秘书处安排专人对会议讨论情况进行记录。会议结束后，秘书处应在一周内形成会议纪要草稿，征求全体与会者的意见。对坚持异议者，其意见在纪要中应予记录。纪要定稿后及时公布并存档，任何人不得增、删和修改。

第十条　理事单位因故不能参加会议，应事前向秘书处正式请假，并可向会议提交书面意见，但不得委托他人代表参加会议。请假的理事单位可在事后对会议议定的事项表态，但不能变更相关决定。如果理事单位连续三次不出席理事会议，理事资格即终止。

第十一条　理事单位须密切联系集团全体成员单位，了解并反映集团单位的需求和对技工教育集团工作的意见或建议。

第十二条　本条例由第一届理事会议表决通过后生效，由集团秘书处负责解释。

引企入校

“引企入校”校企合作协议参考样例（以制造类项目为例）[①]

甲方（学校名称）：________________________。

乙方（企业名称）：________________________。

一、合作原则

本着甲、乙双方“资源优势互补、产教融合、校企共赢”的原则，建立长期、紧密的合作关系。

二、合作内容

甲、乙双方进行校企合作，将乙方项目市场资源、技术资源引入学校，在甲方场地共建“教学工厂”“设计研发中心”等产教融合载体，打造双师型教师队伍，全面提升学生技术技能，实现高质量就业。为乙方降低生产成本、增加人才储备提供优越条件。

（一）共建教学工厂

1. 甲乙双方在校内建立产教融合教学工厂，甲方划出专用区域设立教学工厂，配套生产设备，调配、安排负责生产的配套技术人员。乙方提供生产材料，提供生产订单，提供生产技术指导。面向学生开展生产性实训教学。

2. 甲方师资掌握教学工厂生产技术，确保能按时按量产出成套合格的产品后，乙方将公司旗下部分生产业务转至甲方生产。提供更多更全面的技术及训练

① 编写素材由贵州电子信息技师学院提供。

岗位。

3. 教学工厂项目实践安排。甲方负责调整教学计划，安排师生参与实践项目，并负责生产过程的管理和教学；乙方配合进行技术指导。

（二）共建产教融合设计研发中心

甲乙双方在校内建立产教融合设计研发中心，甲方划出设计区域，配套 ××× 设备，甲方选拔师生，乙方委派技术人员共同组建教学设计研发团队。乙方带领甲方师生参与乙方设计、研发相关项目。

三、利益回报及投资费用

（一）“教学工厂”合作费用

1. 甲方收取乙方在甲方所生产零件加工、装配出厂价的 ××% 作为管理费（前期执行）。

2. 对只加工部分工序的产品，需要分解价格的，双方拟定产品加工价格，乙方支付加工管理费。

3. 乙方非甲方生产的贸易收入不计入甲方管理费收取基数。

4. 乙方收益以缴税发票为准。

5. 若产教融合教学工厂生产能力达到 ××× 万元 / 年，乙方可以调入适量设备。

（二）设计研发中心合作费用

1. 乙方提供研发试验的耗材及经费（不含甲方人员工资）、免费指导甲方参与人员。甲方人员负责的设计任务创收，甲方收取设计费的 20% 作为管理费。

2. 研发项目的知识产权归甲乙双方共有，所占比例由所付出分配，使用权归乙方，甲方不得将其用于除教学以外商业用途。

四、运营机制

（一）教学工厂治理与产能保障结构

1. 教学工厂在甲方的统一领导下，建立协商制度机制。通过定期会议、考察、高层会商的方式，加强双方间的联系，增进相互了解。

2. 甲方指定 1~2 人，负责教学工厂的生产工艺、探讨技术难点，负责生产品质、生产进度及生产异常情况处理等。乙方指定 2 人，负责技术指导和进度把握，参与生产异常协商处理，不参与工厂的具体运营。

（二）运营团队组成与管理

1. 教学工厂实践教学中，乙方派驻技术人员到校与学院教师共同实施项目实践、实训生产等工作，各自承担己方人员工资、福利等费用及人身、财产安全。

2. 产教融合设计研发中心，甲方负责安排有 ×××× 专业基础的教师和学生，乙方负责安排专业技术指导人员、各自承担己方工资、福利等费用及人身、财产安全。

3. 乙方负责引入相关产业合作生产项目入校，实施产教融合和学徒制的人才培养模式，打造产教融合示范品牌。

4. 甲方可聘请乙方高管、高工为客座教授（讲师）免费给甲方师生做讲座。

五、合作生效及终止

（一）合作生效

本协议自双方签章之日起生效。

（二）终止事由

任何一方违反国家法律法规、国家相关政策或本合同约定，给对方利益造成重大损失时，另一方有权提前解除本协议。

（三）善后处理

1. 知识产权的处理

对于双方各自拥有的知识产权，所有权归各自所有，解除合作关系后未经授权不得继续使用。对于双方共同的知识产权，由双方协商处理。

2. 员工的处理

双方在终止合作前应妥善解决现有各自员工的问题，确保无任何遗留问题。

3. 乙方资产处理

（1）如双方中途停止合作，乙方有权撤走其投入的全部资产，不能撤走和甲方愿意保留的部分，由甲方折价接收并向乙方支付转让金，转让金按照乙方根据各项资产预计使用年限进行折旧或摊销后的截止转让日的账面净值计算；双方各自承担相应税费。

（2）如合同期满双方不再合作的，乙方将其投入的资产低价转让或赠与甲方；具体方案由双方另行协商。

技能竞赛

承办企业竞赛协议书参考样例（部分）①

甲方（企业名称）：____

邮寄地址：____

法定代表人：____

联系方式：____

乙方（学校名称）：____

邮寄地址：____

法定代表人：____

联系方式：____

一、工作职责

（一）甲方职责

1. 组织参赛选手，参赛选手资格由甲方审定并在竞赛开始前 7 天给乙方提供名单。

2. 对竞赛过程、竞赛公平进行监督，并对乙方提出与竞赛相关的改进意见。

3. 按本协议书约定向乙方指定账户支付相关费。

4. 培训期间，对参赛人员的人身财产安全进行教育，如参赛人员发生人身、财产安全事故，因甲方原因造成的，由甲方负责协调、处理，乙方协助。

5. 因甲方原因给乙方造成损失的，乙方有权要求甲方赔偿。

6. 甲方应对乙方拟定的竞赛技术方案、竞赛组织方案、考核标准、竞赛试题进行审核，审核无误后方可让乙方实施。

① 编写素材由云南技师学院提供。

（二）乙方职责

1. 拟定竞赛技术方案和竞赛组织方案。负责制定考核标准，提供竞赛试题。

2. 提供竞赛场地和设施设备的组织协调，布置开闭幕式现场；组织裁判员对选手进行考核并提供最后的成绩。

3. 竞赛期间食宿安排。

4. 对参加竞赛的人员进行考勤管理。

5. 培训期间，对参赛人员的人身财产安全进行教育，如参赛人员发生人身、财产安全事故，因乙方原因造成的由乙方负责协调、处理，甲方协助。

6. 按时按质组织本次竞赛活动，如无法在本协议约定时间内组织大赛活动，应当提前 7 日通知甲方并与甲方协商后续处理事宜。如因乙方原因造成通知、协商不及时导致竞赛活动无法按时按质举行，甲方有权要求乙方赔偿。

二、费用及支付方式

（一）竞赛费用预计：× × 元（大写：× × 元整）。

支付方式：本协议签订三日内，甲方预付 × × × 元（大写：× × × 元整）到乙方指定账户，乙方收到预付款后，向甲方开具预付款收据；竞赛结束后 7 日内，乙方根据经甲方确认的费用结算确认书开具全额增值税普通发票（如乙方提供的费用结算确认书总金额未超过协议规定金额，甲方自收到之日起 3 个工作日内未确认的，视为甲方确认费用结算确认书），甲方自收到全额增值税普通发票起 7 日内一次性支付剩余款项。

（二）乙方账户信息如下：

× × ×　× × ×　× × ×

（三）因参赛人员增减造成的费用变动：

1. 参赛选手减少，费用不减少，按本协议规定金额结算；

2. 参赛选手增加，以 × × × 为基数，每增加 1 人，相应增加费用。

（四）款项支付据实列支，如产生本协议确定费用之外不可预见的费用，以双方认可的最终结算金额为准。

企业办学

企业（甲方）与学校（乙方）校企合作具体事项清单参考样例[①]

<table>
<tr><th rowspan="2">校企合作方向</th><th rowspan="2">具体内容</th><th rowspan="2">责任方</th><th colspan="4">双方责任分工</th></tr>
<tr><th>牵头负责人</th><th>牵头部门</th><th>预期成果</th><th>完成期限</th></tr>
<tr><td rowspan="2">1. 招生与就业合作</td><td rowspan="2">甲乙双方同意开展招生与就业合作，合作内容包括但不限于：
1. 招生、组建订单班
甲方：①订单班优先招录乙方提供的学生资源。②乙方提供订单班人数、面试条件等信息。③双方共同制定订单班协议和奖学金制度
乙方：①利用甲方资源为乙方招生进行宣传。②为甲方选拔订单班学生提供支持。③双方共同制定订单班协议和奖学金制度
2. 就业
甲方：①为乙方提供技能人才用工信息。②支持乙方学生在甲方进行顶岗实习，协助乙方学生在甲方产业链伙伴企业择业。③配合乙方签订顶岗实习协议
乙方：①为甲方校园招聘提供信息和服务。②负责对学生进行岗前思想教育和就业指导。③选派指导教师协助甲方做好学生顶岗实习期间的各项管理工作，并进行企业用人跟踪与反馈</td><td>企业</td><td></td><td>人力资源管理部</td><td>1. 订单班协议
2. 顶岗实习协议</td><td>1. 签约前一周
2. 订单班组建后1个月</td></tr>
<tr><td>学校</td><td></td><td>招就办</td><td>1. 订单班协议
2. 顶岗实习协议</td><td>1. 签约前一周
2. 组建后1个月</td></tr>
</table>

① 编写素材由北京汽车技师学院提供。

续表

校企合作方向	具体内容	责任方	双方责任分工			
			牵头负责人	牵头部门	预期成果	完成期限
2. 订单班教学管理合作	甲乙双方同意开展订单班教学管理合作，合作内容包括但不限于： 1. 人才培养 甲方：①双方共同制定订单班人才培养标准。②协助乙方实施定向培养。③双方共同实施订单班学生年度考核 乙方：①双方共同制定订单班人才培养标准。②在订单班组建后，乙方实施定向培养；③双方共同实施订单班学生年度考核 2. 师资合作 甲方：①每年选派×××专业或相关专业专家或大师到乙方相关岗位实践。②为乙方教师到甲方学习与实践提供条件。③双方共同选拔、培养、考核订单班师资 乙方：①聘请甲方有关人员担任专家、实训指导教师，为聘请的专家、实训指导教师提供适当咨询、教学指导费用。②双方共同选拔、培养、考核订单班师资	企业		人力资源管理部	订单班培养标准	××××年×月
		学校		教务处	订单班培养标准	××××年×月

续表

<table>
<tr><th rowspan="2">校企合作方向</th><th rowspan="2">具体内容</th><th rowspan="2">责任方</th><th colspan="4">双方责任分工</th></tr>
<tr><th>牵头负责人</th><th>牵头部门</th><th>预期成果</th><th>完成期限</th></tr>
<tr><td rowspan="2">3. 技能人才培训和职业技能鉴定、技能大赛合作</td><td rowspan="2">甲乙双方同意开展技能人才培训和职业技能鉴定、技能大赛合作，合作内容包括但不限于：
1. 企业新型学徒制培养模式
双方共同推动企业新型学徒制培养模式。甲方可结合生产实际自主确定培养对象，采取“校企双制、工学一体”的培养模式，与乙方共同培养学徒
2. 技能人才培训
甲方：①负责向乙方提供培训需求计划、培训人员名单等事项。②负责培训过程监督和培训效果评价
乙方：①为甲方提供现有技师研修班、技能人才培训课程信息。②根据乙方技能人才培训需求，为甲方提供定制化培训方案
3. 职业技能鉴定
甲方：①向乙方提供职业技能鉴定需求及材料。②在乙方申请汽车零部件相关工种职业技能鉴定资质工作中提供必要的协助与支持
乙方：为甲方提供现有工种职业鉴定及鉴定前培训
4. 技能大赛
甲方：①制订公司、行业、国家级大赛计划，提前3个月通知乙方。②为乙方提供大赛相关设备赠送项目
乙方：①为甲方提供现有承办大赛的资质信息。②在现有资质范围内，为甲方大赛提供相应的赛事及集训服务</td><td>企业</td><td></td><td>人力资源管理部工会</td><td>1. 企业新型学徒制培养模式
2. 技能人才培训班
3. 技能大赛</td><td>1. 每年1次
2. 每年1次
3. 每年1次</td></tr>
<tr><td>学校</td><td></td><td>培训中心</td><td>1. 企业新型学徒制培养模式
2. 技能人才培训班
3. 技能大赛</td><td>1. 每年1次
2. 每年1次
3. 每年1次</td></tr>
</table>

续表

校企合作方向	具体内容	责任方	双方责任分工			
			牵头负责人	牵头部门	预期成果	完成期限
4. 实训（实习）基地共建合作	甲乙双方同意开展实训（实习）基地共建合作，合作内容包括但不限于： 双方协议签约后，立即启动挂牌 甲方在乙方基地（实训基地）挂牌，命名“××××技能人才培训基地” 乙方在甲方基地（实习基地）挂牌，命名“××××实训基地” 甲方：①与乙方共享现有实习基地设备设施及相关教学（培训）资源，提高实习基地设备利用率。②与乙方共同建立健全实习基地管理制度。③与乙方共同修订完善高技能人才培养方案。④为乙方提供一些比较先进的生产设备、技术等信息。⑤为实习学生提供一定的岗位或生活补贴，具体金额由基地双方协商决定 乙方：①与甲方共享实训基地设备设施及相关教学（培训）资源，提高实训基地设备利用率。②与甲方共同建立健全实训基地管理制度。③与甲方共同修订完善高技能人才培养方案。④为甲方高技能人才职业技能培训及继续教育提供方便	企业		人力资源管理部	1. 挂牌 2. 实习基地管理制度	1. 签约当天 2. ××××年底
		学校		教务处	1. 挂牌 2. 实训基地管理制度	1. 签约当天 2. ××××年底

续表

校企合作方向	具体内容	责任方	双方责任分工			
			牵头负责人	牵头部门	预期成果	完成期限
5. 创新工作室合作	甲乙双方同意开展创新工作室合作，成立职工创新工作室联盟，合作范围包括双方现有创新工作室，随着双方战略合作的加深以及双方业务的发展，双方新成立的创新工作室均加入本合作范围。合作内容包括但不限于： 1. 科研项目 双方共同开展××××相关专业课题开发和学术交流，双方共同完成科研课题共享教学科研成果 甲方：为乙方提供相关的教学、科研、工作资源支持 乙方：为甲方提供相关教学、科研最新资讯和软硬件配套支持 2. 学术交流 ①双方定期开展技术、技能交流活动 ②双方共同促进技术创新和技术攻关 3. 技能传承、成果转化 ①双方共同建立高技能人才绝技绝活代际传承机制 ②双方共同推动创新成果转化	企业		工会	1. 挂牌 2. 学术交流	1. 签约当天 2. 每学期 1 次
		学校		工会院办	1. 挂牌 2. 学术交流	1. 签约当天 2. 每学期 1 次

续表

校企合作方向	具体内容	责任方	双方责任分工			
			牵头负责人	牵头部门	预期成果	完成期限
6. 智库资源与服务合作	甲乙双方同意开展智库资源与服务合作，合作内容包括但不限于： 1. 双方共同开发技能人才培养的智库服务平台，包括课程库、专家（师资）库、教材库、题库、案例库、论文库、数字化资源库等 2. 为双方提供智库资源与服务，有效进行资源对接、资源置换、资源共享	企业		人力资源管理部	确定合作方式	签约前一周
		学校		教务处	确定合作方式	签约前一周
7. 其他事项	1. 双方共同成立校企深度合作领导小组，明确各自领导小组职责和具体责任人 2. 双方定期举办校企深度合作联席会议，每期联席会议指定 1 位责任人汇报当前项目执行情况 3. 双方校企深度合作领导小组参加每期联席会议责任人具体人数保证 2 人以上 4. 双方针对各项目执行制定项目进度计划表 5. 双方针对各项目安排专人进行阶段性成果总结与展示	企业		工会	1. 成立领导小组 2. 定期联席会议	1. 签约前一周 2. 每学期 1 次
		学校		院办	1. 成立领导小组 2. 定期联席会议	1. 签约前一周 2. 每学期 1 次

开展企业技能培训

企业培训计划参考样例[①]

（一）指导思想

（根据实际情况填写）

（二）编制依据

（根据实际情况填写，可列举各级各类文件、各类标准、推荐教材等）

（三）培养主体与对象

1. 培养主体

（根据实际情况填写，一般为用工企业或者劳务派遣单位）

2. 培养对象

（根据实际情况填写，一般为与企业或派遣单位签订正式劳动合同、正常缴纳养老保险的一线新招技术技能人员）

（四）培养目标

1. 知识目标

（如掌握模型创建与编辑方法等）

2. 能力目标

（如能够使用建模软件创建模型）

3. 素质目标

（如具有团队合作精神）

（五）培养时间与学时

培训时间为 ×××—×××，总学时 ×× 学时，学时分配：

① 编写素材由中国建筑第五工程局高级技工学校提供。

表 1　培养时间与学时

课程	时间	学时	学时比例	形式	地点
通用素质			××%	网络学习	
专业基础			××%	集中学习	
			××%	网络学习	
操作技能			××%	岗位训练	
合计			100%	—	—

（六）通用素质课程培训

1. 培养目标

例如：培养和提高企业职工职业素养，具备良好的职业道德品质，深入理解并践行劳模精神、劳动精神、工匠精神，成为有理想、有道德、有知识、有能力、有纪律的产业工人。

2. 培训方式

例如：采用网络平台学习，每位学员分配学习账号，合理安排自身时间，利用手机进行学习。

3. 培训平台

根据实际情况填写。

4. 培训师资

例如：网络课程由学校讲师、中级讲师、高级讲师、特级讲师、企业专家、外聘专家等资深老师授课录制，平台拥有全面的领域和丰富的知识。

5. 培训教材

根据实际情况填写，出版教材或自编讲义均可。

6. 培训内容

详细列出通用素质课程培训内容，例如：劳模精神、劳动精神、工匠精神，入企教育，职业道德与职业素养，安全生产、法律常识等方面的具体内容和要求。

7. 课时分配

表 2　通用素质课程课时分配表

培训课程	序号	课程内容	学时
	1		
	2		
	……		
	……		
	1	通用素质理论考核	
合计学时			

（七）专业基础课程培训

1. 培养目标

例如：通过专业基础课程学习，掌握 ××× 知识和方法。

2. 培训方式

例如：专业基础课程学习采用线下＋线上结合的方式培训，××× 方面知识在线上完成。

3. 培训场地

写明实训场地面积、环境、设备等方面的要求。

4. 培训师资

写明对师资的学历、职称、技术等方面的要求，并列出名单。

表 3　专业基础课程师资表

序号	教师	职称
1		
2		
……		

5. 培训教材

根据实际情况填写，出版教材或自编讲义均可。

6. 培训内容

详细列出需培训各部分的内容以及要求。

7. 课时分配

可列课时分配表。

表 4-1　专业基础课程（线下培训）课时分配表

培训模块	序号	培训内容	学时
	1		
	2		
	……		
	……		
	1	理论考核	
合计学时			

表 4-2　专业基础课程（网络培训）课时分配表

培训模块	序号	培训内容	学时
	1		
	2		
	……		
	……		
	1	理论考核	
合计学时			

（八）操作技能课程培训

1. 培养目标

（通过实训操作达到的要求、水平等方面）

2. 培训方式

例如，如采用岗位实训或导师带徒的方式，采用的教学手段与方法。

3. 实操设备

根据实际情况列举。

4. 培训师资

写明对师资的学历、职称、技术等方面的要求，并列出名单。

表 5　操作技能课程师资表

序号	教师	职称
1		
2		
……		

5. 培训教材

根据实际情况填写，出版教材或自编讲义均可。

6. 培训内容

详细列出需培训各部分的内容以及要求。

7. 课时分配

表 6　操作技能课程课时分配表

培训模块	序号	课程内容	学时
实操一	1		
实操二	2		
实操三	3		
……	……		
	1	职业技能等级认定理论考核	
	2	职业技能等级认定实操考核	
合计学时			

（九）时间安排

1. 专业基础课程

表 7　专业基础课程培训时间安排表

时间		内容	教师	地点	课时
××××年××月××日	××:00—××:00				
	××:00—××:00				
××××年××月××日	××:00—××:00				
……	……				
××××年××月××日	××:00—××:00	考核			
合计学时					

2. 通用素质课程

表 8　通用素质课程培训时间安排表

年份	月份	内容	教师	地点	课时
××××年	××月—××月			网络平台	
		通用素质课程网络考核	—	—	
合计学时					
说明：通用素质课程，由学员利用工作之余的时间自主学习，可减缓工学矛盾					

3. 操作技能课程

表 9　操作技能课程培训时间安排表

日期	时间	内容	导师	地点	课时
××××年××月××日	××:00—××:00				
	××:00—××:00				
××××年××月××日	××:00—××:00				
……	……				
××××年××月××日	××:00—××:00				
合计					
说明：职业技能等级认定时间根据学员学习情况，在实践阶段开展					

（十）考核评价

1. 网络学习考核

（1）考核由两部分组成，包括学时考核与理论知识考核，满分均为 ××× 分，其中，学时考核权重 ×%，理论知识考核权重 ×%。

（2）学时考核根据所学学时数占网络学习总学时比例得分。

（3）理论考核采用网络平台进行，考试时间为 ×× 分钟，考题内容以通用素质课程为准，数量为 ×× 题。

表 10　理论知识权重表

题目		单选		多选		判断		权重	
		数量	分布	数量	分布	数量	分布	数量	占比
通用职业素质知识									
合计									

2. 集中学习考核

（1）考核由两部分组成，包括出勤考核与理论知识考核，满分均为 ××× 分，其中，出勤考核权重 ×%，理论知识考核权重 ×%。

（2）出勤考核根据出勤总次数占应出勤总次数比例得分。

（3）理论知识考试采用闭卷考试方式，考试时间为 ××× 分钟，考题从职业技能等级认定理论考核题库中随机抽选，数量为 ×× 题。

表 11　理论知识权重表

题目		单选		多选		判断		权重	
		数量	分布	数量	分布	数量	分布	数量	占比
基本要求									
相关知识要求									
合计									

3. 岗位实践考核

（1）岗位实践考核由三部分组成，包括出勤考核、导师评价、职业技能等级认定，满分均为 ××× 分。其中，出勤考核权重 ×%，导师评价 ×%，职业技能等级认定理论考核权重 ×%，实操考核权重 ×%。

（2）出勤考核根据出勤总次数占应出勤总次数比例得分。

（3）导师评价共分为四个档次，其中考核 A 为 90 分，考核 B 为 80 分，考核 C 为 70 分，考核 D 为 60 分，最终评价成绩取其平均值。

表 12　企业实践考核评价汇总表

序号	姓名	培训记录		课时记录		导师评价考核 / 次			岗位实践考核权重成绩			
序号	姓名	出勤签到次数 / 次	缺勤说明	所缺课时	培训课时	A	B	C	出勤考核成绩（×%）	导师评价考核成绩（×%）	职业技能等级认定理论考核成绩（×%）	职业技能等级认定实操考核成绩（×%）
1												
2												
……												

（4）职业技能等级认定考核以实际考核成绩为准，权重表如下。

表 13　理论知识权重表

<table>
<tr><th colspan="2" rowspan="2">题目</th><th colspan="2">单选</th><th colspan="2">多选</th><th colspan="2">判断</th><th colspan="2">权重</th></tr>
<tr><th>数量</th><th>分布</th><th>数量</th><th>分布</th><th>数量</th><th>分布</th><th>数量</th><th>占比</th></tr>
<tr><td rowspan="2">基本要求</td><td></td><td></td><td></td><td></td><td></td><td></td><td></td><td></td><td></td></tr>
<tr><td></td><td></td><td></td><td></td><td></td><td></td><td></td><td></td><td></td></tr>
<tr><td rowspan="4">相关知识要求</td><td></td><td></td><td></td><td></td><td></td><td></td><td></td><td></td><td></td></tr>
<tr><td></td><td></td><td></td><td></td><td></td><td></td><td></td><td></td><td></td></tr>
<tr><td></td><td></td><td></td><td></td><td></td><td></td><td></td><td></td><td></td></tr>
<tr><td></td><td></td><td></td><td></td><td></td><td></td><td></td><td></td><td></td></tr>
<tr><td colspan="2">合计</td><td></td><td></td><td></td><td></td><td></td><td></td><td></td><td></td></tr>
</table>

表 14　技能要求权重表

<table>
<tr><th colspan="2">题目</th><th>所占比重</th></tr>
<tr><td rowspan="4">技能要求</td><td></td><td></td></tr>
<tr><td></td><td></td></tr>
<tr><td></td><td></td></tr>
<tr><td></td><td></td></tr>
<tr><td colspan="2">合计</td><td>100%</td></tr>
</table>

4. 成果评价

培训成果评价由两个因素组成，同时满足下列两个条件，为培养合格人员。

（1）集中学习、网络学习、岗位实践三个阶段的权重成绩之和大于等于 60 分。

（2）职业技能等级认定理论、实操考核合格，取得 ××× 证书。

表 15　成果考核评价表

序号	学习形式	评价内容	考核权重	得分
1	网络学习	学时考核		
		理论考核		
2	集中学习	出勤考核		
		理论考核		
3	岗位实训	出勤考核		
		导师评价		
		职业技能等级认定理论考核		
		职业技能等级认定实操考核		
合计			100%	

附件：培训大纲

根据实际内容自行制定。

搭建双创平台

双创平台建设校企合作合同参考样例[①]

甲方（学校名称）：________________________________。

乙方（企业名称）：________________________________。

一、项目名称：____________双创基地建设项目

二、项目建设地点、内容及投资规模

建设地点位于__________；建设内容为______（包括传承创新平台、展示室、技能大师工作室等双创载体）；项目规划用地面积为____平方米，总建筑面积____平方米，新建建筑面积____平方米。投入资金为____万元。

三、合同期限：×× 年

四、合作模式

（可根据实际情况填写，例如：企业负责双创基地的融资、建设，按照约定合作期限运营、管理；学校提供土地，合约合作期满后，土地及建筑物全部无偿归还学校所有）

五、合作目的及内容

（可根据实际情况填写，如通过校企合作建立“双创”基地，打造创业创意平台；促进高技能人才培养，促进创新创业团队成长；打造学校实训平台和创意车间；搭建创业孵化平台；提供创业培训与指导服务等）

六、双方权利和义务

1. 甲方权利

（可根据实际情况填写，如甲方对乙方的投资建设和经营进行监督，甲方有权无偿使用基地资源开展“双创”活动）

---

① 编写素材由云南省玉溪技师学院提供。

2. 甲方义务

（可根据实际情况填写，如保障双创基地用地及附属物业合法有效，协助乙方办理相关手续，争取政策及资金支持等）

3. 乙方权利

（可根据实际情况填写，如乙方拥有基地的运营管理权利，享有双方依托基地争取到的政策及项目扶持资金或经费补助的自主使用权）

4. 乙方义务

（可根据实际情况填写，如自主经营、自负盈亏，自觉接受相关部门监督，发生安全生产事故等由乙方承担相应责任，建设 ×× 个双创载体，优先安排甲方学生实训实习，为甲方学生提供创新创业服务等）

七、合同终止、争议解决及其他

（根据双方约定填写）

助力乡村振兴

企业面向扶贫班或订单班的贫困生资助项目、标准及金额参考样例[①]

（可根据地区、企业情况调整）

序号	项目名称	标准	数量	每人小计	合计（按40人估算）	支付方式	备注
1	住宿费	×××元/学期	4学期	×××	×××	企业转账学校对公账户	水电费超过规定额度部分，需学生个人承担
2	教材费	×××元/学期	4学期	×××	×××		
3	在校交通费	×××元/次	8次	×××	×××	班主任或班长收集学生车票寄到公司报销，公司转账到班主任账户，再转给学生	每学期往返一次，第三学年到企业，由企业报销交通费
4	实习交通费	×××元/次	1次	×××	×××		

① 编写素材由湖北东风汽车技师学院提供。

续表

<table>
<tr><th>序号</th><th>项目名称</th><th>标准</th><th>数量</th><th>每人小计</th><th>合计（按 40 人估算）</th><th>支付方式</th><th>备注</th></tr>
<tr><td>5</td><td>校服费</td><td>×××元</td><td>一次性费用</td><td>×××</td><td>×××</td><td rowspan="6">序号 5 至 12 费用由企业支付
班主任在使用该费用前 45 日向企业提报，盖学院章，企业确认后转账给班主任，由老师支付给服务供应商。事后提供对应的单据给企业备案管理</td><td>4 套校服</td></tr>
<tr><td>6</td><td>保险费</td><td>×××元 / 年</td><td>3 年</td><td>×××</td><td>×××</td><td></td></tr>
<tr><td>7</td><td>体检费</td><td>×××/次</td><td>2 次</td><td>×××</td><td>×××</td><td></td></tr>
<tr><td>8</td><td>劳保用品</td><td>×××元</td><td>一次性费用</td><td>×××</td><td>×××</td><td>2套工作服及劳动防护用品</td></tr>
<tr><td>9</td><td>校园一卡通制卡费</td><td>×××元</td><td>一次性费用</td><td>×××</td><td>×××</td><td></td></tr>
<tr><td>10</td><td>技能鉴定费</td><td>×××元</td><td>一次性费用</td><td>×××</td><td>×××</td><td></td></tr>
<tr><td>11</td><td>奖学金</td><td colspan="6">×××元 / 人，每年每班 4 名</td></tr>
<tr><td>12</td><td>实习工资</td><td colspan="6">学生在企业实习期间的工资根据地区、企业情况制定</td></tr>
</table>

第三部分　政策篇

一、法律法规

中华人民共和国职业教育法（节选）

（1996 年 5 月 15 日第八届全国人民代表大会常务委员会第十九次会议通过，2022 年 4 月 20 日第十三届全国人民代表大会常务委员会第三十四次会议修订）

第一章　总则

第四条　职业教育必须坚持中国共产党的领导，坚持社会主义办学方向，贯彻国家的教育方针，坚持立德树人、德技并修，坚持产教融合、校企合作，坚持面向市场、促进就业，坚持面向实践、强化能力，坚持面向人人、因材施教。

第六条　职业教育实行政府统筹、分级管理、地方为主、行业指导、校企合作、社会参与。

第三章　职业教育的实施

第二十七条　对深度参与产教融合、校企合作，在提升技术技能人才培养质量、促进就业中发挥重要主体作用的企业，按照规定给予奖励；对符合条件认定为产教融合型企业的，按照规定给予金融、财政、土地等支持，落实教育费附加、地方教育附加减免及其他税费优惠。

第四章　职业学校和职业培训机构

第四十条　职业学校、职业培训机构实施职业教育应当注重产教融合，实行校企合作。

第四十一条　职业学校、职业培训机构开展校企合作、提供社会服务或者以实习实训为目的举办企业、开展经营活动取得的收入用于改善办学条件；收入的一定比例可以用于支付教师、企业专家、外聘人员和受教育者的劳动报酬，也可以作为绩效工资来源，符合国家规定的可以不受绩效工资总量限制。

二、党中央和国务院文件

中共中央办公厅　国务院办公厅关于加强新时代高技能人才队伍建设的意见

技能人才是支撑中国制造、中国创造的重要力量。加强高级工以上的高技能人才队伍建设，对巩固和发展工人阶级先进性，增强国家核心竞争力和科技创新能力，缓解就业结构性矛盾，推动高质量发展具有重要意义。为贯彻落实党中央、国务院决策部署，加强新时代高技能人才队伍建设，现提出如下意见。

一、总体要求

（一）指导思想。以习近平新时代中国特色社会主义思想为指导，深入贯彻党的十九大和十九届历次全会精神，全面贯彻习近平总书记关于做好新时代人才工作的重要思想，坚持党管人才，立足新发展阶段，贯彻新发展理念，服务构建新发展格局，推动高质量发展，深入实施新时代人才强国战略，以服务发展、稳定就业为导向，大力弘扬劳模精神、劳动精神、工匠精神，全面实施“技能中国行动”，健全技能人才培养、使用、评价、激励制度，构建党委领导、政府主导、政策支持、企业主体、社会参与的高技能人才工作体系，打造一支爱党报国、敬业奉献、技艺精湛、素质优良、规模宏大、结构合理的高技能人才队伍。

（二）目标任务。到“十四五”时期末，高技能人才制度政策更加健全、培养体系更加完善、岗位使用更加合理、评价机制更加科学、激励保障更加有力，尊重技能尊重劳动的社会氛围更加浓厚，技能人才规模不断壮大、素质稳步提升、结构持续优化、收入稳定增加，技能人才占就业人员的比例达到 30% 以上，高技能人才占技能人才的比例达到 1/3，东部省份高技能人才占技能人才的比例达到 35%。力争到 2035 年，技能人才规模持续壮大、素质大幅提高，高技能人才数量、结构与基本实现社会主义现代化的要求相适应。

二、加大高技能人才培养力度

（三）健全高技能人才培养体系。构建以行业企业为主体、职业学校（含技工院校，下同）为基础、政府推动与社会支持相结合的高技能人才培养体系。行业主管部门和行业组织要结合本行业生产、技术发展趋势，做好高技能人才供需预测和培养规划。鼓励各类企业结合实际把高技能人才培养纳入企业发展总体规划和年度计划，依托企业培训中心、产教融合实训基地、高技能人才培训基地、公共实训基地、技能大师工作室、劳模和工匠人才创新工作室、网络学习平台等，大力培养高技能人才。国有企业要结合实际将高技能人才培养规划的制定和实施情况纳入考核评价体系。鼓励各类企业事业组织、社会团体及其他社会组织以独资、合资、合作等方式依法参与举办职业教育培训机构，积极参与承接政府购买服务。对纳入产教融合型企业建设培育范围的企业兴办职业教育符合条件的投资，可依据有关规定按投资额的 30% 抵免当年应缴教育费附加和地方教育附加。

（四）创新高技能人才培养模式。探索中国特色学徒制。深化产教融合、校企合作，开展订单式培养、套餐制培训，创新校企双制、校中厂、厂中校等方式。对联合培养高技能人才成效显著的企业，各级政府按规定予以表扬和相应政策支持。完善项目制培养模式，针对不同类别不同群体高技能人才实施差异化培养项目。鼓励通过名师带徒、技能研修、岗位练兵、技能竞赛、技术交流等形式，开放式培训高技能人才。建立技能人才继续教育制度，推广求学圆梦行动，定期组织开展研修交流活动，促进技能人才知识更新与技术创新、工艺改造、产业优化升级要求相适应。

（五）加大急需紧缺高技能人才培养力度。围绕国家重大战略、重大工程、重大项目、重点产业对高技能人才的需求，实施高技能领军人才培育计划。支持制造业企业围绕转型升级和产业基础再造工程项目，实施制造业技能根基工程。围绕建设网络强国、数字中国，实施提升全民数字素养与技能行动，建立一批数字技能人才培养试验区，打造一批数字素养与技能提升培训基地，举办全民数字素养与技能提升活动，实施数字教育培训资源开放共享行动。围绕乡村振兴战略，实施乡村工匠培育计划，挖掘、保护和传承民间传统技艺，打造一批“工匠园区”。

（六）发挥职业学校培养高技能人才的基础性作用。优化职业教育类型、院校布局和专业设置。采取中等职业学校和普通高中同批次并行招生等措施，稳定中等职业学校招生规模。在技工院校中普遍推行工学一体化技能人才培养模式。允许职业学校开展有偿性社会培训、技术服务或创办企业，所取得的收入可按一定比例作为办学经费自主安排使用；公办职业学校所取得的收入可按一定比例作为绩效工资来源，用于支付本校教师和其他培训教师的劳动报酬。合理保障职业学校师资受公派临时出国（境）参加培训访学、进修学习、技能交流等学术交流活动相关费用。切实保障职业学校学生在升学、就业、职业发展等方面与同层次普通学校学生享有平等机会。实施现代职业教育质量提升计划，支持职业学校改善办学条件。

（七）优化高技能人才培养资源和服务供给。实施国家乡村振兴重点帮扶地区职业技能提升工程，加大东西部协作和对口帮扶力度。健全公共职业技能培训体系，实施职业技能培训共建共享行动，开展县域职业技能培训共建共享试点。加快探索“互联网+职业技能培训”，构建线上线下相结合的培训模式。依托“金保工程”，加快推进职业技能培训实名制管理工作，建立以社会保障卡为载体的劳动者终身职业技能培训电子档案。

三、完善技能导向的使用制度

（八）健全高技能人才岗位使用机制。企业可设立技能津贴、班组长津贴、带徒津贴等，支持鼓励高技能人才在岗位上发挥技能、管理班组、带徒传技。鼓励企业根据需要，建立高技能领军人才“揭榜领题”以及参与重大生产决策、重大技术革新和技术攻关项目的制度。实行“技师+工程师”等团队合作模式，在科研和技术攻关中发挥高技能人才创新能力。鼓励支持高技能人才兼任职业学校实习实训指导教师。注重青年高技能人才选用。高技能人才配置状况应作为生产经营性企业及其他实体参加重大工程项目招投标、评优和资质评估的重要因素。

（九）完善技能要素参与分配制度。引导企业建立健全基于岗位价值、能力素质和业绩贡献的技能人才薪酬分配制度，实现多劳者多得、技高者多得，促进人力资源优化配置。国有企业在工资分配上要发挥向技能人才倾斜的示范作用。完善企业薪酬调查和信息发布制度，鼓励有条件的地区发布分职业（工种、岗位）、分技能等级的工资价位信息，为企业与技能人才协商确定工资水平提供信息参考。用人单位在聘的高技能人才在学习进修、岗位聘任、职务晋升、工资福利等方面，分别比照相应层级专业技术人员享受同等待遇。完善科技成果转化收益分享机制，对在技术革新或技术攻关中作出突出贡献的高技能人才给予奖励。高技能人才可实行年薪制、协议工资制，企业可对作出突出贡献的优秀高技能人才实行特岗特酬，鼓励符合条件的企业积极运用中长期激励工具，加大对高技能人才的激励力度。畅通为高技能人才建立企业年金的机制，鼓励和引导企业为包括高技能人才在内的职工建立企业年金。完善高技能特殊人才特殊待遇政策。

（十）完善技能人才稳才留才引才机制。鼓励和引导企业关心关爱技能人才，依法保障技能人才合法权益，合理确定劳动报酬。健全人才服务体系，促进技能人才合理流动，提高技能人才配置效率。建立健全技能人才柔性流动机制，鼓励技能人才通过兼职、服务、技术攻关、项目合作等方式更好发挥作用。畅通高技能人才向专业技术岗位或管理岗位流动渠道。引导企业规范开展共享用工。支持各地结合产业发展需求实际，将急需紧缺技能人才纳入人才引进目录，引导技能人才向欠发达地区、基层一线流动。支持各地将高技能人才纳入城市直接落户范围，高技能人才的配偶、子女按有关规定享受公共就业、教育、住房等保障服务。

四、建立技能人才职业技能等级制度和多元化评价机制

（十一）拓宽技能人才职业发展通道。建立健全技能人才职业技能等级制度。对设有高级技师的职业（工种），可在其上增设特级技师和首席技师技术职务（岗位），在初级工之下补设学徒工，形成由学徒工、初级工、中级工、高级工、技师、高级技师、特级技师、首席技师构成的“八级工”职业技能等级（岗位）序列。鼓励符合条件的专业技术人员按有关规定申请参加相应职业（工种）的职业技能评价。支持各地面向符合条件的技能人才招聘事业单位工作人员，重视从技能人才中培养选拔党政干部。建立职业资格、职业技能等级与相应职称、学历的双向比照认定制度，推进学历教育学习成果、非学历教育学习成果、职业技能等级学分转换互认，建立国家资历框架。

（十二）健全职业标准体系和评价制度。健全符合我国国情的现代职业分类体系，完善新职业信息发布制度。完善由国家职业标准、行业企业评价规范、专项职业能力考核规范等构成的多层次、相互衔接的职业标准体系。探索开展技能人员职业标准国际互通、证书国际互认工作，各地可建立境外技能人员职业资格认可清单制度。健全以职业资格评价、职业技能等级认定和专项职业能力考核等为主要内容的技能人才评价机制。完善以职业能力为导向、以工作业绩为重点，注重工匠精神培育和职业道德养成的技能人才评价体系，推动职业技能评价与终身职业技能培训制度相适应，与使用、待遇相衔接。深化职业资格制度改革，完善职业资格目录，实行动态调整。围绕新业态、新技术和劳务品牌、地方特色产业、非物质文化遗产传承项目等，加大专项职业能力考核项目开发力度。

（十三）推行职业技能等级认定。支持符合条件的企业自主确定技能人才评价职业（工种）范围，自主设置岗位等级，自主开发制定岗位规范，自主运用评价方式开展技能人才职业技能等级评价；企业对新招录或未定级职工，可根据其日常表现、工作业绩，结合职业标准和企业岗位规范要求，直接认定相应的职业技能等级。打破学历、资历、年龄、比例等限制，对技能高超、业绩突出的一线职工，可直接认

定高级工以上职业技能等级。对解决重大工艺技术难题和重大质量问题、技术创新成果获得省部级以上奖项、"师带徒"业绩突出的高技能人才，可破格晋升职业技能等级。推进"学历证书+若干职业技能证书"制度实施。强化技能人才评价规范管理，加大对社会培训评价组织的征集遴选力度，优化遴选条件，构建政府监管、机构自律、社会监督的质量监督体系，保障评价认定结果的科学性、公平性和权威性。

（十四）完善职业技能竞赛体系。广泛深入开展职业技能竞赛，完善以世界技能大赛为引领、全国职业技能大赛为龙头、全国行业和地方各级职业技能竞赛以及专项赛为主体、企业和院校职业技能比赛为基础的中国特色职业技能竞赛体系。依托现有资源，加强世界技能大赛综合训练中心、研究（研修）中心、集训基地等平台建设，推动世界技能大赛成果转化。定期举办全国职业技能大赛，推动省、市、县开展综合性竞赛活动。鼓励行业开展特色竞赛活动，举办乡村振兴职业技能大赛。举办世界职业院校技能大赛、全国职业院校技能大赛等职业学校技能竞赛。健全竞赛管理制度，推行"赛展演会"结合的办赛模式，建立政府、企业和社会多方参与的竞赛投入保障机制，加强竞赛专兼职队伍建设，提高竞赛科学化、规范化、专业化水平。完善并落实竞赛获奖选手表彰奖励、升学、职业技能等级晋升等政策。鼓励企业对竞赛获奖选手建立与岗位使用及薪酬待遇挂钩的长效激励机制。

五、建立高技能人才表彰激励机制

（十五）加大高技能人才表彰奖励力度。建立以国家表彰为引领、行业企业奖励为主体、社会奖励为补充的高技能人才表彰奖励体系。完善评选表彰中华技能大奖获得者和全国技术能手制度。国家级荣誉适当向高技能人才倾斜。加大高技能人才在全国劳动模范和先进工作者、国家科学技术奖等相关表彰中的评选力度，积极推荐高技能人才享受政府特殊津贴，对符合条件的高技能人才按规定授予五一劳动奖章、青年五四奖章、青年岗位能手、三八红旗手、巾帼建功标兵等荣誉，提高全社会对技能人才的认可认同。

（十六）健全高技能人才激励机制。加强对技能人才的政治引领和政治吸纳，注重做好党委（党组）联系服务高技能人才工作。将高技能人才纳入各地人才分类目录。注重依法依章程推荐高技能人才为人民代表大会代表候选人、政治协商会议委员人选、群团组织代表大会代表或委员会委员候选人。进一步提高高技能人才在职工代表大会中的比例，支持高技能人才参与企业管理。按照有关规定，选拔推荐优秀高技能人才到工会、共青团、妇联等群团组织挂职或兼职。建立高技能人才休假疗养制度，鼓励支持分级开展高技能人才休假疗养、研修交流和节日慰问等活动。

六、保障措施

（十七）强化组织领导。坚持党对高技能人才队伍建设的全面领导，确保正确政治方向。各级党委和政府要将高技能人才工作纳入本地区经济社会发展、人才队伍建设总体部署和考核范围。在本级人才工作领导小组统筹协调下，建立组织部门牵头抓总、人力资源社会保障部门组织实施、有关部门各司其职、行业企业和社会各方广泛参与的高技能人才工作机制。各地区各部门要大力宣传技能人才在经济社会发展中的作用和贡献，进一步营造重视、关心、尊重高技能人才的社会氛围，形成劳动光荣、技能宝贵、创造伟大的时代风尚。

（十八）加强政策支持。各级政府要统筹利用现有资金渠道，按规定支持高技能人才工作。企业要按规定足额提取和使用职工教育经费，60% 以上用于一线职工教育和培训。落实企业职工教育经费税前扣除政策，有条件的地方可探索建立省级统一的企业职工教育经费使用管理制度。各地要按规定发挥好有关教育经费等各类资金作用，支持职业教育发展。

（十九）加强技能人才基础工作。充分利用大数据、云计算等新一代信息技术，加强技能人才工作信息化建设。建立健全高技能人才库。加强高技能人才理论研究和成果转化。大力推进符合高技能人才培养需求的精品课程、教材和师资建设，开发高技能人才培养标准和一体化课程。加强国际交流合作，推动实施技能领域“走出去”、“引进来”合作项目，支持青年学生、毕业生参与青年国际实习交流计划，推进与各国在技能领域的交流互鉴。

3

国务院关于印发国家职业教育改革实施方案的通知

国发〔2019〕4号

各省、自治区、直辖市人民政府，国务院各部委、各直属机构：

现将《国家职业教育改革实施方案》印发给你们，请认真贯彻执行。

国务院

2019年1月24日

（此件公开发布）

国家职业教育改革实施方案

职业教育与普通教育是两种不同教育类型，具有同等重要地位。改革开放以来，职业教育为我国经济社会发展提供了有力的人才和智力支撑，现代职业教育体系框架全面建成，服务经济社会发展能力和社会吸引力不断增强，具备了基本实现现代化的诸多有利条件和良好工作基础。随着我国进入新的发展阶段，产业升级和经济结构调整不断加快，各行各业对技术技能人才的需求越来越紧迫，职业教育重要地位和作用越来越凸显。但是，与发达国家相比，与建设现代化经济体系、建设教育强国的要求相比，我国职业教育还存在着体系建设不够完善、职业技能实训基地建设有待加强、制度标准不够健全、企业参与办学的动力不足、有利于技术技能人才成长的配套政策尚待完善、办学和人才培养质量水平参差不齐等问题，到了必须下大力气抓好的时候。没有职业教育现代化就没有教育现代化。为贯彻全国教育大会精神，进一步办好新时代职业教育，落实《中华人民共和国职业教育法》，制定本实施方案。

总体要求与目标：坚持以习近平新时代中国特色社会主义思想为指导，把职业教育摆在教育改革创新和经济社会发展中更加突出的位置。牢固树立新发展理念，服务建设现代化经济体系和实现更高质量更充分就业需要，对接科技发展趋势和市场需求，完善职业教育和培训体系，优化学校、专业布局，深化办学体制改革和育人机制改革，以促进就业和适应产业发展需求为导向，鼓励和支持社会各界特别是企业积极支持职业教育，着力培养高素质劳动者和技术技能人才。经过 5—10 年左右时间，职业教育基本完成由政府举办为主向政府统筹管理、社会多元办学的格局转变，由追求规模扩张向提高质量转变，由参照普通教育办学模式向企业社会参与、专业特色鲜明的类型教育转变，大幅提升新时代职业教育现代化水平，为促进经济社会发展和提高国家竞争力提供优质人才资源支撑。

具体指标：到 2022 年，职业院校教学条件基本达标，一大批普通本科高等学校向应用型转变，建设 50 所高水平高等职业学校和 150 个骨干专业（群）。建成覆盖大部分行业领域、具有国际先进水平的中国职业教育标准体系。企业参与职业教育的积极性有较大提升，培育数以万计的产教融合型企业，打造一批优秀职业教育培训评价组织，推动建设 300 个具有辐射引领作用的高水平专业化产教融合实训基地。职业院校实践性教学课时原则上占总课时一半以上，顶岗实习时间一般为 6 个月。“双师型”教师（同时具备理论教学和实践教学能力的教师）占专业课教师总数超过一半，分专业建设一批国家级职业教育教师教学创新团队。从 2019 年开始，在职业院校、应用型本科高校启动“学历证书 + 若干职业技能等级证书”制度试点（以下称 1+X 证书制度试点）工作。

一、完善国家职业教育制度体系

（一）健全国家职业教育制度框架。

把握好正确的改革方向，按照“管好两端、规范中间、书证融通、办学多元”的原则，严把教学标准和毕业学生质量标准两个关口。将标准化建设作为统领职业教育发展的突破口，完善职业教育体系，为服务现代制造业、现代服务业、现代农业发展和职业教育现代化提供制度保障与人才支持。建立健全学校设置、师资队伍、教学教材、信息化建设、安全设施等办学标准，引领职业教育服务发展、促进就业创业。落实好立德树人根本任务，健全德技并修、工学结合的育人机制，完善评价机制，规范人才培养全过程。深化产教融合、校企合作，育训结合，健全多元化办学格局，推动企业深度参与协同育人，扶持鼓励企业和社会力量参与举办各类职业教育。推进资历框架建设，探索实现学历证书和职业技能等级证书互通衔接。

（二）提高中等职业教育发展水平。

优化教育结构，把发展中等职业教育作为普及高中阶段教育和建设中国特色职业教育体系的重要基础，保持高中阶段教育职普比大体相当，使绝大多数城乡新增劳动力接受高中阶段教育。改善中等职业学校基本办学条件。加强省级统筹，建好办好一批县域职教中心，重点支持集中连片特困地区每个地（市、州、盟）原则上至少建设一所符合当地经济社会发展和技术技能人才培养需要的中等职业学校。指导各地优化中等职业学校布局结构，科学配置并做大做强职业教育资源。加大对民族地区、贫困地区和残疾人职业教育的政策、金融支持力度，落实职业教育东西协作行动计划，办好内地少数民族中职班。完善招生机制，建立中等职业学校和普通高中统一招生平台，精准服务区域发展需求。积极招收初高中毕业未升学学生、退役军人、退役运动员、下岗职工、返乡农民工等接受中等职业教育；服务乡村振兴战略，为广大农村培养以新型职业农民为主体的农村实用人才。发挥中等职业学校作用，帮助部分学业困难学生按规定在职业学校完成义务教育，并接受部分职业技能学习。

鼓励中等职业学校联合中小学开展劳动和职业启蒙教育，将动手实践内容纳入中小学相关课程和学生综合素质评价。

（三）推进高等职业教育高质量发展。

把发展高等职业教育作为优化高等教育结构和培养大国工匠、能工巧匠的重要方式，使城乡新增劳动力更多接受高等教育。高等职业学校要培养服务区域发展的高素质技术技能人才，重点服务企业特别是中小微企业的技术研发和产品升级，加强社区教育和终身学习服务。建立“职教高考”制度，完善“文化素质＋职业技能”的考试招生办法，提高生源质量，为学生接受高等职业教育提供多种入学方式和学习方式。在学前教育、护理、养老服务、健康服务、现代服务业等领域，扩大对初中毕业生实行中高职贯通培养的招生规模。启动实施中国特色高水平高等职业学校和专业建设计划，建设一批引领改革、支撑发展、中国特色、世界水平的高等职业学校和骨干专业（群）。根据高等学校设置制度规定，将符合条件的技师学院纳入高等学校序列。

（四）完善高层次应用型人才培养体系。

完善学历教育与培训并重的现代职业教育体系，畅通技术技能人才成长渠道。发展以职业需求为导向、以实践能力培养为重点、以产学研用结合为途径的专业学位研究生培养模式，加强专业学位硕士研究生培养。推动具备条件的普通本科高校向应用型转变，鼓励有条件的普通高校开办应用技术类型专业或课程。开展本科层次职业教育试点。制定中国技能大赛、全国职业院校技能大赛、世界技能大赛获奖选手等免试入学政策，探索长学制培养高端技术技能人才。服务军民融合发展，把军队相关的职业教育纳入国家职业教育大体系，共同做好面向现役军人的教育培训，支持其在服役期间取得多类职业技能等级证书，提升技术技能水平。落实好定向培养直招士官政策，推动地方院校与军队院校有效对接，推动优质职业教育资源向军事人才培养开放，建立军地网络教育资源共享机制。制订具体政策办法，支持适合的退役军人进入职业院校和普通本科高校接受教育和培训，鼓励支持设立退役军人教育培训集团（联盟），推动退役、培训、就业有机衔接，为促进退役军人特别是退役士兵就业创业作出贡献。

二、构建职业教育国家标准

（五）完善教育教学相关标准。

发挥标准在职业教育质量提升中的基础性作用。按照专业设置与产业需求对接、课程内容与职业标准对接、教学过程与生产过程对接的要求，完善中等、高等职业学校设置标准，规范职业院校设置；实施教师和校长专业标准，提升职业院校教学管理和教学实践能力。持续更新并推进专业目录、专业教学标准、课程标准、顶岗实习标准、实训条件建设标准（仪器设备配备规范）建设和在职业院校落地实施。巩固和发展国务院教育行政部门联合行业制定国家教学标准、职业院校依据标准自主制订人才培养方案的工作格局。

（六）启动 1+X 证书制度试点工作。

深化复合型技术技能人才培养培训模式改革，借鉴国际职业教育培训普遍做法，制订工作方案和具体管理办法，启动 1+X 证书制度试点工作。试点工作要进一步发挥好学历证书作用，夯实学生可持续发展基础，鼓励职业院校学生在获得学历证书的同时，积极取得多类职业技能等级证书，拓展就业创业本领，缓解结构性就业矛盾。国务院人力资源社会保障行政部门、教育行政部门在职责范围内，分别负责管理监督考核院校外、院校内职业技能等级证书的实施（技工院校内由人力资源社会保障行政部门负责），国务院人力资源社会保障行政部门组织制定职业标准，国务院教育行政部门依照职业标准牵头组织开发教学等相关标准。院校内培训可面向社会人群，院校外培训也可面向在校学生。各类职业技能等级证书具有同等效力，持有证书人员享受同等待遇。院校内实施的职业技能等级证书分为初级、中级、高级，是职业技能水平的凭证，反映职业活动和个人职业生涯发展所需要的综合能力。

（七）开展高质量职业培训。

落实职业院校实施学历教育与培训并举的法定职责，按照育训结合、长短结合、内外结合的要求，面向在校学生和全体社会成员开展职业培训。自 2019 年开始，围绕现代农业、先进制造业、现代服务业、战略性新兴产业，推动职业院校在 10 个左右技术技能人才紧缺领域大力开展职业培训。引导行业企业深度参与技术技能人才培养培训，促进职业院校加强专业建设、深化课程改革、增强实训内容、提高师资水平，全面提升教育教学质量。各级政府要积极支持职业培训，行政部门要简政放权并履行好监管职责，相关下属机构要优化服务，对于违规收取费用的要严肃处理。畅通技术技能人才职业发展通道，鼓励其持续获得适应经济社会发展需要的职业培训证书，引导和支持企业等用人单位落实相关待遇。对取得职业技能等级证书的离校未就业高校毕业生，按规定落实职业培训补贴政策。

（八）实现学习成果的认定、积累和转换。

加快推进职业教育国家“学分银行”建设，从 2019 年开始，探索建立职业教育个人学习账号，实现学习成果可追溯、可查询、可转换。有序开展学历证书和职业技能等级证书所体现的学习成果的认定、积累和转换，为技术技能人才持续成长拓宽通道。职业院校对取得若干职业技能等级证书的社会成员，支持其根据证书等级和类别免修部分课程，在完成规定内容学习后依法依规取得学历证书。对接受职业院校学历教育并取得毕业证书的学生，在参加相应的职业技能等级证书考试时，可免试部分内容。从 2019 年起，在有条件的地区和高校探索实施试点工作，制定符合国情的国家资历框架。

三、促进产教融合校企“双元”育人

（九）坚持知行合一、工学结合。

借鉴“双元制”等模式，总结现代学徒制和企业新型学徒制试点经验，校企共同研究制定人才培养方案，及时将新技术、新工艺、新规范纳入教学标准和教学内容，强化学生实习实训。健全专业设置定期评估机制，强化地方引导本区域职业院校优化专业设置的职责，原则上每 5 年修订 1 次职业院校专业目录，学校依据目录灵活自主设置专业，每年调整 1 次专业。健全专业教学资源库，建立共建共享平台的资源认证标准和交易机制，进一步扩大优质资源覆盖面。遴选认定一大批职业教育在线精品课程，建设一大批校企“双元”合作开发的国家规划教材，倡导使用新型活页式、工作手册式教材并配套开发信息化资源。每 3 年修订 1 次教材，其中专业教材随信息技术发展和产业升级情况及时动态更新。适应“互联网 + 职业教育”

发展需求，运用现代信息技术改进教学方式方法，推进虚拟工厂等网络学习空间建设和普遍应用。

（十）推动校企全面加强深度合作。

职业院校应当根据自身特点和人才培养需要，主动与具备条件的企业在人才培养、技术创新、就业创业、社会服务、文化传承等方面开展合作。学校积极为企业提供所需的课程、师资等资源，企业应当依法履行实施职业教育的义务，利用资本、技术、知识、设施、设备和管理等要素参与校企合作，促进人力资源开发。校企合作中，学校可从中获得智力、专利、教育、劳务等报酬，具体分配由学校按规定自行处理。在开展国家产教融合建设试点基础上，建立产教融合型企业认证制度，对进入目录的产教融合型企业给予“金融＋财政＋土地＋信用”的组合式激励，并按规定落实相关税收政策。试点企业兴办职业教育的投资符合条件的，可按投资额一定比例抵免该企业当年应缴教育费附加和地方教育附加。厚植企业承担职业教育责任的社会环境，推动职业院校和行业企业形成命运共同体。

（十一）打造一批高水平实训基地。

加大政策引导力度，充分调动各方面深化职业教育改革创新的积极性，带动各级政府、企业和职业院校建设一批资源共享，集实践教学、社会培训、企业真实生产和社会技术服务于一体的高水平职业教育实训基地。面向先进制造业等技术技能人才紧缺领域，统筹多种资源，建设若干具有辐射引领作用的高水平专业化产教融合实训基地，推动开放共享，辐射区域内学校和企业；鼓励职业院校建设或校企共建一批校内实训基地，提升重点专业建设和校企合作育人水平。积极吸引企业和社会力量参与，指导各地各校借鉴德国、日本、瑞士等国家经验，探索创新实训基地运营模式。提高实训基地规划、管理水平，为社会公众、职业院校在校生取得职业技能等级证书和企业提升人力资源水平提供有力支撑。

（十二）多措并举打造“双师型”教师队伍。

从2019年起，职业院校、应用型本科高校相关专业教师原则上从具有3年以上企业工作经历并具有高职以上学历的人员中公开招聘，特殊高技能人才（含具有高级工以上职业资格人员）可适当放宽学历要求，2020年起基本不再从应届毕业生中招聘。加强职业技术师范院校建设，优化结构布局，引导一批高水平工科学校举办职业技术师范教育。实施职业院校教师素质提高计划，建立100个“双师型”教师培养培训基地，职业院校、应用型本科高校教师每年至少1个月在企业或实训基地实训，落实教师5年一周期的全员轮训制度。探索组建高水平、结构化教师教学创新团队，教师分工协作进行模块化教学。定期组织选派职业院校专业骨干教师赴国外研修访学。在职业院校实行高层次、高技能人才以直接考察的方式公开招聘。建立健全职业院校自主聘任兼职教师的办法，推动企业工程技术人员、高技能人才和职业院校教师双向流动。职业院校通过校企合作、技术服务、社会培训、自办企业等所得收入，可按一定比例作为绩效工资来源。

四、建设多元办学格局

（十三）推动企业和社会力量举办高质量职业教育。

各级政府部门要深化“放管服”改革，加快推进职能转变，由注重“办”职业教育向“管理与服务”过渡。政府主要负责规划战略、制定政策、依法依规监管。发挥企业重要办学主体作用，鼓励有条件的企业特别是大企业举办高质量职业教育，各级人民政府可按规定给予适当支持。完善企业经营管理和技术人员与学校领导、骨干教师相互兼职兼薪制度。2020 年初步建成 300 个示范性职业教育集团（联盟），带动中小企业参与。支持和规范社会力量兴办职业教育培训，鼓励发展股份制、混合所有制等职业院校和各类职业培训机构。建立公开透明规范的民办职业教育准入、审批制度，探索民办职业教育负面清单制度，建立健全退出机制。

（十四）做优职业教育培训评价组织。

职业教育包括职业学校教育和职业培训，职业院校和应用型本科高校按照国家教学标准和规定职责完成教学任务和职业技能人才培养。同时，也必须调动社会力量，补充校园不足，助力校园办学。能够依据国家有关法规和职业标准、教学标准完成的职业技能培训，要更多通过职业教育培训评价组织（以下简称培训评价组织）等参与实施。政府通过放宽准入，严格末端监督执法，严格控制数量，扶优、扶大、扶强，保证培训质量和学生能力水平。要按照在已成熟的品牌中遴选一批、在成长中的品牌中培育一批、在有需要但还没有建立项目的领域中规划一批的原则，以社会化机制公开招募并择优遴选培训评价组织，优先从制订过国家职业标准并完成标准教材编写，具有专家、师资团队、资金实力和 5 年以上优秀培训业绩的机构中选择。培训评价组织应对接职业标准，与国际先进标准接轨，按有关规定开发职业技能等级标准，负责实施职业技能考核、评价和证书发放。政府部门要加强监管，防止出现乱培训、滥发证现象。行业协会要积极配合政府，为培训评价组织提供好服务环境支持，不得以任何方式收取费用或干预企业办学行为。

五、完善技术技能人才保障政策

（十五）提高技术技能人才待遇水平。

支持技术技能人才凭技能提升待遇，鼓励企业职务职级晋升和工资分配向关键岗位、生产一线岗位和紧缺急需的高层次、高技能人才倾斜。建立国家技术技能大师库，鼓励技术技能大师建立大师工作室，并按规定给予政策和资金支持，支持技术技能大师到职业院校担任兼职教师，参与国家重大工程项目联合攻关。积极推动职业院校毕业生在落户、就业、参加机关事业单位招聘、职称评审、职级晋升等方面与普通高校毕业生享受同等待遇。逐步提高技术技能人才特别是技术工人收入水平和地位。机关和企事业单位招用人员不得歧视职业院校毕业生。国务院人力资源社会保障行政部门会同有关部门，适时组织清理调整对技术技能人才的歧视政策，推动形成人人皆可成才、人人尽展其才的良好环境。按照国家有关规定加大对职业院校参加有关技能大赛成绩突出毕业生的表彰奖励力度。办好职业教育活动周和世界青年技能日宣传活动，深入开展“大国工匠进校园”、“劳模进校园”、“优秀职校生校园分享”等活动，宣传展示大国工匠、能工巧匠和高素质劳动者的事迹和形象，培育和传承好工匠精神。

（十六）健全经费投入机制。

各级政府要建立与办学规模、培养成本、办学质量等相适应的财政投入制度，地方政府要按规定制定并落实职业院校生均经费标准或公用经费标准。在保障教育合理投入的同时，优化教育支出结构，新增教育经费要向职业教育倾斜。鼓励社会力量捐资、出资兴办职业教育，拓宽办学筹资渠道。进一步完善中等职业学校生均拨款制度，各地中等职业学校生均财政拨款水平可适当高于当地普通高中。各地在继续巩固落实好高等职业教育生均财政拨款水平达到12000元的基础上，根据发展需要和财力可能逐步提高拨款水平。组织实施好现代职业教育质量提升计划、产教融合工程等。经费投入要进一步突出改革导向，支持校企合作，注重向中西部、贫困地区和民族地区倾斜。进一步扩大职业院校助学金覆盖面，完善补助标准动态调整机制，落实对建档立卡等家庭经济困难学生的倾斜政策，健全职业教育奖学金制度。

六、加强职业教育办学质量督导评价

（十七）建立健全职业教育质量评价和督导评估制度。

以学习者的职业道德、技术技能水平和就业质量，以及产教融合、校企合作水平为核心，建立职业教育质量评价体系。定期对职业技能等级证书有关工作进行“双随机、一公开”的抽查和监督，从2019年起，对培训评价组织行为和职业院校培训质量进行监测和评估。实施职业教育质量年度报告制度，报告向社会公开。完善政府、行业、企业、职业院校等共同参与的质量评价机制，积极支持第三方机构开展评估，将考核结果作为政策支持、绩效考核、表彰奖励的重要依据。完善职业教育督导评估办法，建立职业教育定期督导评估和专项督导评估制度，落实督导报告、公报、约谈、限期整改、奖惩等制度。国务院教育督导委员会定期听取职业教育督导评估情况汇报。

（十八）支持组建国家职业教育指导咨询委员会。

为把握正确的国家职业教育改革发展方向，创新我国职业教育改革发展模式，提出重大政策研究建议，参与起草、制订国家职业教育法律法规，开展重大改革调研，提供各种咨询意见，进一步提高政府决策科学化水平，规划并审议职业教育标准等，在政府指导下组建国家职业教育指导咨询委员会。成员包括政府人员、职业教育专家、行业企业专家、管理专家、职业教育研究人员、中华职业教育社等团体和社会各方面热心职业教育的人士。通过政府购买服务等方式，听取咨询机构提出的意见建议并鼓励社会和民间智库参与。政府可以委托国家职业教育指导咨询委员会作为第三方，对全国职业院校、普通高校、校企合作企业、培训评价组织的教育管理、教学质量、办学方式模式、师资培养、学生职业技能提升等情况，进行指导、考核、评估等。

七、做好改革组织实施工作

（十九）加强党对职业教育工作的全面领导。

以习近平新时代中国特色社会主义思想特别是习近平总书记关于职业教育的重要论述武装头脑、指导实践、推动工作。加强党对教育事业的全面领导，全面贯彻党的教育方针，落实中央教育工作领导小组各项要求，保证职业教育改革发展正确方向。要充分发挥党组织在职业院校的领导核心和政治核心作用，牢牢把握学校意识形态工作领导权，将党建工作与学校事业发展同部署、同落实、同考评。指导职业院校上好思想政治理论课，实施好中等职业学校“文明风采”活动，推进职业教育领域“三全育人”综合改革试点工作，使各类课程与思想政治理论课同向同行，努力实现职业技能和职业精神培养高度融合。加强基层党组织建设，有效发挥基层党组织的战斗堡垒作用和共产党员的先锋模范作用，带动学校工会、共青团等群团组织和学生会组织建设，汇聚每一位师生员工的积极性和主动性。

（二十）完善国务院职业教育工作部际联席会议制度。

国务院职业教育工作部际联席会议由教育、人力资源社会保障、发展改革、工业和信息化、财政、农业农村、国资、税务、扶贫等单位组成，国务院分管教育工作的副总理担任召集人。联席会议统筹协调全国职业教育工作，研究协调解决工作中重大问题，听取国家职业教育指导咨询委员会等方面的意见建议，部署实施职业教育改革创新重大事项，每年召开两次会议，各成员单位就有关工作情况向联席会议报告。国务院教育行政部门负责职业教育工作的统筹规划、综合协调、宏观管理，国务院教育行政部门、人力资源社会保障行政部门和其他有关部门在职责范围内，分别负责有关的职业教育工作。各成员单位要加强沟通协调，做好相关政策配套衔接，在国家和区域战略规划、重大项目安排、经费投入、企业办学、人力资源开发等方面形成政策合力。推动落实《中华人民共和国职业教育法》，为职业教育改革创新提供重要的制度保障。

国务院关于推行终身职业技能培训制度的意见

国发〔2018〕11号

各省、自治区、直辖市人民政府，国务院各部委、各直属机构：

职业技能培训是全面提升劳动者就业创业能力、缓解技能人才短缺的结构性矛盾、提高就业质量的根本举措，是适应经济高质量发展、培育经济发展新动能、推进供给侧结构性改革的内在要求，对推动大众创业万众创新、推进制造强国建设、提高全要素生产率、推动经济迈上中高端具有重要意义。为全面提高劳动者素质，促进就业创业和经济社会发展，根据党的十九大精神和“十三五”规划纲要相关要求，现就推行终身职业技能培训制度提出以下意见。

一、总体要求

（一）指导思想。

以习近平新时代中国特色社会主义思想为指导，全面深入贯彻党的十九大和十九届二中、三中全会精神，认真落实党中央、国务院决策部署，统筹推进“五位一体”总体布局和协调推进“四个全面”战略布局，坚持以人民为中心的发展思想，牢固树立新发展理念，深入实施就业优先战略和人才强国战略，适应经济转型升级、制造强国建设和劳动者就业创业需要，深化人力资源供给侧结构性改革，推行终身职业技能培训制度，大规模开展职业技能培训，着力提升培训的针对性和有效性，建设知识型、技能型、创新型劳动者大军，为全面建成社会主义现代化强国、实现中华民族伟大复兴的中国梦提供强大支撑。

（二）基本原则。

促进普惠均等。针对城乡全体劳动者，推进基本职业技能培训服务普惠性、均等化，注重服务终身，保障人人享有基本职业技能培训服务，全面提升培训质量、培训效益和群众满意度。

坚持需求导向。坚持以促进就业创业为目标，瞄准就业创业和经济社会发展需求确定培训内容，加强对就业创业重点群体的培训，提高培训后的就业创业成功率，着力缓解劳动者素质结构与经济社会发展需求不相适应、结构性就业矛盾突出的问题。

创新体制机制。推进职业技能培训市场化、社会化改革，充分发挥企业主体作用，鼓励支持社会力量参与，建立培训资源优化配置、培训载体多元发展、劳动者按需选择、政府加强监管服务的体制机制。

坚持统筹推进。加强职业技能开发和职业素质培养，全面做好技能人才培养、评价、选拔、使用、激励等工作，着力加强高技能人才队伍建设，形成有利于技能人才发展的制度体系和社会环境，促进技能振兴与发展。

（三）目标任务。

建立并推行覆盖城乡全体劳动者、贯穿劳动者学习工作终身、适应就业创业和人才成长需要以及经济社会发展需求的终身职业技能培训制度，实现培训对象普惠化、培训资源市场化、培训载体多元化、培训方式多样化、培训管理规范化，大规模开展高质量的职业技能培训，力争2020年后基本满足劳动者培训需要，努力培养造就规模宏大的高技能人才队伍和数以亿计的高素质劳动者。

二、构建终身职业技能培训体系

（四）完善终身职业技能培训政策和组织实施体系。面向城乡全体劳动者，完善从劳动预备开始，到劳动者实现就业创业并贯穿学习和职业生涯全过程的终身职业技能培训政策。以政府补贴培训、企业自主培训、市场化培训为主要供给，以公共实训机构、职业院校（含技工院校，下同）、职业培训机构和行业企业为主要载体，以就业技能培训、岗位技能提升培训和创业创新培训为主要形式，构建资源充足、布局合理、结构优化、载体多元、方式科学的培训组织实施体系。（人力资源社会保障部、教育部等按职责分工负责。列第一位者为牵头单位，下同）

（五）围绕就业创业重点群体，广泛开展就业技能培训。持续开展高校毕业生技能就业行动，增强高校毕业生适应产业发展、岗位需求和基层就业工作能力。深入实施农民工职业技能提升计划——“春潮行动”，将农村转移就业人员和新生代农民工培养成为高素质技能劳动者。配合化解过剩产能职工安置工作，实施失业人员和转岗职工特别职业培训计划。实施新型职业农民培育工程和农村实用人才培训计划，全面建立职业农民制度。对城乡未继续升学的初、高中毕业生开展劳动预备制培训。对即将退役的军人开展退役前技能储备培训和职业指导，对退役军人开展就业技能培训。面向符合条件的建档立卡贫困家庭、农村“低保”家庭、困难职工家庭和残疾人，开展技能脱贫攻坚行动，实施“雨露计划”、技能脱贫千校行动、残疾人职业技能提升计划。对服刑人员、强制隔离戒毒人员，开展以顺利回归社会为目的的就业技能培训。（人力资源社会保障部、教育部、工业和信息化部、民政部、司法部、住房城乡建设部、农业农村部、退役军人事务部、国务院国资委、国务院扶贫办、全国总工会、共青团中央、全国妇联、中国残联等按职责分工负责）

（六）充分发挥企业主体作用，全面加强企业职工岗位技能提升培训。将企业职工培训作为职业技能培训工作的重点，明确企业培训主体地位，完善激励政策，支持企业大规模开展职业技能培训，鼓励规模以上企业建立职业培训机构开展职工培训，并积极面向中小企业和社会承担培训任务，降低企业兴办职业培训机构成本，提高企业积极性。对接国民经济和社会发展中长期规划，适应高质量发展要求，推动企业健全职工培训制度，制定职工培训规划，采取岗前培训、学徒培训、在岗培训、脱产培训、业务研修、岗位练兵、技术比武、技能竞赛等方式，大幅提升职工技能水平。全面推行企业新型学徒制度，对企业新招用和转岗的技能岗位人员，通过校企合作方式，进行系统职业技能培训。发挥失业保险促进就业作用，支持符合条件的参保职工提升职业技能。健全校企合作制度，探索推进产教融合试点。（人力资源社会保障部、教育部、工业和信息化部、住房城乡建设部、国务院国资委、全国总工会等按职责分工负责）

（七）适应产业转型升级需要，着力加强高技能人才培训。面向经济社会发展急需紧缺职业（工种），大力开展高技能人才培训，增加高技能人才供给。深入实施国家高技能人才振兴计划，紧密结合战略性新兴产业、先进制造业、现代服务业等发展需求，开展技师、高级技师培训。对重点关键岗位的高技能人才，通过开展新知识、新技术、新工艺等方面培训以及技术研修攻关等方式，进一步提高他们的专业知识水平、解决实际问题能力和创新创造能力。支持高技能领军人才更多参与国家科研项目。发挥高技能领军人才在带徒传技、技能推广等方面的重要作用。（人力资源社会保障部、教育部、工业和信息化部、住房城乡建设部、国务院国资委、全国总工会等按职责分工负责）

（八）大力推进创业创新培训。组织有创业意愿和培训需求的人员参加创业创新培训。以高等学校和职业院校毕业生、科技人员、留学回国人员、退役军人、农村转移就业和返乡下乡创业人员、失业人员和转岗职工等群体为重点，依托高等学校、职业院校、职业培训机构、创业培训（实训）中心、创业孵化基地、众创空间、网络平台等，开展创业意识教育、创新素质培养、创业项目指导、开业指导、企业经营管理等培训，提升创业创新能力。健全以政策支持、项目评定、孵化实训、科技金融、创业服务为主要内容的创业创新支持体系，将高等学校、职业院校学生在校期间开展的“试创业”实践活动纳入政策支持范围。发挥技能大师工作室、劳模和职工创新工作室作用，开展集智创新、技术攻关、技能研修、技艺传承等群众性技术创新活动，做好创新成果总结命名推广工作，加大对劳动者创业创新的扶持力度。（人力资源社会保障部、教育部、科技部、工业和信息化部、住房城乡建设部、农业农村部、退役军人事务部、国务院国资委、国务院扶贫办、全国总工会、共青团中央、全国妇联、中国残联等按职责分工负责）

（九）强化工匠精神和职业素质培育。大力弘扬和培育工匠精神，坚持工学结合、知行合一、德技并修，完善激励机制，增强劳动者对职业理念、职业责任和职业使命的认识与理解，提高劳动者践行工匠精神的自觉性和主动性。广泛开展“大国工匠进校园”活动。加强职业素质培育，将职业道德、质量意识、法律意识、安全环保和健康卫生等要求贯穿职业培训全过程。（人力资源社会保障部、教育部、科技部、工业和信息化部、住房城乡建设部、国务院国资委、国家市场监督管理总局、全国总工会、共青团中央等按职责分工负责）

三、深化职业技能培训体制机制改革

（十）建立职业技能培训市场化社会化发展机制。加大政府、企业、社会等各类培训资源优化整合力度，提高培训供给能力。广泛发动社会力量，大力发展民办职业技能培训。鼓励企业建设培训中心、职业院校、企业大学，开展职业训练院试点工作，为社会培育更多高技能人才。鼓励支持社会组织积极参与行业人才需求发布、就业状况分析、培训指导等工作。政府补贴的职业技能培训项目全部向具备资质的职业院校和培训机构开放。（人力资源社会保障部、教育部、工业和信息化部、民政部、国家市场监督管理总局、全国总工会等按职责分工负责）

（十一）建立技能人才多元评价机制。健全以职业能力为导向、以工作业绩为重点、注重工匠精神培育和职业道德养成的技能人才评价体系。建立与国家职业资格制度相衔接、与终身职业技能培训制度相适应的职业技能等级制度。完善职业资格评价、职业技能等级认定、专项职业能力考核等多元化评价方式，促进评价结果有机衔接。健全技能人才评价管理服务体系，加强对评价质量的监管。建立以企业岗位练兵和技术比武为基础、以国家和行业竞赛为主体、国内竞赛与国际竞赛相衔接的职业技能竞赛体系，大力组织开展职业技能竞赛活动，积极参与世界技能大赛，拓展技能人才评价选拔渠道。（人力资源社会保障部、教育部、工业和信息化部、住房城乡建设部、国务院国资委、全国总工会、共青团中央、中国残联等按职责分工

负责）

（十二）建立职业技能培训质量评估监管机制。对职业技能培训公共服务项目实施目录清单管理，制定政府补贴培训目录、培训机构目录、鉴定评价机构目录、职业资格目录，及时向社会公开并实行动态调整。建立以培训合格率、就业创业成功率为重点的培训绩效评估体系，对培训机构、培训过程进行全方位监管。结合国家“金保工程”二期，建立基于互联网的职业技能培训公共服务平台，提升技能培训和鉴定评价信息化水平。探索建立劳动者职业技能培训电子档案，实现培训信息与就业、社会保障信息联通共享。（人力资源社会保障部、财政部等按职责分工负责）

（十三）建立技能提升多渠道激励机制。支持劳动者凭技能提升待遇，建立健全技能人才培养、评价、使用、待遇相统一的激励机制。指导企业不唯学历和资历，建立基于岗位价值、能力素质、业绩贡献的工资分配机制，强化技能价值激励导向。制定企业技术工人技能要素和创新成果按贡献参与分配的办法，推动技术工人享受促进科技成果转化的有关政策，鼓励企业对高技能人才实行技术创新成果入股、岗位分红和股权期权等激励方式，鼓励凭技能创造财富、增加收入。落实技能人才积分落户、岗位聘任、职务职级晋升、参与职称评审、学习进修等政策。支持用人单位对聘用的高级工、技师、高级技师，比照相应层级工程技术人员确定其待遇。完善以国家奖励为导向、用人单位奖励为主体、社会奖励为补充的技能人才表彰奖励制度。（人力资源社会保障部、教育部、工业和信息化部、公安部、国务院国资委、国家公务员局等按职责分工负责）

四、提升职业技能培训基础能力

（十四）加强职业技能培训服务能力建设。推进职业技能培训公共服务体系建设，为劳动者提供市场供求信息咨询服务，引导培训机构按市场和产业发展需求设立培训项目，引导劳动者按需自主选择培训项目。推进培训内容和方式创新，鼓励开展新产业、新技术、新业态培训，大力推广“互联网＋职业培训”模式，推动云计算、大数据、移动智能终端等信息网络技术在职业技能培训领域的应用，提高培训便利度和可及性。（人力资源社会保障部、国家发展改革委等按职责分工负责）

（十五）加强职业技能培训教学资源建设。紧跟新技术、新职业发展变化，建立职业分类动态调整机制，加快职业标准开发工作。建立国家基本职业培训包制度，促进职业技能培训规范化发展。支持弹性学习，建立学习成果积累和转换制度，促进职业技能培训与学历教育沟通衔接。实行专兼职教师制度，完善教师在职培训和企业实践制度，职业院校和培训机构可根据需要和条件自主招用企业技能人才任教。

大力开展校长等管理人员培训和师资培训。发挥院校、行业企业作用，加强职业技能培训教材开发，提高教材质量，规范教材使用。（人力资源社会保障部、教育部等按职责分工负责）

（十六）加强职业技能培训基础平台建设。推进高技能人才培训基地、技能大师工作室建设，建成一批高技能人才培养培训、技能交流传承基地。加强公共实训基地、职业农民培育基地和创业孵化基地建设，逐步形成覆盖全国的技能实训和创业实训网络。对接世界技能大赛标准，加强竞赛集训基地建设，提升我国职业技能竞赛整体水平和青年技能人才培养质量。积极参与走出去战略和“一带一路”建设中的技能合作与交流。（人力资源社会保障部、国家发展改革委、教育部、科技部、工业和信息化部、财政部、农业农村部、商务部、国务院国资委、国家国际发展合作署等按职责分工负责）

五、保障措施

（十七）加强组织领导。地方各级人民政府要按照党中央、国务院的总体要求，把推行终身职业技能培训制度作为推进供给侧结构性改革的重要任务，根据经济社会发展、促进就业和人才发展总体规划，制定中长期职业技能培训规划并大力组织实施，推进政策落实。要建立政府统一领导，人力资源社会保障部门统筹协调，相关部门各司其职、密切配合，有关人民团体和社会组织广泛参与的工作机制，不断加大职业技能培训工作力度。（人力资源社会保障部等部门、单位和各省级人民政府按职责分工负责）

（十八）做好公共财政保障。地方各级人民政府要加大投入力度，落实职业技能培训补贴政策，发挥好政府资金的引导和撬动作用。合理调整就业补助资金支出结构，保障培训补贴资金落实到位。加大对用于职业技能培训各项补贴资金的整合力度，提高使用效益。完善经费补贴拨付流程，简化程序，提高效率。要规范财政资金管理，依法加强对培训补贴资金的监督，防止骗取、挪用，保障资金安全和效益。有条件的地区可安排经费，对职业技能培训教材开发、新职业研究、职业技能标准开发、师资培训、职业技能竞赛、评选表彰等基础工作给予支持。（人力资源社会保障部、教育部、财政部、审计署等按职责分工负责）

（十九）多渠道筹集经费。加大职业技能培训经费保障，建立政府、企业、社会多元投入机制，通过就业补助资金、企业职工教育培训经费、社会捐助赞助、劳动者个人缴费等多种渠道筹集培训资金。通过公益性社会团体或者县级以上人民政府及其部门用于职业教育的捐赠，依照税法相关规定在税前扣除。鼓励社会捐助、赞助职业技能竞赛活动。（人力资源社会保障部、教育部、工业和信息化部、民政部、财政部、国务院国资委、税务总局、全国总工会等按职责分工负责）

（二十）进一步优化社会环境。加强职业技能培训政策宣传，创新宣传方式，提升社会影响力和公众知晓度。积极开展技能展示交流，组织开展好职业教育活动周、世界青年技能日、技能中国行等活动，宣传校企合作、技能竞赛、技艺传承等成果，提高职业技能培训吸引力。大力宣传优秀技能人才先进事迹，大力营造劳动光荣的社会风尚和精益求精的敬业风气。（人力资源社会保障部、教育部、全国总工会、共青团中央等按职责分工负责）

国务院

2018 年 5 月 3 日

（此件公开发布）

国务院办公厅关于印发职业技能提升行动方案（2019—2021年）的通知

国办发〔2019〕24号

各省、自治区、直辖市人民政府，国务院各部委、各直属机构：

《职业技能提升行动方案（2019—2021年）》已经国务院同意，现印发给你们，请认真贯彻执行。

国务院办公厅

2019年5月18日

（此件公开发布）

职业技能提升行动方案（2019—2021年）

为贯彻落实党中央、国务院决策部署，实施职业技能提升行动，制定以下方案。

一、总体要求和目标任务

（一）总体要求。以习近平新时代中国特色社会主义思想为指导，全面贯彻党的十九大和十九届二中、三中全会精神，把职业技能培训作为保持就业稳定、缓解结构性就业矛盾的关键举措，作为经济转型升级和高质量发展的重要支撑。坚持需求导向，服务经济社会发展，适应人民群众就业创业需要，大力推行终身职业技能培训制度，面向职工、就业重点群体、建档立卡贫困劳动力（以下简称贫困劳动力）等城乡各类劳动者，大规模开展职业技能培训，加快建设知识型、技能型、创新型劳动者大军。

（二）目标任务。2019年至2021年，持续开展职业技能提升行动，提高培训针对性实效性，全面提升劳动者职业技能水平和就业创业能力。三年共开展各类补贴性职业技能培训5000万人次以上，其中2019年培训1500万人次以上；经过努力，到2021年底技能劳动者占就业人员总量的比例达到25%以上，高技能人才占技能劳动者的比例达到30%以上。

二、对职工等重点群体开展有针对性的职业技能培训

（三）大力开展企业职工技能提升和转岗转业培训。企业需制定职工培训计划，开展适应岗位需求和发展需要的技能培训，广泛组织岗前培训、在岗培训、脱产培训，开展岗位练兵、技能竞赛、在线学习等活动，大力开展高技能人才培训，组织实施高技能领军人才和产业紧缺人才境外培训。发挥行业、龙头企业和培训机构作用，引导帮助中小微企业开展职工培训。实施高危行业领域安全技能提升行动计划，化工、矿山等高危行业企业要组织从业人员和各类特种作业人员普遍开展安全技能培训，严格执行从业人员安全技能培训合格后上岗制度。支持帮助困难企业开展转岗转业培训。在全国各类企业全面推行企业新型学徒制、现代学徒制培训，三年培训100万新型学徒。推进产教融合、校企合作，实现学校培养与企业用人的有效衔接。鼓励企业与参训职工协商一致灵活调整工作时间，保障职工参训期间应有的工资福利待遇。

（四）对就业重点群体开展职业技能提升培训和创业培训。面向农村转移就业劳动者特别是新生代农民工、城乡未继续升学初高中毕业生（以下称“两后生”）等青年、下岗失业人员、退役军人、就业困难人员（含残疾人），持续实施农民工“春潮行动”、“求学圆梦行动”、新生代农民工职业技能提升计划和返乡创业培训计划以及劳动预备培训、就业技能培训、职业技能提升培训等专项培训，全面提升职业技能和就业创业能力。对有创业愿望的开展创业培训，加强创业培训项目开发、创业担保贷款、后续扶持等服务。围绕乡村振兴战略，实施新型职业农民培育工程和农村实用人才带头人素质提升计划，开展职业农民技能培训。

（五）加大贫困劳动力和贫困家庭子女技能扶贫工作力度。聚焦贫困地区特别是“三区三州”等深度贫困地区，鼓励通过项目制购买服务等方式为贫困劳动力提供免费职业技能培训，并在培训期间按规定通过就业补助资金给予生活费（含交通费，下同）补贴，不断提高参训贫困人员占贫困劳动力比重。持续推进东西部扶贫协作框架下职业教育、职业技能培训帮扶和贫困村创业致富带头人培训。深入推进技能

脱贫千校行动和深度贫困地区技能扶贫行动，对接受技工教育的贫困家庭学生，按规定落实中等职业教育国家助学金和免学费等政策；对子女接受技工教育的贫困家庭，按政策给予补助。

三、激发培训主体积极性，有效增加培训供给

（六）支持企业兴办职业技能培训。支持各类企业特别是规模以上企业或者吸纳就业人数较多的企业设立职工培训中心，鼓励企业与职业院校（含技工院校，下同）共建实训中心、教学工厂等，积极建设培育一批产教融合型企业。企业举办或参与举办职业院校的，各级政府可按规定根据毕业生就业人数或培训实训人数给予支持。支持企业设立高技能人才培训基地和技能大师工作室，企业可通过职工教育经费提供相应的资金支持，政府按规定通过就业补助资金给予补助。支持高危企业集中的地区建设安全生产和技能实训基地。

（七）推动职业院校扩大培训规模。支持职业院校开展补贴性培训，扩大面向职工、就业重点群体和贫困劳动力的培训规模。在院校启动“学历证书＋若干职业技能等级证书”制度试点工作，按《国务院关于印发国家职业教育改革实施方案的通知》（国发〔2019〕4号）规定执行。在核定职业院校绩效工资总量时，可向承担职业技能培训工作的单位倾斜。允许职业院校将一定比例的培训收入纳入学校公用经费，学校培训工作量可按一定比例折算成全日制学生培养工作量。职业院校在内部分配时，应向承担职业技能培训工作的一线教师倾斜，保障其合理待遇。

（八）鼓励支持社会培训和评价机构开展职业技能培训和评价工作。不断培育发展壮大社会培训和评价机构，支持培训和评价机构建立同业交流平台，促进行业发展，加强行业自律。民办职业培训和评价机构在政府购买服务、校企合作、实训基地建设等方面与公办同类机构享受同等待遇。

（九）创新培训内容。加强职业技能、通用职业素质和求职能力等综合性培训，将职业道德、职业规范、工匠精神、质量意识、法律意识和相关法律法规、安全环保和健康卫生、就业指导等内容贯穿职业技能培训全过程。坚持需求导向，围绕市场急需紧缺职业开展家政、养老服务、托幼、保安、电商、汽修、电工、妇女手工等就业技能培训；围绕促进创业开展经营管理、品牌建设、市场拓展、风险防控等创业指导培训；围绕经济社会发展开展先进制造业、战略性新兴产业、现代服务业以及循环农业、智慧农业、智能建筑、智慧城市建设等新产业培训；加大人工智能、云计算、大数据等新职业新技能培训力度。

（十）加强职业技能培训基础能力建设。有条件的地区可对企业、院校、培训机

构的实训设施设备升级改造予以支持。支持建设产教融合实训基地和公共实训基地，加强职业训练院建设，积极推进职业技能培训资源共建共享。大力推广“工学一体化”、“职业培训包”、“互联网＋”等先进培训方式，鼓励建设互联网培训平台。加强师资建设，职业院校和培训机构实行专兼职教师制度，可按规定自主招聘企业技能人才任教。加快职业技能培训教材开发，规范管理，提高教材质量。完善培训统计工作，实施补贴性培训实名制信息管理，探索建立劳动者职业培训电子档案，实现培训评价信息与就业社保信息联通共享，提供培训就业一体化服务。

四、完善职业培训补贴政策，加强政府引导激励

（十一）落实职业培训补贴政策。对贫困家庭子女、贫困劳动力、“两后生”、农村转移就业劳动者、下岗失业人员和转岗职工、退役军人、残疾人开展免费职业技能培训行动，对高校毕业生和企业职工按规定给予职业培训补贴。对贫困劳动力、就业困难人员、零就业家庭成员、“两后生”中的农村学员和城市低保家庭学员，在培训期间按规定通过就业补助资金同时给予生活费补贴。符合条件的企业职工参加岗前培训、安全技能培训、转岗转业培训或初级工、中级工、高级工、技师、高级技师培训，按规定给予职业培训补贴或参保职工技能提升补贴。职工参加企业新型学徒制培训的，给予企业每人每年 4000 元以上的职业培训补贴，由企业自主用于学徒培训工作。企业、农民专业合作社和扶贫车间等各类生产经营主体吸纳贫困劳动力就业并开展以工代训，以及参保企业吸纳就业困难人员、零就业家庭成员就业并开展以工代训的，给予一定期限的职业培训补贴，最长不超过 6 个月。

（十二）支持地方调整完善职业培训补贴政策。符合条件的劳动者在户籍地、常住地、求职就业地参加培训后取得证书（职业资格证书、职业技能等级证书、专项职业能力证书、特种作业操作证书、培训合格证书等）的，按规定给予职业培训补贴，原则上每人每年可享受不超过 3 次，但同一职业同一等级不可重复享受。省级人力资源社会保障部门、财政部门可在规定的原则下结合实际调整享受职业培训补贴、生活费补贴人员范围和条件要求，可将确有培训需求、不具有按月领取养老金资格的人员纳入政策范围。市（地）以上人力资源社会保障部门、财政部门可在规定的原则下结合实际确定职业培训补贴标准。县级以上政府可对有关部门各类培训资金和项目进行整合，解决资金渠道和使用管理分散问题。对企业开展培训或者培训机构开展项目制培训的，可先行拨付一定比例的培训补贴资金，具体比例由各省（区、市）根据实际情况确定。各地可对贫困劳动力、去产能失业人员、退役军人等群体开展项目制培训。

（十三）加大资金支持力度。地方各级政府要加大资金支持和筹集整合力度，将一定比例的就业补助资金、地方人才经费和行业产业发展经费中用于职业技能培训的资金，以及从失业保险基金结余中拿出的1000亿元，统筹用于职业技能提升行动。各地拟用于职业技能提升行动的失业保险基金结余在社会保障基金财政专户中单独建立“职业技能提升行动专账”，用于职工等人员职业技能培训，实行分账核算、专款专用，具体筹集办法由财政部、人力资源社会保障部另行制定。企业要按有关规定足额提取和使用职工教育经费，其中60%以上用于一线职工培训，可用于企业“师带徒”津贴补助。落实将企业职工教育经费税前扣除限额提高至工资薪金总额8%的税收政策。推动企业提取职工教育经费开展自主培训与享受政策开展补贴性培训的有机衔接，探索完善相关机制。有条件的地区可安排经费，对职业技能培训教材开发、师资培训、教学改革以及职业技能竞赛等基础工作给予支持，对培训组织动员工作进行奖补。

（十四）强化资金监督管理。要依法加强资金监管，定期向社会公开资金使用情况，加强监督检查和专项审计工作，加强廉政风险防控，保障资金安全和效益。对以虚假培训等套取、骗取资金的依法依纪严惩，对培训工作中出现的失误和问题要区分不同情况对待，保护工作落实层面干事担当的积极性。

五、加强组织领导，强化保障措施

（十五）强化地方政府工作职责。地方各级政府要把职业技能提升行动作为重要民生工程，切实承担主体责任。省级政府要建立职业技能提升行动工作协调机制，形成省级统筹、部门参与、市县实施的工作格局。各省（区、市）要抓紧制定实施方案，出台政策措施，明确任务目标，进行任务分解，建立工作情况季报、年报制度。市县级政府要制定具体贯彻落实措施。鼓励各地将财政补助资金与培训工作绩效挂钩，加大激励力度，促进扩大培训规模，提升培训质量和层次，确保职业技能提升行动有效开展。

（十六）健全工作机制。在国务院就业工作领导小组框架下，健全职业技能提升行动工作协调机制，充分发挥行业主管部门等各方作用，形成工作合力。人力资源社会保障部门承担政策制定、标准开发、资源整合、培训机构管理、质量监管等职责，制定年度工作计划，分解工作任务，抓好督促落实。发展改革部门要统筹推进职业技能培训基础能力建设。教育部门要组织职业院校承担职业技能培训任务。工业和信息化、住房城乡建设等部门要发挥行业主管部门作用，积极参与培训工作。财政部门要确保就业补助资金等及时足额拨付到位。农业农村部门负责职业农民培训。退役军人事务部门负责协调组织退役军人职业技能培训。应急管理、煤矿安监部门负责指导协调化工、矿山等高危行业领域安全技能培训和特种作业人员安全作业培训。国资监管部门要指导国企开展职业技能培训。其他有关部门和单位要共同做好职业技能培训工作。支持鼓励工会、共青团、妇联等群团组织以及行业协会参与职业技能培训工作。

（十七）提高培训管理服务水平。深化职业技能培训工作“放管服”改革。对补贴性职业技能培训实施目录清单管理，公布培训项目目录、培训和评价机构目录，方便劳动者按需选择。地方可采取公开招投标等方式购买培训服务和评价服务。探索实行信用支付等办法，优化培训补贴支付方式。建立培训补贴网上经办服务平台，有条件的地区可对项目制培训探索培训服务和补贴申领告知承诺制，简化流程，减少证明材料，提高服务效率。加强对培训机构和培训质量的监管，健全培训绩效评估体系，积极支持开展第三方评估。

（十八）推进职业技能培训与评价有机衔接。完善技能人才职业资格评价、职业技能等级认定、专项职业能力考核等多元化评价方式，动态调整职业资格目录，动态发布新职业信息，加快国家职业标准制定修订。建立职业技能等级认定制度，为劳动者提供便利的培训与评价服务。从事准入类职业的劳动者必须经培训合格后方可上岗。推动工程领域高技能人才与工程技术人才职业发展贯通。支持企业按规定自主开展职工职业技能等级评价工作，鼓励企业设立首席技师、特级技师等，提升技能人才职业发展空间。

（十九）加强政策解读和舆论宣传。各地区、各有关部门要加大政策宣传力度，提升政策公众知晓度，帮助企业、培训机构和劳动者熟悉了解、用足用好政策，共同促进职业技能培训工作开展。大力弘扬和培育工匠精神，落实提高技术工人待遇的政策措施，加强技能人才激励表彰工作，积极开展各类职业技能竞赛活动，营造技能成才良好环境。

6

国务院办公厅关于深化产教融合的若干意见

国办发〔2017〕95号

各省、自治区、直辖市人民政府，国务院各部委、各直属机构：

进入新世纪以来，我国教育事业蓬勃发展，为社会主义现代化建设培养输送了大批高素质人才，为加快发展壮大现代产业体系作出了重大贡献。但同时，受体制机制等多种因素影响，人才培养供给侧和产业需求侧在结构、质量、水平上还不能完全适应，“两张皮”问题仍然存在。深化产教融合，促进教育链、人才链与产业链、创新链有机衔接，是当前推进人力资源供给侧结构性改革的迫切要求，对新形势下全面提高教育质量、扩大就业创业、推进经济转型升级、培育经济发展新动能具有重要意义。为贯彻落实党的十九大精神，深化产教融合，全面提升人力资源质量，经国务院同意，现提出以下意见。

一、总体要求

（一）指导思想。

全面贯彻党的十九大精神，坚持以习近平新时代中国特色社会主义思想为指导，紧紧围绕统筹推进“五位一体”总体布局和协调推进“四个全面”战略布局，坚持以人民为中心，坚持新发展理念，认真落实党中央、国务院关于教育综合改革的决策部署，深化职业教育、高等教育等改革，发挥企业重要主体作用，促进人才培养供给侧和产业需求侧结构要素全方位融合，培养大批高素质创新人才和技术技能人才，为加快建设实体经济、科技创新、现代金融、人力资源协同发展的产业体系，增强产业核心竞争力，汇聚发展新动能提供有力支撑。

（二）原则和目标。

统筹协调，共同推进。将产教融合作为促进经济社会协调发展的重要举措，融入经济转型升级各环节，贯穿人才开发全过程，形成政府企业学校行业社会协同推进的工作格局。

服务需求，优化结构。面向产业和区域发展需求，完善教育资源布局，加快人才培养结构调整，创新教育组织形态，促进教育和产业联动发展。

校企协同，合作育人。充分调动企业参与产教融合的积极性和主动性，强化政策引导，鼓励先行先试，促进供需对接和流程再造，构建校企合作长效机制。

深化产教融合的主要目标是，逐步提高行业企业参与办学程度，健全多元化办学体制，全面推行校企协同育人，用10年左右时间，教育和产业统筹融合、良性互动的发展格局总体形成，需求导向的人才培养模式健全完善，人才教育供给与产业需求重大结构性矛盾基本解决，职业教育、高等教育对经济发展和产业升级的贡献显著增强。

二、构建教育和产业统筹融合发展格局

（三）同步规划产教融合与经济社会发展。制定实施经济社会发展规划，以及区域发展、产业发展、城市建设和重大生产力布局规划，要明确产教融合发展要求，将教育优先、人才先行融入各项政策。结合实施创新驱动发展、新型城镇化、制造强国战略，统筹优化教育和产业结构，同步规划产教融合发展政策措施、支持方式、实现途径和重大项目。

（四）统筹职业教育与区域发展布局。按照国家区域发展总体战略和主体功能区规划，优化职业教育布局，引导职业教育资源逐步向产业和人口集聚区集中。面向脱贫攻坚主战场，积极推进贫困地区学生到城市优质职业学校就学。加强东部对口西部、城市支援农村职业教育扶贫。支持中部打造全国重要的先进制造业职业教育基地。支持东北等老工业基地振兴发展急需的职业教育。加强京津冀、长江经济带城市间协同合作，引导各地结合区域功能、产业特点探索差别化职业教育发展路径。

（五）促进高等教育融入国家创新体系和新型城镇化建设。完善世界一流大学和一流学科建设推进机制，注重发挥对国家和区域创新中心发展的支撑引领作用。健全高等学校与行业骨干企业、中小微创业型企业紧密协同的创新生态系统，增强创新中心集聚人才资源、牵引产业升级能力。适应以城市群为主体的新型城镇化发展，合理布局高等教育资源，增强中小城市产业承载和创新能力，构建梯次有序、功能互补、资源共享、合作紧密的产教融合网络。

（六）推动学科专业建设与产业转型升级相适应。建立紧密对接产业链、创新链的学科专业体系。大力发展现代农业、智能制造、高端装备、新一代信息技术、生物医药、节能环保、新能源、新材料以及研发设计、数字创意、现代交通运输、高

效物流、融资租赁、电子商务、服务外包等产业急需紧缺学科专业。积极支持家政、健康、养老、文化、旅游等社会领域专业发展，推进标准化、规范化、品牌化建设。加强智慧城市、智能建筑等城市可持续发展能力相关专业建设。大力支持集成电路、航空发动机及燃气轮机、网络安全、人工智能等事关国家战略、国家安全等学科专业建设。适应新一轮科技革命和产业变革及新经济发展，促进学科专业交叉融合，加快推进新工科建设。

（七）健全需求导向的人才培养结构调整机制。加快推进教育“放管服”改革，注重发挥市场机制配置非基本公共教育资源作用，强化就业市场对人才供给的有效调节。进一步完善高校毕业生就业质量年度报告发布制度，注重发挥行业组织人才需求预测、用人单位职业能力评价作用，把市场供求比例、就业质量作为学校设置调整学科专业、确定培养规模的重要依据。新增研究生招生计划向承担国家重大战略任务、积极推行校企协同育人的高校和学科倾斜。严格实行专业预警和退出机制，引导学校对设置雷同、就业连续不达标专业，及时调减或停止招生。

三、强化企业重要主体作用

（八）拓宽企业参与途径。鼓励企业以独资、合资、合作等方式依法参与举办职业教育、高等教育。坚持准入条件透明化、审批范围最小化，细化标准、简化流程、优化服务，改进办学准入条件和审批环节。通过购买服务、委托管理等，支持企业参与公办职业学校办学。鼓励有条件的地区探索推进职业学校股份制、混合所有制改革，允许企业以资本、技术、管理等要素依法参与办学并享有相应权利。

（九）深化“引企入教”改革。支持引导企业深度参与职业学校、高等学校教育教学改革，多种方式参与学校专业规划、教材开发、教学设计、课程设置、实习实训，促进企业需求融入人才培养环节。推行面向企业真实生产环境的任务式培养模式。职业学校新设专业原则上应有相关行业企业参与。鼓励企业依托或联合职业学校、高等学校设立产业学院和企业工作室、实验室、创新基地、实践基地。

（十）开展生产性实习实训。健全学生到企业实习实训制度。鼓励以引企驻校、引校进企、校企一体等方式，吸引优势企业与学校共建共享生产性实训基地。支持各地依托学校建设行业或区域性实训基地，带动中小微企业参与校企合作。通过探索购买服务、落实税收政策等方式，鼓励企业直接接收学生实习实训。推进实习实训规范化，保障学生享有获得合理报酬等合法权益。

（十一）以企业为主体推进协同创新和成果转化。支持企业、学校、科研院所围绕产业关键技术、核心工艺和共性问题开展协同创新，加快基础研究成果向产业技术转化。引导高校将企业生产一线实际需求作为工程技术研究选题的重要来源。完善财政科技计划管理，高校、科研机构牵头申请的应用型、工程技术研究项目原则上应有行业企业参与并制订成果转化方案。完善高校科研后评价体系，将成果转化作为项目和人才评价重要内容。继续加强企业技术中心和高校技术创新平台建设，鼓励企业和高校共建产业技术实验室、中试和工程化基地。利用产业投资基金支持高校创新成果和核心技术产业化。

（十二）强化企业职工在岗教育培训。落实企业职工培训制度，足额提取教育培训经费，确保教育培训经费 60% 以上用于一线职工。创新教育培训方式，鼓励企业向职业学校、高等学校和培训机构购买培训服务。鼓励有条件的企业开展职工技能竞赛，对参加培训提升技能等级的职工予以奖励或补贴。支持企业一线骨干技术人员技能提升，加强产能严重过剩行业转岗就业人员再就业培训。将不按规定提取使用教育培训经费并拒不改正的行为记入企业信用记录。

（十三）发挥骨干企业引领作用。鼓励区域、行业骨干企业联合职业学校、高等学校共同组建产教融合集团（联盟），带动中小企业参与，推进实体化运作。注重发挥国有企业特别是中央企业示范带头作用，支持各类企业依法参与校企合作。结合推进国有企业改革，支持有条件的国有企业继续办好做强职业学校。

四、推进产教融合人才培养改革

（十四）将工匠精神培育融入基础教育。将动手实践内容纳入中小学相关课程和学生综合素质评价。加强学校劳动教育，开展生产实践体验，支持学校聘请劳动模范和高技能人才兼职授课。组织开展“大国工匠进校园”活动。鼓励有条件的普通中学开设职业类选修课程，鼓励职业学校实训基地向普通中学开放。鼓励有条件的地方在大型企业、产业园区周边试点建设普职融通的综合高中。

（十五）推进产教协同育人。坚持职业教育校企合作、工学结合的办学制度，推进职业学校和企业联盟、与行业联合、同园区联结。大力发展校企双制、工学一体的技工教育。深化全日制职业学校办学体制改革，在技术性、实践性较强的专业，全面推行现代学徒制和企业新型学徒制，推动学校招生与企业招工相衔接，校企育人“双重主体”，学生学徒“双重身份”，学校、企业和学生三方权利义务关系明晰。实践性教学课时不少于总课时的 50%。

健全高等教育学术人才和应用人才分类培养体系，提高应用型人才培养比重。推动高水平大学加强创新创业人才培养，为学生提供多样化成长路径。大力支持应用型本科和行业特色类高校建设，紧密围绕产业需求，强化实践教学，完善以应用型人才为主的培养体系。推进专业学位研究生产学结合培养模式改革，增强复合型人才培养能力。

（十六）加强产教融合师资队伍建设。支持企业技术和管理人才到学校任教，鼓励有条件的地方探索产业教师（导师）特设岗位计划。探索符合职业教育和应用型高校特点的教师资格标准和专业技术职务（职称）评聘办法。允许职业学校和高等学校依法依规自主聘请兼职教师和确定兼职报酬。推动职业学校、应用型本科高校与大中型企业合作建设“双师型”教师培养培训基地。完善职业学校和高等学校教师实践假期制度，支持在职教师定期到企业实践锻炼。

（十七）完善考试招生配套改革。加快高等职业学校分类招考，完善“文化素质+职业技能”评价方式。适度提高高等学校招收职业教育毕业生比例，建立复合型、创新型技术技能人才系统培养制度。逐步提高高等学校招收有工作实践经历人员的比例。

（十八）加快学校治理结构改革。建立健全职业学校和高等学校理事会制度，鼓励引入行业企业、科研院所、社会组织等多方参与。推动学校优化内部治理，充分体现一线教学科研机构自主权，积极发展跨学科、跨专业教学和科研组织。

（十九）创新教育培训服务供给。鼓励教育培训机构、行业企业联合开发优质教育资源，大力支持“互联网+教育培训”发展。支持有条件的社会组织整合校企资源，开发立体化、可选择的产业技术课程和职业培训包。推动探索高校和行业企业课程学分转换互认，允许和鼓励高校向行业企业和社会培训机构购买创新创业、前沿技术课程和教学服务。

五、促进产教供需双向对接

（二十）强化行业协调指导。行业主管部门要加强引导，通过职能转移、授权委托等方式，积极支持行业组织制定深化产教融合工作计划，开展人才需求预测、校企合作对接、教育教学指导、职业技能鉴定等服务。

（二十一）规范发展市场服务组织。鼓励地方政府、行业企业、学校通过购买服务、合作设立等方式，积极培育市场导向、对接供需、精准服务、规范运作的产教融合服务组织（企业）。支持利用市场合作和产业分工，提供专业化服务，构建校企利益共同体，形成稳定互惠的合作机制，促进校企紧密联结。

（二十二）打造信息服务平台。鼓励运用云计算、大数据等信息技术，建设市场化、专业化、开放共享的产教融合信息服务平台。依托平台汇聚区域和行业人才供需、校企合作、项目研发、技术服务等各类供求信息，向各类主体提供精准化产教融合信息发布、检索、推荐和相关增值服务。

（二十三）健全社会第三方评价。积极支持社会第三方机构开展产教融合效能评价，健全统计评价体系。强化监测评价结果运用，作为绩效考核、投入引导、试点开展、表彰激励的重要依据。

六、完善政策支持体系

（二十四）实施产教融合发展工程。“十三五”期间，支持一批中高等职业学校加强校企合作，共建共享技术技能实训设施。开展高水平应用型本科高校建设试点，加强产教融合实训环境、平台和载体建设。支持中西部普通本科高校面向产业需求，重点强化实践教学环节建设。支持世界一流大学和一流学科建设高校加强学科、人才、科研与产业互动，推进合作育人、协同创新和成果转化。

（二十五）落实财税用地等政策。优化政府投入，完善体现职业学校、应用型高校和行业特色类专业办学特点和成本的职业教育、高等教育拨款机制。职业学校、高等学校科研人员依法取得的科技成果转化奖励收入不纳入绩效工资，不纳入单位工资总额基数。各级财政、税务部门要把深化产教融合作为落实结构性减税政策，推进降成本、补短板的重要举措，落实社会力量举办教育有关财税政策，积极支持职业教育发展和企业参与办学。企业投资或与政府合作建设职业学校、高等学校的建设用地，按科教用地管理，符合《划拨用地目录》的，可通过划拨方式供地，鼓励企业自愿以出让、租赁方式取得土地。

（二十六）强化金融支持。鼓励金融机构按照风险可控、商业可持续原则支持产教融合项目。利用中国政企合作投资基金和国际金融组织、外国政府贷款，积极支持符合条件的产教融合项目建设。遵循相关程序、规则和章程，推动亚洲基础设施投资银行、丝路基金在业务领域内将“一带一路”职业教育项目纳入支持范围。引导银行业金融机构创新服务模式，开发适合产教融合项目特点的多元化融资品种，做好政府和社会资本合作模式的配套金融服务。积极支持符合条件的企业在资本市场进行股权融资，发行标准化债权产品，加大产教融合实训基地项目投资。加快发展学生实习责任保险和人身意外伤害保险，鼓励保险公司对现代学徒制、企业新型学徒制保险专门确定费率。

（二十七）开展产教融合建设试点。根据国家区域发展战略和产业布局，支持若干有较强代表性、影响力和改革意愿的城市、行业、企业开展试点。在认真总结试点经验基础上，鼓励第三方开展产教融合型城市和企业建设评价，完善支持激励政策。

（二十八）加强国际交流合作。鼓励职业学校、高等学校引进海外高层次人才和优质教育资源，开发符合国情、国际开放的校企合作培养人才和协同创新模式。探索构建应用技术教育创新国际合作网络，推动一批中外院校和企业结对联合培养国际化应用型人才。鼓励职业教育、高等教育参与配合“一带一路”建设和国际产能合作。

七、组织实施

（二十九）强化工作协调。加强组织领导，建立发展改革、教育、人力资源社会保障、财政、工业和信息化等部门密切配合，有关行业主管部门、国有资产监督管理部门积极参与的工作协调机制，加强协同联动，推进工作落实。各省级人民政府要结合本地实际制定具体实施办法。

（三十）营造良好环境。做好宣传动员和舆论引导，加快收入分配、企业用人制度以及学校编制、教学科研管理等配套改革，引导形成学校主动服务经济社会发展、企业重视“投资于人”的普遍共识，积极营造全社会充分理解、积极支持、主动参与产教融合的良好氛围。

附件：重点任务分工（略）

国务院办公厅

2017 年 12 月 5 日

（此件公开发布）

三、人社部文件

人力资源社会保障部关于深入学习贯彻习近平总书记在中央人才工作会议上重要讲话精神的通知

人社部函〔2021〕136号

各省、自治区、直辖市及新疆生产建设兵团人力资源社会保障厅（局），各副省级市人力资源社会保障局，部属各单位：

9月27日至28日，党中央召开了中央人才工作会议，习近平总书记发表了重要讲话。为做好学习贯彻，发挥职能作用，进一步加强和改进人社系统人才工作，现就有关要求通知如下。

一、充分认识学习贯彻的重大意义

习近平总书记的重要讲话站在党和国家事业发展全局的高度，全面回顾了党的十八大以来人才工作取得的历史性成就、发生的历史性变革，深入分析了人才工作面临的新形势新任务新挑战，明确提出了当前和今后一个时期实施新时代人才强国战略的总要求，深刻阐述了新时代人才工作新理念新战略新举措，部署规划了加快建设世界重要人才中心和创新高地的战略目标，科学回答了新时代人才工作的一系列重大理论和实践问题。讲话高屋建瓴、视野宏大、内涵丰富、思想深刻，具有很强的政治性、思想性、指导性、针对性，体现了深远的战略思维、宏阔的全球视野、强烈的历史担当，是指导新时代人才工作的纲领性文献。

学习贯彻习近平总书记重要讲话精神，是当前和今后一个时期人社部门的一项重要政治任务。各级人社部门要进一步提高政治站位，深入学习领会精神，进一步增强“四个意识”、坚定“四个自信”、做到“两个维护”，充分认识贯彻落实的重大意义，自觉把思想和行动统一到习近平总书记重要讲话精神和党中央对新时代人才工作的重大决策部署上来，推动新时代人社部门人才工作高质量发展，为全面建设社会主义现代化国家提供有力人才保障。

二、认真组织传达学习

（一）把握学习重点。要全面学习领会习近平总书记重要讲话的精神实质和核心内容，深刻理解党的十八大以来人才工作取得的历史性成就，深刻理解新时代人才工作的新理念新战略新举措，深刻理解加快建设世界重要人才中心和创新高地的目标要求，深刻理解新时代人才工作的重点任务和重要举措，准确把握人社部门在贯彻落实中承担的重要职责和任务。

（二）丰富学习形式。要将学习习近平总书记重要讲话精神纳入人社系统培训、学习计划，领导干部要发挥表率作用，带头学、深入学、结合工作学，采取多种形式在人社系统掀起学习热潮。计划10月下旬召开学习贯彻中央人才工作会议精神暨全国杰出专业技术人才表彰会议，深入学习贯彻精神，研究部署贯彻落实工作，全面推动人社系统人才工作高质量发展。

（三）注重学习效果。要结合学习，查找分析人才工作中存在的问题和薄弱环节，明确今后工作思路和方向；认真梳理涉及人社部门的重要任务，明确今后工作重点；努力提高人社部门干部队伍的思想认识和能力素质，学深悟透做实，把学习成果实实在在体现到人才工作思路和举措上。

三、结合部门职能职责抓好贯彻落实

（一）持续深化人才发展体制机制改革。要贯彻落实习近平总书记重要讲话精神，持续深入推进人才发展体制机制改革，加快构建有中国特色和国际竞争比较优势的体制机制。一是分类推进人才评价机制改革，抓好职称制度改革任务落实。完善职业资格制度和职业技能等级制度，全面推行职业技能等级认定。修订颁布新版国家职业分类大典，持续发布新职业，及时制定颁布国家职业标准。二是完善人才激励有关政策。落实并完善中央高校、科研院所绩效工资动态调整机制，研究推动中央高校、科研院所薪酬制度改革试点工作。落实事业单位高层次人才绩效工资总量单列、科研人员职务科技成果转化现金奖励等政策。完善国有企业科技创新薪酬分配激励政策，指导国有企业分配向关键核心技术人才、高技能人才倾斜。加强人才表彰奖励工作。三是深化事业单位人事制度改革。支持鼓励事业单位科研人员兼职创新、离岗创办企业。扩大哲学社会科学领域专业技术一级岗位设置试点工作。

四是助推乡村人才振兴，健全完善人才向基层一线、艰苦边远地区流动激励政策，引导支持人才资源合理配置。

（二）持续壮大专业技术人才队伍，加快建设国家战略人才力量。要贯彻落实习近平总书记重要讲话精神，围绕支撑高水平科技自立自强，突出培养造就高层次创新型专业技术人才，加快建设国家战略人才力量。一是优化实施政府特殊津贴制度，着力培养造就一批基础前沿领域战略科学家和科技领军人才。二是改革完善博士后制度，大力培养青年创新人才。更好实施博士后创新人才支持计划和博士后国际交流计划。加强企业博士后工作。举办全国博士后创新创业大赛。三是深入实施专业技术人才知识更新工程，创新实施数字工程师项目，加快培养人工智能、集成电路、大数据、区块链、智能制造等数字领域的卓越工程师。四是配合研究完善更加精准的海外人才引进政策，统筹实施各类留学回国项目，健全完善留学人员回国服务体系。

（三）大力加强高技能人才队伍建设，更好支撑经济转型升级。要贯彻落实习近平总书记重要指示精神，全方位健全完善技能人才培养、使用、评价、激励制度，制定新时代加强高技能人才工作的政策措施，大力实施技能中国行动，着力培养创新型、应用型、技能型劳动者大军。一是大力实施职业技能提升行动，健全终身职业技能培训制度，深入推行企业新型学徒制，大力培养支撑“中国制造”的高技能人才。二是全力筹办第46届世界技能大赛，高质量举办中华人民共和国职业技能大赛，统筹开展各级各类行业职业技能竞赛以及专项赛事。三是大力发展技工教育，加强校企合作，组建多层次合作联盟网络，推进技工院校高质量发展。四是推动落实提高技术工人待遇政策，指导企业落实《技能人才薪酬分配指引》，健全完善体现知识、技术等创新要素价值的收入分配机制。大力弘扬新时代工匠精神，增强技能人才的职业荣誉感、自豪感、获得感。

（四）着力提高人才服务水平。要贯彻落实习近平总书记重要讲话精神，遵循人才成长规律，完善人才管理制度，加快推动政府人才管理职能向创造良好环境、提供优质服务转变。一是向用人主体充分授权，充分发挥用人单位在人才培养引进使用中的主体作用，完善人才管理制度。二是为各类人才提供全方位、便捷化服务。建设高标准人力资源市场体系，充分发挥人力资源服务机构市场化引才作用，推动人力资源服务业高质量发展。加强以留学人员创业园、博士后科研流动站和工作站、专家服务基地、继续教育基地、人力资源服务产业园、高技能人才培训基地、技能大师工作室等为主体的人才服务平台建设。三是加大人才服务体系信息化建设力度，推进网上“能办尽办”“一网通办”。

四、坚持党管人才原则，发挥好人社部门人才工作职能作用

坚持党管人才原则，始终坚持党对人才工作的全面领导，提高政治站位，把准政治方向，切实增强做好人才工作的责任感和使命感。要在各级党委人才工作领导小组领导和组织部门牵头抓总下，严格落实主体责任，具体抓好人社领域重大人才工程、相关人才政策和工作任务落实。重大事项及时向党委人才工作领导小组和组织部门请示报告。要加强组织领导，认真履行人社部门人才工作职能职责，发挥人社部门人才工作优势，认真梳理涉及工作任务，研究细化贯彻落实举措。要加强会议精神宣传，为贯彻落实工作营造良好舆论氛围。

部人才工作领导小组办公室要加强对全国人社系统和部属有关单位学习贯彻工作的督促检查，跟进了解进展情况，协调推动解决复杂问题，确保各项任务落实落地。

人力资源社会保障部

2021 年 10 月 12 日

8

人力资源社会保障部关于印发技工教育“十四五”规划的通知

人社部发〔2021〕86号

各省、自治区、直辖市及新疆生产建设兵团人力资源社会保障厅（局）：

为深入贯彻习近平总书记关于大力发展技工教育的重要指示精神，落实中共中央办公厅、国务院办公厅印发的《关于推动现代职业教育高质量发展的意见》，推进技工教育高质量发展，根据《人力资源和社会保障事业发展“十四五”规划》要求，我部组织制定了《技工教育“十四五”规划》。现印发给你们，请结合实际，认真贯彻执行。

人力资源社会保障部

2021年11月5日

技工教育“十四五”规划

大力发展技工教育，扩大高技能人才培养规模，提高人才培养质量，对加快构建技能型社会、促进更加充分更高质量就业、推动经济高质量发展具有重要作用。本规划深入贯彻习近平总书记关于大力发展技工教育的重要指示精神，落实中共中央办公厅、国务院办公厅印发的《关于推动现代职业教育高质量发展的意见》，提出“十四五”期间技工教育发展的总体要求，明确主要目标和重点任务，是推动技工教育高质量发展的指导文件。

一、发展环境

党中央、国务院高度重视技能人才工作，要求大力发展技工教育，办好技工院校。“十三五”时期，各级人力资源社会保障部门深入贯彻党中央、国务院决策部署，坚持改革创新，攻坚克难，推动技工教育发展。技工院校高技能人才培养和职业技能培训规模逐步扩大。截至2020年底，全国有技工院校2423所（其中技师学院496所），在校生395.5万人，每年面向社会开展职业培训超过400万人次。脱贫攻坚期间，全国技工院校累计招收建档立卡贫困家庭子女超36万人。技工教育办学质量及社会影响力不断提升。

“十四五”时期，我国将开启全面建设社会主义现代化国家新征程，党和国家高度重视技工教育，经济社会发展对高素质技能人才具有广泛需求，为技工教育发展提供了良好机遇和广阔空间。与此同时，技工教育仍面临困难挑战。技能人才培养规模和质量需要进一步加强，发展不平衡问题比较突出。技工教育必须围绕国家重大战略部署，瞄准科技革命、产业变革和促进就业需求，从已有条件和自身特点出发，科学规划，深化改革，创新发展，加快技能人才培养，满足高质量发展需求。

二、总体要求

（一）指导思想

以习近平新时代中国特色社会主义思想为指导，深入贯彻党的十九大及十九届二中、三中、四中、五中全会精神，落实党中央、国务院决策部署，坚持党的领导，坚持正确办学方向，坚持立德树人，以促进就业创业、服务企业行业、服务经济高质量发展为目标，深化技工院校改革，推进办学模式创新，加强高技能人才和能工巧匠培养，注重德技并修、多元办学、校企合作、提质培优，实现创新发展，建设现代技术工人培养体系，培养德智体美劳全面发展的社会主义建设者和接班人，为全面建设社会主义现代化国家提供高素质技能人才支撑。

（二）主要目标

到2025年，基本形成技工教育体系更加完善、布局更加合理、特色更加突出、技能人才培养规模和质量更加契合经济社会发展需要的良好局面。技工院校发展成为开展学制教育和职业培训服务技能人才成长的重要平台、现代职业教育体系的重要组成、构建技能型社会建设的重要依托。技工教育办学模式更加成型，专业设置、课程开发和教材建设更加符合企业需求，人才培养质量稳步提升，毕业生就业率稳定在较高水平，面向社会开展学制教育、职业培训、公共实训、技能评价、竞赛集训、就业服务、创业孵化等技能人才全方位服务。技工教育吸引力和人才培养质量显著提高，服务实施新时代人才强国战略的功能进一步增强。

专栏 1：“十四五”时期主要指标

指标	2025 年
1. 在校生规模（万人）	>360
2. 毕业生就业率（%）	>97
3. 培养培训高技能人才（万人）	>［200］
4. 面向企业职工和就业重点群体开展职业技能培训（万人次）	>［2000］
注：［ ］内为五年累计数。	

三、推进全面落实立德树人根本任务

（三）加强党的全面领导

以习近平新时代中国特色社会主义思想为指导，以习近平总书记关于技能人才的重要指示武装头脑、指导实践、推动工作。加强技工院校党组织建设，促进学校各级党组织组织力全面提升。充分发挥党组织在技工院校的领导核心和政治核心作用，牢牢把握学校意识形态工作领导权，将党建工作与学校事业发展同部署、同落实、同考评。依靠工会、共青团、妇联、关工委、社区以及相关社会团体，与院校所在地的党政机关、企事业单位、部队等建立紧密联系，协同推进加强学校党建工作，以高质量党建引领学校发展。

（四）加强思想政治教育

坚持为党育人为国育才，把立德树人作为检验学校一切工作的根本标准。提高思想政治理论课质量和实效，深入推进习近平新时代中国特色社会主义思想进教材、进课堂、进头脑。将思想政治理论课作为立德树人关键课程，同时加强其他课程思想政治建设，实现思想政治教育、知识传授、技能培养融合统一。开齐开足开好思想政治理论课，引导学生树立正确的世界观、人生观、价值观。做好思想政治、语文、历史三科统编教材使用。加强技工院校思想政治理论课师资队伍建设，遴选 30 个左右技工教育思想政治理论课师资研修基地。深入推进法治、国家安全、生态文明和国防教育。

（五）突出综合素质和通用能力培养

弘扬劳模精神、劳动精神和工匠精神，把劳动教育纳入公共课必修课程，加强学生劳动实践和实习实训。将劳动素养纳入学生综合素质评价体系，把劳动素养评价结果作为评优评先的重要参考。以实习实训课为主要载体开展劳动教育，其中劳模精神、劳动精神、工匠精神专题教育不少于每学年 16 学时。鼓励院校与企业等社会团体合作，共建共享劳动教育实践基地。按照国家课程方案和课程标准，开足开齐体育、美育课程，规范开展心理健康教育和服务。

四、切实提高高技能人才培养能力

（六）完善技工院校高技能人才培养体系

加强规划引导，推动形成技师学院、高级技工学校、技工学校梯次发展、有序衔接、布局合理的技工教育体系。技师学院是优化技工教育结构和培育大国工匠、能工巧匠的重要载体，重点培养技师、预备技师、高级工等高技能人才。高级技工学校主要承担高级工、中级工培养任务，技工学校主要承担中级工培养任务。修订技工院校设置标准，完善晋级和退出机制。落实技工院校实施学制教育和职业培训并举的法定职责，组织开展第二轮职业训练院建设试点，拓展评价鉴定、职业技能等级认定、公共实训、技能竞赛、师资研修、就业服务等功能，为技能人才成长提供全方位多层次服务。

专栏 2：优质技工院校建设计划

1. 以技师学院为重点，在全国遴选 300 所左右优质技工院校、500 个左右优质专业，发挥优质院校和优质专业示范引领和辐射带动作用，打造技工教育特色品牌。
2. 支持依托优质技工院校建设国家级、省市级高技能人才培训基地、公共实训基地、世界技能大赛集训基地，承办国家级、省级技能大师工作室带头人交流活动，举办区域或行业高技能人才研修交流活动。
3. 引导优质技工院校积极参与教育强国推进工程，建设高水平、专业化产教融合实训基地，中央预算内投资按规定予以支持。

（七）巩固招生规模

面向应往届初高中毕业生、企业职工等各类群体组织开展招生工作。积极推进技工院校纳入职业教育统一招生平台，多举措多渠道扩大技工院校招收高中毕业生、退役军人、脱贫家庭新成长劳动力和农村转移劳动力。组织有技能提升需求的未就业高校毕业生就读技工院校。鼓励各地发挥基层就业服务站作用，广泛利用网站、微信等各种渠道资源，做好招生宣传，进行生源摸底，抓好报名动员组织等工作。坚持线上招生和线下招生多措并举，发挥多种招生渠道优势。规范招生秩序，定期清理并对外公开招生资质。将技工院校年度招生工作纳入人力资源和社会保障事业发展计划，加大组织落实和调度工作力度。

（八）全面开展职业技能培训

组织技工院校全方位参与职业技能提升行动各类培训计划，承担培训任务，开展补贴性培训和市场化社会培训，不断扩大培训规模，提升培训质量，按规定落实培训补贴。引导技工院校普遍设立企业培训工作站，开展职业培训包示范培训和订单定岗定向培训企业职工技能提升。突出高技能实训特色，重点围绕高精尖缺职业（工种），面向企业职工和高校毕业生等就业重点群体提供高端技能培训。加强新兴产业、智能制造、现代服务业等领域职业技能培训。针对承担职业培训任务较重的技工院校，在原总量基础上及时核增所需绩效工资总量。允许技工院校将一定比例的培训收入纳入学校公用经费，教师培训工作量可按一定比例折算成全日制学生培养工作量。完善技工院校绩效工资分配激励机制，进一步落实单位内部分配自主权。

（九）实施企业新型学徒培养计划

大力开展中国特色企业新型学徒制培训，面向企业职工开放技工院校一年以上非全日制学籍注册通道。依托校企深度合作的技师学院，联合产业龙头企业、行业头部企业建设产业学院。探索推行弹性学制，通过工学交替、校企双师联合培养高级工、预备技师和技师。依托技工院校创建或与企业共建技能大师工作室、组织技师研修交流、校企联合开展科技攻关和技术革新项目等方式合作培养培训高技能人才。聚焦新产业、新技术、新职业发展方向，开展企业技师培养培训。

（十）推进职业技能等级认定工作

在技工院校全面推行职业技能评价，支持帮助学生获取职业资格证书或职业技能等级证书。支持技工院校依托合作企业为学生提供职业技能等级认定服务。经人力资源社会保障部门备案，将具备条件的技工院校培育为社会培训评价机构，面向各类就业群体提供培训评价服务，按规定颁发职业技能等级证书。支持技工院校学生通过参加各级各类职业技能竞赛，获得职业技能等级证书。

五、大力加强校企合作

（十一）支持企业等各方面力量举办技工教育

发挥市场机制作用，鼓励社会各方面力量兴办技工教育。发挥龙头企业、大型企业重要办学主体作用，积极推动企业和优质技工院校多元主体组建技工教育集团。对于确需移交的行业、企业办技工院校，各级人力资源社会保障部门要积极创造条件做好接管工作。大力支持民办技工院校发展，鼓励各类办学主体通过独资、合资、合作等多种形式举办民办技工院校。探索发展股份制、混合所有制技工院校。推动技工院校在企业设立实习实训基地、企业在技工院校建设培训基地。

（十二）持续拓展校企合作形式和内容

主动吸纳行业企业深度参与技工院校专业规划、课程设置、教材开发、教学实施，合作共建新专业、开发新课程、开展订单培养。搭建校企合作平台，促进院校人才培养与企业用人需求紧密结合。指导技工院校推进专业设置与产业需求对接，课程内容与职业标准对接，教学过程与工作过程对接。促进校企共同招生招工、共商专业规划、共议课程开发、共组师资队伍、共创培养模式、共建实习基地、共搭管理平台、共评培养质量，形成“人才共有、过程共管、成果共享、责任共担”的校企合作办学制度。

（十三）推动校企合作服务职工技能提升

鼓励引企驻校、引校进企、校企一体等方式，带动各类企业参与校企合作。鼓励技工院校与企业联合开发优质教育资源，推动发展“互联网＋教育培训”模式。鼓励技工院校与企业共同组织开展基于工作场所的学习活动，积极为企业提供知识讲座、课程资源开发、技术辅导等服务，以多种形式参与企业培训机构的建设。支持企业接收学生实习实训，引导企业按岗位总量的一定比例设立学徒岗位。鼓励技工院校的院系与企业车间、班组结对子，建立校企合作的学习团队，通过多种教育培训服务供给，为职工提供终身技能提升服务。

专栏 3：校企合作引领计划

1. 积极探索组建区域性、行业性等多类型技工教育联盟，打造 100 个左右技工教育联盟（集团）。
2. 编制技工院校校企合作指南，推广汇编典型案例和优秀经验。结合职业技能竞赛等交流活动搭建校企合作对接平台。
3. 支持集团化办学、引企入校、企业办学等多种校企合作模式，加强对参与举办技工教育的大中型企业的服务指导，支持打造产教融合型企业。
4. 把校企合作成效作为评价技工院校办学质量的重要内容，纳入技工院校评价体系，对校企合作成效显著的院校在相关项目建设方面予以倾斜和支持。

六、推进技工教育高质量协调发展

（十四）优化区域发展布局

优化区域资源配置，推动部省共建，持续深化技工教育东西部协作。引导支持产业和人口集中度较高地区建好办好技师学院，结合实际，在地级城市及经济发达县市建好技工院校。实施国家乡村振兴重点帮扶地区职业技能提升工程，聚焦国家乡村振兴重点帮扶地区，综合考虑大型特大型易地扶贫搬迁安置区技能培训需求，支持提升一批技工院校和职业培训机构，培育一批劳务技能品牌，培养一批高技能人才，办好全国乡村振兴技能大赛，更好发挥对培训的引领带动作用。健全人社领域常态化帮扶机制，加大东西部职业技能开发对口协作力度，对西藏、南疆四地州等地技工院校予以重点帮扶。

专栏 4：技工教育援助帮扶计划

1. 聚焦国家乡村振兴重点帮扶地区，综合考虑大型特大型易地扶贫搬迁安置区技能培训需求，支持生源数量较充足、具备发展技工教育条件地区，依托现有资源，新建、改（扩）建 100 个左右技工院校和职业培训机构。
2. 加强对口帮扶，统筹推动西藏建立起 1+6 技工教育体系（即西藏技师学院 +6 个地市技工院校或分校、教学点）。
3. 以南疆四地州为重点，加大技工教育对口援疆力度，在“一县一技校”基础上，持续提升办学实力，实现“一校一特色专业”。

（十五）加强专业建设、课程开发、教学教研和理论研究

加强专业建设和教学改革，完善修订技工院校专业目录并实行动态调整。支持和引导各地技工院校建设一批符合国家战略需要、与当地主导产业发展相匹配的特色专业。紧密对接产业升级和技术变革趋势，优先发展先进制造、新能源、新材料、现代农业、现代信息技术、生物技术、人工智能等产业需要的一批新兴专业，加快建设护理、康养、家政等一批人才紧缺的专业，改造升级钢铁冶金、化工医药、建筑工程、轻纺制造等一批传统专业，撤并淘汰供给过剩、就业率低、职业岗位消失的专业，鼓励学校开设更多紧缺的、符合市场需求的专业，形成紧密对接产业链、创新链的专业体系。构建以国家技能人才培养标准、公共课课程标准、大类通用专业课课程标准、专业课程规范及专业教学标准等组成的技工教育教学标准体系。加快技能人才培养标准和一体化课程规范开发。充分发挥各级教研机构作用，加强教研机构建设，加大研究工作力度，加强课程开发。做好技工教育理论研究，及时总结技工教育办学规律和人才培养模式。组织优秀教研成果展示交流活动，汇编推广技工教育优秀教研科研成果。

（十六）加强教材管理和开发

强化教材建设国家事权，贯彻党和国家教材工作总体要求和《职业院校教材管理办法》，落实《技工院校教材管理工作实施细则》。推进技能人才培养标准、专业教学标准和教材建设紧密结合，丰富教材品种和形式、提高质量。实施教材开发更新和使用推进计划，重点做好一体化教材和世赛成果转化教材开发。认真执行部颁

教学标准，完善规划教材目录，加强教材宣传和使用情况检查督导。

（十七）深化就业创业服务

加强技工院校与公共就业和人力资源服务机构、用人单位合作，共同组织开展招聘会、就业创业指导等多样化服务。按规定落实在就业、参加机关企事业单位招聘等方面与普通学校毕业生同等对待的要求。完善全国技工院校毕业证书查询系统，推动与有关部门间信息互联互认。推动技工院校毕业生按规定享受就业创业、参军入伍等相关政策，中级工班、高级工班、预备技师（技师）班毕业生按规定分别按照中专、大专、本科学历落实职称评审、事业单位公开招聘等有关政策。加强创业创新培训师资培养，推动技工院校创业创新培训。鼓励各地支持有条件的技工院校建立创业孵化基地等创业服务载体。定期举办全国技工院校学生创业创新大赛，鼓励技工院校师生积极参与中国创翼等各类创业创新大赛。

（十八）强化一体化师资队伍建设

推进技工院校教师职称制度改革，把师德师风作为评价教师队伍素质的第一标准并贯穿教师管理全过程。会同有关部门制定一体化教师标准，完善教师招聘、专业技术职务评聘和绩效考核标准。技工院校可在教职工总额中安排一定比例或者通过流动岗位等形式，用于面向社会和企业聘用高技能人才等担任兼职教师。技工院校公开招聘生产实习指导教师时，岗位所需条件可设置为专科毕业生或技工院校高级工班毕业生、大学本科毕业生或预备技师（技师）班毕业生。对优秀高技能人才，可按照国家有关规定直接通过考察的方式公开招聘到技工院校与所获技能奖项相关的岗位任教。

专栏 5：技工教育质量提升计划

1. 组建全国技工教育和职业培训教学指导委员会，开发大类通用专业课课程标准和主体专业课程规范。加大技工院校公共课课程改革创新力度，扩大通用职业素质课程实验范围。开发遴选技能人才培养标准和课程规范，推进工学一体化教学改革。

2. 推进优质教材和数字资源共建共享，加大新专业、新职业教材开发力度，规范教材编写、审核和使用管理。推动世界技能大赛标准和成果转化。开发、遴选 1500 种左右技工教育规划教材。

3. 建设全国统一的技工教育数字资源服务平台，加快技工教育网建设与发展，促进共建共享。遴选 100 所左右技工教育数字化资源建设与应用优秀院校。

4. 实施一体化师资专项培训计划，扩大技工院校网络师资研修覆盖范围，分级打造师德高尚、技艺精湛、育人水平高超的教学名师、专业带头人、青年骨干教师等高层次人才队伍。遴选 50 个左右一体化师资研修基地，构建技工院校师资研修平台。定期举办全国技工院校教师职业能力大赛。

（十九）规范各项基础管理工作

修订技工院校学生学籍管理办法，实行全日制和非全日制学籍分类注册管理的制度并加强监督管理。调整改版技工院校毕业证书，将中级工班、高级工班、预备技师（技师）班等信息在毕业证书上予以明确体现，为毕业生各项政策待遇落实提供支持。鼓励有条件的地区探索弹性学制、学分制管理，支持学生积极参加社会实践、创业创新、竞赛活动。健全学校招生管理、教学管理、实习管理等内部管理制度。建立完善技工院校学生资助管理工作体系，健全学生资助管理机构，提高规范化管理水平。加强学生心理素质教育，积极推进校园文化建设和网络安全管理。加强安全教育宣传，完善联防联控和安全应急管理机制。完善学生实习管理制度，进一步规范学生实习管理工作。积极探索实习生参加工伤保险办法，加快发展学生实习实训责任保险和人身意外伤害保险，严禁向学生违规收取实习实训费用，加强学生实习权益保障。

七、保障措施

（二十）加强组织领导

各级人力资源社会保障部门要认真贯彻落实党中央、国务院部署要求，高度重视本规划的组织实施。要依据本规划，结合实际条件，细化具体任务目标和推进措施，有序推进规划落实。充分依托人才工作领导小组、就业工作领导小组、职业教育联席会议等工作领导机制，协调加大技工教育整体领导支持力度，确保完成本地区规划任务。

（二十一）密切协调合作

各地要从产业发展、经济社会建设的总体要求出发，将技工教育发展纳入本地区“十四五”经济社会发展的总体规划，统一筹划，合理布局，协调实施。要加强与发改、财政、教育等部门及行业企业的协调配合，整合各类相关社会资源，调动各方面积极性，形成社会合力，共同推进技工教育改革发展。

（二十二）优化发展环境

认真贯彻《中华人民共和国职业教育法》，切实落实《关于提高技术工人待遇的意见》，畅通高技能人才与专业技术人才职业发展通道。强化工资收入分配的技能价值激励导向。挖掘宣传基层和一线技能人才成长成才，通过辛勤劳动过上幸福美好生活的典型事迹，深入开展世界青年技能日、职业教育活动周、“技能中国行”等主题宣传，弘扬劳动光荣、技能宝贵、创造伟大的时代风尚和精益求精的敬业风气。

（二十三）落实监督指导

各级人力资源社会保障部门要强化主体责任，层层压实责任，完善规划实施情况监测、评估和绩效考核机制，实行动态跟踪指导，定期组织检查评估。定期总结规划实施工作，推广先进经验，认真研究规划实施过程中出现的情况和问题，调整完善政策措施，抓好任务落实。

人力资源社会保障部关于印发“技能中国行动”实施方案的通知（节选）

人社部发〔2021〕48号

各省、自治区、直辖市及新疆生产建设兵团人力资源社会保障厅（局）：

为贯彻落实习近平总书记对技能人才工作的重要指示精神，我部决定在“十四五”期间组织实施“技能中国行动”。现将《“技能中国行动”实施方案》印发各地，请结合实际贯彻执行。

人力资源社会保障部

2021年6月30日

“技能中国行动”实施方案

技能是强国之基、立业之本。技能人才是支撑中国制造、中国创造的重要力量。为贯彻落实习近平总书记对技能人才工作的重要指示精神，在“十四五”期间，人力资源社会保障部将组织实施“技能中国行动”，特制定本实施方案。

四、主要任务

（三）实施“技能强企”行动

9. 推行中国特色企业新型学徒制。全面推行“招工即招生、入企即入校、企校双师联合培养”为主要内容的中国特色企业新型学徒制。发挥企业主体作用，推行培养和评价“双结合”、企业实训基地和院校培训基地“双基地”、企业导师和院校导师“双导师”的联合培养模式。通过校企合作、工学交替等方式，组织企业技能岗位新招用和转岗人员参加学徒制培训，助推企业技能人才培养，发展壮大产业工人队伍。

10. 建立健全产教融合、校企合作机制。推动企校在产业链、创新链、人才链上深度融合，共同推动区域经济社会高质量发展。契合企校需求，整合企校资源，建立企校资源集群，构建企校发展联通、需求互通、资源融通的双赢合作格局。支持企校开展数字技能、绿色技能等领域技能人才联合培养。

人力资源社会保障部　财政部　国务院国资委　中华全国总工会　全国工商联关于印发《关于全面推行中国特色企业新型学徒制　加强技能人才培养的指导意见》的通知（节选）

人社部发〔2021〕39号

各省、自治区、直辖市及新疆生产建设兵团人力资源社会保障厅（局）、财政厅（局）、国资委、总工会、工商联：

现将《关于全面推行中国特色企业新型学徒制　加强技能人才培养的指导意见》印发给你们，请结合本地工作实际，认真贯彻执行。

人力资源社会保障部

财政部

国务院国资委

中华全国总工会

全国工商联

2021年6月8日

关于全面推行中国特色企业新型学徒制　加强技能人才培养的指导意见

为贯彻落实党的十九届五中全会精神，加强新时代技能人才培养，现就全面推行中国特色企业新型学徒制提出以下指导意见。

一、指导思想

以习近平新时代中国特色社会主义思想为指导，全面贯彻党的十九大和十九届二中、三中、四中、五中全会精神，深入贯彻落实《新时期产业工人队伍建设改革方案》，以高质量发展为引领，以深化企业改革、加大技能人才培养为宗旨，以满足培育壮大发展新动能、促进产业转型升级和提高企业竞争力为根本，以产教融合、校企合作为重要手段，持续实施职业技能提升行动，面向企业全面推行新型学徒制培训，创新中国特色技能人才培养模式，进一步扩大技能人才培养规模，为实现高质量发展提供有力的人才和技能支撑。

六、保障措施

（二）协调推动实施。企业按属地管理原则纳入当地工作范畴，享受当地政策。各级人力资源社会保障部门要建立与企业的联系制度，做好工作指导。要主动对接属地中央企业，做好资金、政策的落实以及服务保障工作。要加大工作力度，加强工作力量，做好对各类企业特别是中小微企业新型学徒培训的管理服务工作。各企业要加强组织实施，建立人事（劳资）部门牵头，生产、安全、财务、工会等有关部门密切配合、协同推进的工作机制，制定工作方案，认真规划、扎实组织、全面推动。各技工院校要积极参加企业新型学徒培养工作，并将其作为校企合作的重要内容。

人力资源社会保障部　国家发展改革委 财政部关于深化技工院校改革大力发展 技工教育的意见

人社部发〔2021〕30号

各省、自治区、直辖市及新疆生产建设兵团人力资源社会保障厅（局）、发展改革委、财政厅（局）：

为深入贯彻习近平总书记大力发展技工教育重要指示精神，落实党中央、国务院决策部署要求，深化技工院校改革，促进技工教育实现高质量发展，进一步加强创新型、应用型、技能型人才培养，提出如下意见：

一、总体要求

（一）指导思想。以习近平新时代中国特色社会主义思想为指导，全面贯彻党的十九大和十九届二中、三中、四中、五中全会精神，认真落实党中央、国务院决策部署，以促进就业创业、服务企业行业、服务经济高质量发展为目标，深化技工院校改革，落实立德树人根本任务，坚持专业化、规模化培养高技能人才，坚持德技并修、多元办学、校企融合、提质培优，实现创新发展，培养德智体美劳全面发展的社会主义建设者和接班人，为全面建设社会主义现代化国家提供高素质技能人才支撑。

（二）目标任务。健全完善现代技工教育体系，服务制造业和实体经济发展，扩大高技能人才培养规模，提高人才培养质量，将技工院校发展成为开展学制教育和职业培训服务技能人才成长的重要平台、中国特色现代职业教育体系的重要组成、构建技能型社会建设的重要载体，推动形成体系完善、布局合理、特色突出、成效显著的良好局面。“十四五”期间，全国技工院校在校生规模保持在360万人以上，毕业生就业率97%以上，累计培养培训高技能人才达到200万人以上、开展职业技能培训2000万人次以上。

二、全面落实立德树人根本任务

（三）加强党的全面领导。以习近平新时代中国特色社会主义思想特别是习近平总书记关于职业教育的重要论述武装头脑、指导实践、推动工作。加强技工院校党组织建设，促进学校各级党组织组织力全面提升。充分发挥党组织在技工院校的领导核心和政治核心作用，牢牢把握学校意识形态工作领导权，将党建工作与学校事业发展同部署、同落实、同考评。依靠工会、共青团、妇联、关工委、社区以及相关社会团体，并同所在地的党政机关、企事业单位、部队等建立固定联系，协同推进加强学校党建工作，以高质量党建引领学校发展。

（四）坚持思想政治教育铸魂育人。坚持为党育人为国育才，把立德树人作为检验学校一切工作的根本标准。深入推进习近平新时代中国特色社会主义思想进教材进课堂进学生头脑，把社会主义核心价值观融入人才培养全过程。贯彻党和国家教材工作总体要求，全面落实思想政治、语文、历史三科统编教材使用。将思政课作为立德树人关键课程，同时加强其他课程思想政治建设，实现思想政治教育、知识传授、技能培养融合统一。加强技工院校思想政治理论课师资队伍建设，开齐开足开好思想政治理论课，引导学生树立正确的世界观、人生观、价值观。深入推进法治、国家安全、生态文明和国防教育。遴选30个左右技工教育思想政治理论课师资研修基地。

（五）促进学生综合素质全面提升。坚持培育弘扬劳模精神、劳动精神和工匠精神。把劳动教育纳入技工院校人才培养方案，与德育、智育、体育、美育相融合，贯穿技能人才培养全过程。开设劳动教育公共课必修课程。以实习实训课为主要载体开展劳动教育，其中劳模精神、劳动精神、工匠精神专题教育不少于每学年16学时。将劳动素养纳入学生综合素质评价体系，把劳动素养评价结果作为评优评先的重要参考。严格落实体育、美育课程开设要求，按照国家课程方案和课程标准开齐开足上好体育、美育课。规范发展心理健康教育服务。加强与企业合作交流，共建共享劳动教育实践基地。

三、切实提高高技能人才培养能力

（六）完善技工院校高技能人才培养体系。加强规划引导，推动形成技师学院、高级技工学校、技工学校梯次发展、有序衔接、布局合理的技工教育体系。技师学院是优化技工教育结构和培育大国工匠、能工巧匠的重要载体，重点培养技师、预备技师、高级工等高技能人才。高级技工学校主要承担高级工、中级工培养任务，技工学校主要承担中级工培养任务。落实技工院校实施学制教育和职业培训并举的法定职责，组织开展第二轮职业训练院建设试点，拓展评价鉴定、公共实训、技能竞赛、师资研修、就业服务等功能，为技能人才成长提供全方位多层次服务。

（七）推进职业技能提升行动。组织技工院校全方位参与职业技能提升行动各类培训计划，扩大培训规模，并按规定享受培训补贴。引导技工院校普遍设立企业培训工作站，开展职业培训包示范培训和订单定岗定向培训。针对承担职业培训任务较重的技工院校，在原总量基础上及时核增所需绩效工资总量。允许技工院校将一定比例的培训收入纳入学校公用经费，教师培训工作量可按一定比例折算成全日制学生培养工作量。完善技工院校绩效工资分配激励机制，进一步落实单位内部分配自主权。

（八）畅通技工院校毕业生获取职业技能等级证书渠道。在技工院校全面推行职业技能等级认定，鼓励学生积极获取相关职业资格证书或职业技能等级证书。支持技工院校依托合作企业为学生提供职业技能等级认定服务。设有职业技能鉴定所（站）的技工院校，经人力资源社会保障部门备案后组织开展职业技能等级认定，按规定颁发职业技能等级证书。鼓励技工院校学生通过参加各级各类职业技能竞赛，获得相关职业技能等级证书。加大将技工院校培育为社会培训评价机构力度，面向各类就业群体提供培训评价服务。调整改版技工院校毕业证书，将中级工班、高级工班、预备技师（技师）班等信息在毕业证书上予以明确体现。

（九）巩固扩大招生规模。面向应往届初高中毕业生、企业在岗职工等各类群体组织开展招生工作。积极推进技工院校纳入职业教育统一招生平台，多举措多渠道扩大技师学院招收高中毕业生、退役军人和脱贫家庭新成长劳动力比例，支持有技能提升需求的离校未就业高校毕业生就读。充分发挥基层劳动保障平台和公共就业服务机构作用，做好招生宣传，进行生源摸底，抓好报名动员组织等工作。坚持线上招生和线下招生多措并举，发挥多种招生渠道优势。规范招生秩序，定期清理公开招生资质。将技工院校年度招生任务作为量化指标纳入人力资源和社会保障事业发展计划，加大组织落实和调度工作力度。

四、大力加强校企合作

（十）实施企业新型学徒培养计划。大力开展中国特色企业新型学徒制培训，面向企业职工开放技工院校一年以上非全日制学籍注册通道。依托工学一体化课程教学工作扎实、校企深度融合的技师学院，探索推行弹性学制，通过工学交替、校企双师联合培养预备技师和技师。依托技工院校创建或与企业共建技能大师工作室，组织技师研修，联合开展科技攻关和技术革新项目等方式合作培养培训高技能人才。聚焦新产业、新职业发展方向，大力开展技师研修交流，开展企业技师培养培训。

（十一）支持企业等各方面力量举办技工教育。发挥市场机制作用，鼓励社会各方面力量兴办技工教育。发挥大型企业重要办学主体作用，积极推动大型企业和优质技工院校多元主体组建技工教育集团。对于确需移交的行业、企业办技工院校，各级人力资源社会保障部门要积极创造条件做好接管工作。大力支持民办技工院校发展，鼓励各类办学主体通过独资、合资、合作等多种形式举办民办技工院校。探索发展股份制、混合所有制技工院校。加强对参与举办技工教育的大中型企业的服务指导，支持打造产教融合型企业。引导优质技工院校积极参与教育强国推进工程，建设高水平、专业化产教融合实训基地，中央预算内投资按规定予以支持。

（十二）组建多层次校企合作联盟网络。搭建校企合作平台，促进院校人才培养与企业用人需求紧密结合，推进专业设置与产业需求对接，课程内容与职业标准对接，教学过程与工作过程对接，形成“人才共有、过程共管、成果共享、责任共担”的校企合作办学制度，形成技工院校与企业深度融合的工作网络体系。支持集团化办学、引企入校、企业办学等多种校企合作模式，将校企合作开展情况纳入技工院校评价体系，对校企合作成效显著的院校在招生计划安排、学籍管理等方面予以倾斜和支持。积极探索组建区域性、行业性等多类型技工教育联盟，打造 100 个左右技工教育联盟（集团）。

（十三）推动校企合作服务职工技能提升。鼓励引企驻校、引校进企、校企一体等方式，带动各类企业参与校企合作。鼓励技工院校与企业联合开发优质技工教育资源，大力发展“互联网＋教育培训”模式。鼓励技工院校与企业共同组织开展基于工作场所的学习活动，积极为企业提供知识讲座、课程资源开发、技术辅导等服务，以多种形式参与企业培训机构的建设。鼓励技工院校的院系与企业车间、班组结对子，建立校企合作的学习团队，通过多种教育培训服务供给，为职工提供终身技能发展服务。

五、推进技工教育高质量协调发展

（十四）实施优质技工院校建设计划。以技师学院为重点，在全国遴选 300 所左右优质技工院校、500 个左右优质专业。支持依托优质技工院校建设国家级、省市级高技能人才培训基地、公共实训基地、世界技能大赛集训基地，承办国家级、省级技能大师工作室负责人交流活动，举办区域内或行业内高技能人才研修交流活动。加强国际交流，构建技工院校师生海外培训交流的渠道。坚持“引进来”与“走出去”并重，扩大与“一带一路”沿线国家的技工教育合作。

（十五）优化区域发展布局。引导支持产业和人口集中度较高地区建好办好技师学院，结合实际，在地级城市及经济发达县市建好技工院校。实施国家乡村振兴重点帮扶地区职业技能提升工程，聚焦国家乡村振兴重点帮扶地区，综合考虑大型特大型易地扶贫搬迁安置区技能培训需求，支持提升一批技工院校和职业培训机构，培育一批劳务技能品牌，培养一批高技能人才，办好全国乡村振兴技能大赛，更好发挥引领带动作用，组织有提升技能意愿的劳动力接受技工教育和职业培训。健全人社领域常态化帮扶机制，加大东西部职业技能开发对口协作力度，对西藏、南疆四地州等地技工院校予以重点帮扶。

（十六）实施技工教育强基工程。加强专业建设和教学改革，完善技工院校专业目录并实行动态调整机制，原则上每 5 年修订 1 次并根据情况进行灵活增补。支持和引导各地技工院校建设一批符合国家战略需要、与当地主导产业发展相匹配的特色专业。构建以国家技能人才培养标准、公共课课程标准、大类通用专业课课程标准、专业课程规范等组成的技工教育教学标准体系。加强对全国技工院校大类专业建设的指导，开发大类通用专业课课程标准和主体专业课程规范。加大技工院校公共课课程改革创新力度，扩大通用职业素质课程实验范围。开发遴选技能人才培养标准和课程规范，持续推进工学一体化教学改革。充分发挥各级教研机构作用，加强教研机构建设，加大研究工作力度，组织优秀教研成果展示交流活动，汇编推广技工教育优秀教研科研成果。

（十七）推进优质教材和数字资源共建共享行动。推进技能人才培养标准、专业教学标准和教材建设紧密结合，丰富教材品种和形式、提高质量。加大新专业、新职业教材开发力度，规范教材编写、审核和使用管理。推动世界技能大赛标准和成果转化。开发、遴选 1500 种左右技工教育规划教材。认真执行部颁教学标准，加强教材使用情况检查督导。建设全国统一的技工教育数字资源服务平台，加快技工教育网建设与发展，促进共建共享。遴选 100 所左右技工教育数字化资源建设与应用优秀院校。

（十八）加强就业创业服务。加强技工院校与公共就业和人力资源服务机构、用人单位合作，共同组织开展招聘会、就业创业指导等多样化服务。完善全国技工院校毕业证书查询系统，推动与有关部门间信息互联互认。技工院校毕业生按规定享受就业创业相关政策，中级工班、高级工班、预备技师（技师）班毕业生分别按照中专、大专、本科学历落实职称评审、参军入伍等相关政策。推进“互联网＋就业”工作模式，开展个性化辅导和咨询。加强创新培训师资培养，推动技工院校创业创新培训。支持有条件的技工院校建立创业孵化基地等创业服务载体。定期举办学生创业创新大赛。

（十九）实施教师师德师风和职业能力提升专项计划。推进技工院校教师职称制度改革，把师德师风作为评价教师队伍素质的第一标准并贯穿教师管理全过程。实施一体化师资专项培训计划，扩大技工院校网络师资研修覆盖范围，分级打造师德高尚、技艺精湛、育人水平高超的教学名师、专业带头人、青年骨干教师等高层次人才队伍。遴选50个左右一体化师资研修基地，构建技工院校师资研修平台。定期举办教师职业能力大赛。技工院校可在教职工总额中安排一定比例或者通过流动岗位等形式，用于面向社会和企业聘用高技能人才等担任兼职教师。技工院校公开招聘生产实习指导教师时，岗位所需条件可设置为专科毕业生或技工院校高级工班毕业生、大学本科毕业生或预备技师（技师）班毕业生。对优秀高技能人才，可按照国家有关规定直接通过考察的方式公开招聘到技工院校与所获技能奖项相关的岗位任教。

（二十）加强学校各项规范管理工作。修订技工院校设置标准，完善晋级和退出机制。修订技工院校学生学籍管理办法，实行全日制和非全日制学籍分类注册管理的制度并加强监督管理。研究制定弹性学制、学分积累转换等政策，健全学校招生管理、教学管理、实习管理等内部管理制度。加强学生心理素质教育，积极推进校园文化建设和网络安全管理。加强安全教育宣传，完善联防联控和安全应急管理机制。建立完善技工院校学生资助管理工作体系，健全学生资助管理机构，提高规范化管理水平。

六、做好组织实施工作

（二十一）加强组织领导。各级人力资源社会保障部门要认真贯彻落实党中央、国务院关于大力发展技工教育、办好技工院校的部署要求，主动向各级党委、政府汇报技工教育在加强人才队伍建设、推动区域经济发展、促进就业创业等方面发挥的重要作用。要充分依托人才工作领导小组、就业工作联席会议、职业教育联席会议等工作领导机制，协调加大技工教育整体支持力度。要根据本意见要求，结合当地实际，推动工作落实。

（二十二）拓宽筹资渠道。按规定发挥好地方有关教育经费、企业职工教育培训经费等各类资金的作用，支持技工教育发展。中央财政现代职业教育质量提升计划资金可按规定用于支持技工院校。各地可结合实际，通过购买服务等方式支持民办技工院校，编印推广技工教育优惠政策明白清单，推动相关政策落实。持续开展劳动出版“技能雏鹰”奖助学金评选工作，鼓励各类社会组织、企业、公益性社会团体通过捐赠、设立奖助学金等方式，支持技工院校发展。

（二十三）开展督导评估。以学习者的职业道德、技能水平和就业质量，以及校企合作水平等为核心，建立技工教育质量评价体系，强化风险防控，加强办学质量督导评估。完善政府、行业、企业、技工院校等共同参与的质量评价机制，积极支持第三方机构开展评估，将考核结果作为政策支持的重要依据。定期发布技工教育年度质量报告并向社会公开。

（二十四）营造良好氛围。贯彻落实职业教育法和提高技术工人待遇意见等法律政策，畅通高技能人才与专业技术人才职业发展通道，强化工资分配的技能价值激励导向。加强技工教育重大政策的宣传解读，深入开展世界青年技能日、职业教育活动周、“技能中国行”等主题宣传，打造尊重劳动、崇尚技能的社会风气，努力营造全社会支持技工教育发展的良好氛围。

人力资源社会保障部

国家发展改革委

财政部

2021 年 8 月 12 日

人力资源社会保障部　民政部　财政部　商务部　全国妇联关于实施康养职业技能培训计划的通知（节选）

人社部发〔2020〕73号

各省、自治区、直辖市及新疆生产建设兵团人力资源社会保障厅（局）、民政厅（局）、财政厅（局）、商务厅（局）、妇联：

健康照护、养老护理、家政服务、婴幼儿照护等康养服务从业人员职业素质和工作质量，直接关系人民群众日常生活和切身利益。为贯彻落实党中央、国务院有关要求，推进职业技能提升行动，促进康养服务技能人才培养和劳动者就业创业，人力资源社会保障部、民政部、财政部、商务部、全国妇联决定组织实施“康养职业技能培训计划”。现将有关事项通知如下：

二、健全康养服务人员培训体系

（五）健全康养服务培训标准体系。按照健康照护师、养老护理员、家政服务员、育婴员、保育员、孤残儿童护理员等国家职业技能标准、培训大纲和最新行业企业考核评价规范开展培训。针对不同培训对象的文化程度和就业经历，开发全面系统、简便可行的培训课程。对基础性、易操作的知识和技能，组织开发通用速成教材，帮助入职者尽快掌握职业技能要求。有关院校和培训机构要优化课程设置，构建多层次、模块化、高质量的技能课程体系。院校和培训机构要加强校企合作，推行“职业培训包”和“工学一体化”培训模式，增强培训实效。

人力资源社会保障部关于加强技工院校劳动教育的实施意见（节选）

人社部发〔2020〕27号

各省、自治区、直辖市及新疆生产建设兵团人力资源社会保障厅（局）：

为贯彻落实《中共中央　国务院关于全面加强新时代大中小学劳动教育的意见》精神，构建德智体美劳全面培养的技工教育体系，现就加强技工院校劳动教育提出以下实施意见。

二、构建技工院校劳动教育体系

（四）依托校企合作实习实训开展劳动教育。技工院校要充分发挥校企合作办学特色，以实习实训课为主要载体开展劳动教育，其中劳动精神、劳模精神、工匠精神专题教育不少于每学年16学时。深入推进校企双制、工学一体办学模式，积极开展企业新型学徒制培训，大力推广一体化课程教学改革，在实训教学中融入劳动教育内容。遵循学生成长规律和职业能力形成规律，统筹安排形式多样的实习工作，强化校企协同育人。加强与实习单位的协作，在学生实习过程中加强新知识、新技术、新工艺、新方法的使用，提高解决实际问题能力，积累职业经验。

人力资源社会保障部关于做好技工院校招生工作的指导意见（节选）

人社部发〔2019〕76号

各省、自治区、直辖市及新疆生产建设兵团人力资源社会保障厅（局）：

为进一步加强技能人才培养工作，大力发展技工教育，现就做好技工院校招生工作提出如下意见。

一、总体要求

（一）指导思想

坚持以习近平新时代中国特色社会主义思想为指导，全面贯彻落实《国家职业教育改革实施方案》（国发〔2019〕4号）和《职业技能提升行动方案（2019—2021年）》（国办发〔2019〕24号），把发展技工教育作为缓解技能人才短缺和促进就业创业的重要举措，鼓励广大青年、各类劳动者及未就业人员就读技工院校、参加职业技能培训，着力培养高素质技能人才，为全面建成小康社会提供有力支撑。

（二）目标任务

要保持技工院校招生规模总体稳定。稳定全日制招生，扩大非全日制招生，通过拓展招生范围、降低招生门槛、采用弹性学制等方式，确保全国技工院校每年学制教育招生人数稳定在120万人以上，2019年全国技师学院力争扩招20万人，非全日制招生实现普遍增长。加强职业培训招生，鼓励技工院校积极参与职业技能提升行动，承担更多的职业技能培训任务，稳步扩大职业技能培训规模，提高培养质量，健全培养体系。技师学院主要承担高级工、预备技师（技师）培养任务，高级技工学校主要承担中级工、高级工培养任务，普通技工学校主要承担初级工、中级工培养任务。

二、扩大招生规模

（一）统筹招生工作，层层落实责任

各地要按照2019年人力资源社会保障事业发展规划要求，落实各省份技工院校招生计划，并做好任务分解工作。指导技工院校全力做好全日制、非全日制和职业培训等不同类型招生工作，科学制定招生方案，集中做好秋季招生和春季招生，鼓励开展提前招生工作。充分发挥技师学院招生主力军作用，提升技能人才培养层次，稳步提高高级工班和预备技师（技师）班招生比例。充分调动企业办、民办技工院校的积极性和主动性，按规定落实各项支持政策，积极扩大技工院校招生。经备案认可的技工院校可结合教学和职业技能培训，面向学生（学员）开展职业技能等级认定，支持学生（学员）取得相应职业技能等级证书。

（二）扩大招生对象，创新培养方式

各地要在本地区应届初高中毕业生的基础上，鼓励技工院校进一步扩大招生范围，积极面向往届初高中毕业生、贫困家庭子女及劳动力、高校毕业生、农民工、新型职业农民、企业在岗职工、待岗职工、退役军人、失业人员、灵活就业人员等各类群体广泛开展招生工作。放宽招生年龄限制，允许所有有提升技能意愿的人员就读技工院校，实现应招尽招。破除报考障碍，尽量简化报考材料和报考程序，减少现场核验环节。要区分全日制、非全日制招生和职业培训等不同培养方式，分类编制技能人才培养方案。鼓励技工院校针对不同群体开设教学点或单独编班，通过选修式模块化教学、开发远程网络教学系统等方式，进行学分制和弹性学制的探索实践。

（三）采取多种招生方式，拓展招生渠道

各地要指导技工院校加强区域合作，鼓励优质技工教育教学资源通过联合办学等方式支持欠发达技工学校，提升整体办学水平。技工院校经当地人力资源社会保障部门审批或备案同意可以设立分校、教学点以及与其他院校开展校校合作办学。要指导技工院校采用订单培养、委托培养等方式，做好订单班、定向班招生工作，要将受外贸影响较大的企业作为联合培养人才的重点，加强校企合作。要鼓励技工院校面向不同招生群体采取社会招生、扶贫招生等多种招生方式。

人力资源社会保障部　国务院国资委关于深入推进技工院校与国有企业开展校企合作的若干意见

人社部发〔2018〕62号

各省、自治区、直辖市及新疆生产建设兵团人力资源社会保障厅（局）、国有资产监督管理部门，各中央企业：

技工教育是国民教育体系和人力资源开发的重要组成部分，承担着为经济社会发展培养高素质技能人才的重要任务。近年来，技工院校已经成为综合性的技工教育培训基地、高技能人才培养的重要阵地、与企业联系紧密的办学实体，形成了鲜明的办学特色和独特的技能人才培养优势。为深入贯彻落实党的十九大精神和《新时期产业工人队伍建设改革方案》、《国务院办公厅关于深化产教融合的若干意见》（国办发〔2017〕95号）等文件要求，进一步深化产教融合、校企合作，切实提高技工院校人才培养质量，加强国有企业技能人才队伍建设，现就深入推进技工院校与国有企业开展校企合作提出以下意见。

一、总体要求

（一）指导思想

全面贯彻党的十九大精神，以习近平新时代中国特色社会主义思想为指导，紧紧围绕统筹推进“五位一体”总体布局和“四个全面”战略布局，实施就业优先战略和人才强国战略，根据经济转型升级、产业结构优化需要和劳动者就业创业需求，大力发展校企双制、工学一体的技工教育，充分发挥国有企业重要主体作用，促进人才培养供给侧和产业需求侧全方位对接，为增强企业核心竞争力，建设知识型、技能型、创新型劳动者大军提供有力支撑。

（二）基本原则

统筹协调，共同推进。将校企合作作为技工院校基本办学制度，作为国有企业人力资源开发的重要途径，进一步完善校企合作制度，创新校企合作内容，形成人社部门、国有资产监督管理部门、国有企业、技工院校共同推进的工作格局。

服务需求，优化结构。针对国有企业发展需求，优化技工院校结构，壮大优质技工教育资源，鼓励企业直接举办或参与举办同企业主业发展密切相关、产教融合的技工院校。结合推进国有企业改革，支持有条件的国有企业继续办好做强技工院校。

校企双制，工学一体。充分调动校企双方的积极性、主动性和创造性，构建共同招生招工、校企双制培养的长效合作机制。完善技工院校专业设置，深化一体化课程教学改革，提升人才培养质量，增加高技能人才供给，提高技工院校人才培养能力。

（三）主要任务

鼓励国有企业（含国有上市企业，下同）参与同企业主业发展密切相关、产教融合的技工院校办学，深化校企合作制度，全面推行校企协同育人。推动形成办学规模适合市场需求，专业结构适应产业发展，校企融合贯穿办学过程，教学改革实现工学结合，实习实训与工作岗位紧密衔接，技能人才培养层次规模与经济社会发展更加匹配，社会服务功能更加健全的现代技工教育体系。持续完善国有企业技能人才培养培训制度，加快建设数量充足、素质优良、结构合理的企业技能人才队伍，形成初级、中级、高级技能劳动者队伍梯次发展和比例结构基本合理的格局，使技能人才规模、结构、素质更好地满足产业结构优化升级和国有企业发展需求。

二、深入推进校企合作办学

（四）完善校企合作办学制度。各级人社部门要发挥联系企业的职能优势，搭建校企合作平台，促进院校人才培养与企业用人需求紧密结合。指导技工院校推进专业设置与产业需求对接，课程内容与职业标准对接，教学过程与工作过程对接。促进校企共同招生招工、共商专业规划、共议课程开发、共组师资队伍、共创培养模式、共建实习基地、共搭管理平台、共评培养质量，形成“人才共有、过程共管、成果共享、责任共担”的校企合作办学制度，实现企业得人才、职工学生得技能、技工院校得发展的多赢目标。

（五）强化技工院校与国有企业合作关系。要建立人社部门、国有资产监督管理部门、国有企业、技工院校合作机制，形成校企利益共同体。鼓励校企双方以组建技工教育集团、校企股份制合作、自主经营生产、租赁承包、企中办校、校中办企等多种方式开展合作。鼓励国有企业直接举办或通过参股、入股等多种方式参与举办同企业主业发展密切相关、产教融合的技工院校。鼓励技工院校通过与国有企业合作开设订单、定向、冠名班等方式扩大招生规模。指导技工院校全面推广一体化课程教学改革，切实提高学生适应企业岗位工作要求的能力。鼓励技工院校和国有企业开展跨区域校企合作，带动贫困地区、民族地区和革命老区技工教育的发展。

（六）加强技工院校与国有企业人才的双向流动。要认真执行《职业学校教师企业实践规定》（教师〔2016〕3 号），制定本地区技工院校教师企业实践工作管理办法，出台鼓励支持政策，多措并举推动技工院校教师到国有企业实践工作。鼓励技工院校教师同时成为企业培训师，探索建立技工院校教师和企业培训师资源共建共享机制。技工院校应将参与校企合作作为教师业绩考核的内容，具有相关企业或生产经营管理一线工作经历的专业教师在评聘和晋升职务（职称）、评优表彰等方面，同等条件下优先对待。技工院校可在教职工总额中安排一定比例或者通过流动岗位等形式，用于面向社会和企业聘用经营管理人员、专业技术人员、高技能人才等担任兼职教师。开展校企合作企业中的经营管理人员、专业技术人员、高技能人才，具备技工院校相应岗位任职条件，经过技工院校认定和聘任，可担任专兼职教师，并享受相关待遇。经所在学校或企业同意，技工院校教师和管理人员、企业经营管理人员和技术人员根据合作协议，分别到企业、技工院校兼职的，可根据有关规定和双方约定确定薪酬。

三、推动国有企业办技工院校改革

（七）切实做好国有企业办技工院校改革工作。继续发挥国有企业重要办学主体作用，对与企业主业发展密切相关、产教融合且确需保留的企业办技工院校，可由国有企业集团公司或国有资本投资运营公司进行资源优化整合，积极探索集中运营、专业化管理。支持运营能力强、管理水平高的国有企业跨集团进行资源整合。鼓励国有企业多元主体组建技工教育集团，优质技工院校可通过兼并、托管、合作办学等形式，整合办学资源。探索多种方式，引入实力强、信誉高、专业化的社会资本参与国有企业办技工院校重组改制。经协商一致，对地方政府同意接收的国有企业办技工院校在移交地方管理时，各级人力资源社会保障部门要按照《关于国有企业办教育医疗机构深化改革的指导意见》（国资发改革〔2017〕134 号）规定主动接管。对运营困难、缺乏竞争优势的国有企业办技工院校，可以关闭撤销，及时办理注销手续并做好学生转学等后续工作。

（八）营造国有企业参与技工教育良好政策环境。国有企业要根据经费来源、企业发展需要和承受能力，合理确定企业办技工教育方式。继续举办技工院校的国有企业，应充分发挥办学主体责任，依法筹措办学经费，参照当地生均拨款制度逐步建立健全长效投入机制，保障学校教育教学活动正常开展，现有公共财政经费继续按原有渠道落实。进一步落实和完善支持国有企业办技工院校的政策措施。各级人民政府可以采取财政补贴、以奖代补、购买服务等方式给予适当支持，促进国有企业办技工院校，为企业和社会培养合格人才，具体办法由各省级人社部门会同相关部门研究制定，所需资金由各省统筹解决。移交地方管理的国有企业办技工院校，由各地按照现行有关投入机制等政策规定筹集办学经费。探索国有企业支持技工院校发展的多种方式，国有企业可通过订单班、冠名班、定向委培、学徒制培养、职工教育培训基地、捐赠等多种方式，积极支持技工教育。

（九）持续完善国有企业办技工院校管理制度。保留的企业办技工院校要依法注册登记，取得法人资格，按照相应的财务制度实行独立核算。国有企业集团公司要完善所办技工院校考核机制，重点考核成本控制、营运效率、毕业生就业率和社会认可度等，建立相应的经营业绩考核和薪酬分配制度。

四、大力加强技工院校服务企业能力

（十）着力提升技工院校服务企业技能人才培养培训能力。鼓励和支持技工院校通过设立弹性学制等形式，满足企业职工通过技工教育或职业培训获得技能提升和职业发展的需求。鼓励和支持技工院校面向技能人才开展理论进修、知识更新和职业技能提升服务，开设技师研修班，开展技能大师交流研讨，积极参与技能人才评价和职业技能竞赛等活动。指导校企双方积极参与以“招工即招生、入企即入校、企校双师共同培养”为主要内容的企业新型学徒制实施工作，鼓励企业与技工院校共同合作积极开展学徒培训，大规模开展企业职工技能培训。引导技工院校面向企业发展急需紧缺职业（工种），大力开展高技能人才培训，增加高技能人才供给。

（十一）推动校企培训资源共享，积极开展生产性实习实训。鼓励引企驻校、引校进企、校企一体等方式，吸引优势国有企业与学校共建共享生产性实训基地、高技能人才培训基地、技能大师工作室、技能竞赛集训基地等。支持各地依托技工院校建设行业或区域性实训基地，带动各类企业参与校企合作。贯彻落实《职业学校学生实习管理规定》（教职成〔2016〕3号），健全学生到企业实习实训制度。通过探索购买服务、落实税收政策等方式，鼓励国有企业直接接收学生实习实训。推进实习实训规范化，保障学生享有获得合理报酬的合法权益。

（十二）创新教育培训服务供给，积极参与学习型企业建设。鼓励技工院校、国有企业联合开发优质技工教育资源，大力发展“互联网＋教育培训”模式。探索构建基于互联网虚拟大学或虚拟学习社区。支持有条件的社会组织整合校企资源，开发立体化、可选择的产业技术课程和职业培训包。鼓励技工院校与国有企业共同组织开展基于工作场所的学习活动，积极为企业提供知识讲座、课程资源开发、技术辅导等服务，以多种形式参与企业大学等国有企业培训机构的建设。鼓励技工院校的院系与企业车间、班组结对子，建立校企合作的学习团队，通过多种教育培训服务供给，为职工提供终身技能发展服务。

五、切实做好组织实施工作

（十三）加强组织领导。各级人力资源社会保障部门和国有资产监督管理部门要加强沟通协作，共同帮助技工院校和国有企业解决校企合作过程中遇到的实际困难和问题。

（十四）完善投入保障机制。要指导国有企业依法履行职工教育培训责任，按规定足额提取职工教育培训经费并合理使用，其中用于一线职工教育培训的比例不低于60%。对实施校企合作的国有企业、技工院校和接受技工教育、职业培训的人员，符合国家职业培训补贴政策和职业教育资助政策的，按规定给予补贴和资助。

（十五）营造良好社会环境。要创新宣传方式，充分运用各类新闻媒体，采取群众喜闻乐见的形式，通过集中宣传与日常宣传相结合的方式，深入持久地开展校企合作宣传活动。要强化典型示范，突出导向作用，大力宣传各地加强技工院校校企合作的政策措施，大力宣传国有企业、技工院校的特色做法和先进工作经验，努力营造全社会关心和支持技工院校发展和技能人才培养的良好氛围。要利用五一国际劳动节、世界青年技能日、技工院校开学第一课等时间节点，组织国有企业的高技能领军人才在技工院校开展技能成才宣讲活动，鼓励更多青年走技能成才之路。

人力资源社会保障部

国务院国资委

2018年9月24日

16

人力资源社会保障部关于在全系统深入学习贯彻落实习近平总书记对技能人才工作重要指示精神的通知（节选）

各省、自治区、直辖市及新疆生产建设兵团人力资源社会保障厅（局），部属各单位：

近日，习近平总书记就我国在第45届世界技能大赛上取得佳绩向参赛选手和从事技能人才培养工作的同志们致以热烈祝贺，并对技能人才工作作出重要指示。现就全国人力资源社会保障系统深入学习贯彻落实习近平总书记重要指示精神通知如下：

一、深刻认识习近平总书记对技能人才工作重要指示的重大意义和核心要义

习近平总书记始终高度重视技能人才工作，多次作出重要指示批示，亲自批准申办第46届世界技能大赛，发表书面致辞并在申办现场陈述中发表视频讲话。近日，习近平总书记专门作出重要指示，对我国技能选手在第45届世界技能大赛上取得的优异成绩给予充分肯定，站在新时代党和国家事业发展全局的战略高度，对技能人才发展作出重要论断，深刻阐明了技能人才队伍建设的重大意义，精辟指出了技能人才工作的重点任务，并对办好第46届世界技能大赛提出了殷切期望。习近平总书记的重要指示，充分体现了对技能人才工作的高度重视和对广大技能人才的亲切关怀。

当前，我国经济已由高速增长阶段转向高质量发展阶段，建设现代化经济体系必须把发展经济的着力点放在实体经济上，迫切需要全面提升劳动者素质，建设知识型、技能型、创新型劳动者大军。习近平总书记的重要指示着眼民族未来，把握时代脉搏，高瞻远瞩、思想深邃，指向鲜明、催人奋进，具有很强的政治性、思想性、指导性和针对性，为做好新时代人力资源和社会保障工作特别是技能人才工作

指明了前进方向，提供了根本遵循、行动纲领和强大动力。

各级人力资源社会保障部门要深入学习领会习近平总书记重要指示精神，进一步增强政治意识、全局意识，深刻认识总书记重要指示对于加强产业工人队伍建设、巩固党的执政基础，对于实施人才强国战略、推动经济高质量发展，为实现“两个一百年”奋斗目标和中华民族伟大复兴的中国梦提供人才支撑的重大战略意义和深远历史意义，以高度的政治自觉把思想和行动统一到习近平总书记重要指示精神和党中央、国务院决策部署上来，以贯彻落实的实际行动同以习近平同志为核心的党中央保持高度一致。

二、以习近平总书记重要指示精神为强大动力，切实做好当前和今后一个时期的技能人才工作

（二）以办好技工院校为牵引，大力发展技工教育。要坚持以提高质量、促进就业、服务发展为导向，制定出台大力发展技工教育的政策措施，积极协调发改、财政部门，利用地方政府专项债券等资金渠道支持技工教育基础设施建设，把技工院校打造成为培养技能人才的主阵地。将技工院校招生纳入统一招生平台，进一步扩大招生规模，加大对技工院校的投入力度，落实技工院校高级工班以上毕业生学历待遇，着力破解招生难、资金缺、待遇差等发展难题。继续推动校企合作，全面推进工学一体化课程教学改革，拓展生产实习指导教师来源，完善绩效工资分配制度，切实推动技工院校内涵发展。

17

人力资源社会保障部　教育部关于深化中等职业学校教师职称制度改革的指导意见

人社部发〔2019〕89号

各省、自治区、直辖市及新疆生产建设兵团人力资源社会保障厅（局）、教育厅（教委、教育局），国务院各部委、各直属机构人事部门，各中央企业人事部门：

中等职业学校教师是我国专业技术人才队伍的重要组成部分，是加快建设现代职业教育体系、培养高素质技术技能人才、提高职业教育质量的重要力量。为贯彻落实《中共中央　国务院关于全面深化新时代教师队伍建设改革的意见》《国家职业教育改革实施方案》《中共中央办公厅　国务院办公厅关于深化职称制度改革的意见》，现就深化中等职业学校教师职称制度改革提出如下指导意见。

一、指导思想和基本原则

（一）指导思想

以习近平新时代中国特色社会主义思想为指导，全面贯彻落实党的十九大和十九届二中、三中全会以及全国教育大会精神，遵循职业教育特点和中等职业学校教师职业发展规律，构建分类清晰、名称统一、科学规范的中等职业学校教师职称制度，畅通中等职业学校教师职业发展通道，为加快发展现代职业教育提供制度保障和人才支撑。

（二）基本原则

1. 坚持师德为先和能力为重相统一。以德能兼修为导向，重师德、重能力、重业绩、重贡献，激励教师提高师德修养和教书育人水平。

2. 坚持统一制度和分类评价相结合。建立统一的中等职业学校教师职称制度，对文化课、专业课教师和实习指导教师进行分类评价，发挥人才评价“指挥棒”作用，促进中等职业教育教师的专业化发展。

3. 坚持职称评审和岗位聘用相统一。创新评价机制，充分发挥用人主体的作用，促进人才评价与使用相结合，使职称制度与中等职业学校聘用制度和岗位管理制度相衔接。

4. 坚持下放权限和强化监管相结合。合理界定和下放中等职业学校教师职称评审权限，积极培育学校自主评审能力，同时加强监管、优化服务，保证职称评审质量。

二、主要内容

通过健全制度体系、完善评价标准、创新评价机制、实现职称评审与岗位聘用制度的有效衔接等措施，形成以品德、能力和业绩为导向，以社会和业内认可为核心的中等职业学校教师职称制度。

（一）健全制度体系

1. 完善中等职业学校教师职称设置。普通中等专业学校、职业高中和成人中等专业学校均设文化课、专业课教师和实习指导教师职称类别。原来实行的中等专业学校教师职称系列和职业高中教师职称统一并入新设置的中等职业学校教师职称系列。

2. 统一职称等级和名称。文化课、专业课教师职称设初级、中级、高级。初级只设助理级，高级分设副高级和正高级，助理级、中级、副高级和正高级职称名称依次为助理讲师、讲师、高级讲师、正高级讲师。实习指导教师职称设初级、中级、高级，初级分设员级和助理级，高级分设副高级和正高级，员级、助理级、中级、副高级和正高级职称名称依次为三级实习指导教师、二级实习指导教师、一级实习指导教师、高级实习指导教师、正高级实习指导教师。

3. 统一后的中等职业学校教师职称与原中等专业学校教师、职业高中教师职称的对应关系是：原职业高中正高级教师对应正高级讲师；原中等专业学校高级讲师、职业高中高级教师对应高级讲师；原中等专业学校讲师、职业高中一级教师对应讲师；原中等专业学校助理讲师、职业高中二级教师对应助理讲师；原中等专业学校教员、职业高中三级教师可聘任为助理讲师。

4. 统一后的中等职业学校教师职称等级与事业单位专业技术岗位等级对应关系为：正高级对应专业技术岗位一至四级，副高级对应专业技术岗位五至七级，中级对应专业技术岗位八至十级，助理级对应专业技术岗位十一至十二级，员级对应专业技术岗位十三级。

（二）完善评价标准

1. 坚持把师德放在评价的首位。坚持教书与育人相统一，言传与身教相统一，潜心问道与关注社会相统一，学术自由与学术规范相统一，引导教师以德立身，以德立学，以德施教，立德树人，爱岗敬业，为人师表。强化师德考评，实行师德问题“一票否决”。

2. 充分体现中等职业学校教师职业特点。根据职业教育教师的岗位类型和岗位特征，区别制定各类教师的评价标准，实行分类评价。注重教育教学工作实绩，注重实践教学和技术技能人才培养实绩，注重产教融合、校企合作和工学结合的教学改革实绩，注重行业企业实践经历。切实改变过分强调论文、学历、课题项目等倾向。区别不同情况，可将教研报告、教案、发明专利、参与教学标准和人才培养方案开发成果、参与学校专业建设、参与实训基地建设、指导学生实习成果、指导职业技能竞赛或教学竞赛成绩、参与行业标准研发成果等作为评价条件。注重个人评价和团队评价相结合，尊重和认可团队所有参与者的实际贡献。以实绩、贡献为导向，允许所教专业与所学专业或教师资格证标注的专业不一致的教师参与职称评审，促进双师型教师队伍建设。

3. 实行国家标准和地区标准相结合。国家制定中等职业学校教师职称评价基本标准（见附件）。各省、自治区、直辖市及新疆生产建设兵团根据本地区中等职业教育发展情况，结合现有各类中等职业学校的特点，制定不低于国家标准的具体评价标准。对于文化课、专业课教师和实习指导教师的交流，以及其他系列专业技术人员、普通高中教师和中等职业学校教师的交流等情况，各地可根据实际制定职称评审的具体办法。

4. 向优秀人才倾斜。对于少数特别优秀、具有特殊贡献的教师，各地制定完善相应的破格评审条件。对于在艰苦边远地区工作的中等职业学校教师和既承担文化课、专业课教学任务，又承担实习教学任务的教师，予以适当倾斜。对于公开招聘的具有 3 年以上企业工作经历并具有高职以上学历的教师，在首次评审时可参考其在企业的工作经历和业绩成果直接评定相应层级职称。

（三）创新评价机制

1. 健全评审机制。进一步完善以同行专家评审为基础的业内评价机制，增强专家评审的公信力。加强评委会组织管理，注重遴选高水平的职业教育教学专家、一线教师、行业企业技术专家和高技能人才担任评委。健全评委会工作程序和评审规则，建立评审专家责任制。

2. 创新评价方式。探索社会和业内认可的形式，采取教学水平评价、面试答辩、专家评议、实践操作等多种评价方式，加大学校的评价权重，充分结合学校开展的日常考核评价结果，对中等职业学校教师的专业素质和教学水平进行有效评价。全面推行公开、公示制度，增加职称评审的透明度。

3. 下放评审权限。积极培育中等职业学校自主评审能力，科学界定、合理下放中等职业学校教师职称评审权限。初级、中级职称由符合条件、管理规范的中等职业学校自主组织评审，探索综合水平较高、办学规模较大的中等职业学校自主开展高级职称评审试点。对学校开展的自主评审，政府部门不再审批评审结果，改为事后备案管理。加强对自主评审工作的监管，对于不能正确行使评审权、不能确保评审质量的，暂停自主评审工作直至收回评审权。

（四）实现职称评审与岗位聘用制度的有效衔接

1. 坚持中等职业学校教师职称评审和岗位聘用相统一。中等职业学校教师职称评审是教师岗位聘用的重要依据和关键环节，岗位聘用是职称评审结果的主要体现。中等职业学校教师职称评审，在核定的岗位结构比例内进行。中等职业学校教师竞聘更高等级的专业技术岗位，由学校推荐符合条件的教师参加评审，并按照有关规定将通过职称评审的教师聘用到相应教师岗位，并及时兑现受聘教师的工资待遇。要建立健全考核制度，加强聘后管理，在岗位聘用中实现人员能上能下。

2. 对此次改革前已经取得中等职业学校专业技术职务任职资格但未被聘用到相应岗位的人员，在聘用到相应岗位时不再需要经过评委会评审。各地要结合实际制定具体办法，同等条件下优先聘用。

3. 中等职业学校教师高级、中级、初级岗位之间的结构比例，以及高级、中级、初级岗位内部各等级的结构比例，要根据新的中等职业学校教师职称等级体系，按照国家关于中等职业学校岗位设置管理的有关规定执行。其中，正高级教师要从严控制，在确保质量的前提下逐步达到合理比例。

三、组织实施

（一）加强领导，明确职责。深化中等职业学校教师职称制度改革政策性强，牵涉面广，涉及广大教师切身利益，区域情况差别大。各地要充分认识改革的重大意义，切实加强领导，深入贯彻落实“放管服”改革精神，进一步明晰部门职责，着力构建事权人权相统一的体制机制。人力资源社会保障部门牵头推进中等职业学校教师职称制度改革，主要负责职称政策制定；教育等行业部门及学校主要负责职称评审工作的具体组织实施。各部门要密切配合，相互协商，确保中等职业学校教师职称制度改革顺利推进。

（二）周密部署，稳步实施。各地要结合自身实际，妥善做好新老人员过渡和新旧政策衔接工作。现有在岗中等专业学校、职业高中和成人中等专业学校教师，按照原专业技术职务与统一后的职称对应关系，直接过渡到统一后的职称体系，并统一办理过渡手续。对改革前各地自行试点评审的中等专业学校正高级教师，要按有关规定通过一定程序进行确认。要在平稳过渡的基础上，严格按照本意见开展新的职称评聘工作。要切实加强调查研究，充分掌握本地区中等职业学校情况、教师队伍状况，积极应对改革中遇到的新情况和新问题。要深入细致地做好政策宣传解释和思想政治工作，引导广大教师积极支持和参与改革，确保改革顺利推进。

（三）强化监管，确保公正。中等职业学校教师职称制度改革涉及教师切身利益，关乎公平正义。要严格规范职称评聘程序，按照个人申报、考核推荐、专家评审、学校聘用的基本程序进行。要健全和完善评审监督机制，建立健全职称评审回避制度、公示公开制度、随机抽查制度、责任追究制度，建立复查、投诉机制，充分发挥相关部门和广大教师的监督作用，确保评审公正规范、评审过程公开透明。

各地要及时总结经验，认真研究并解决改革中发现的新情况和新问题，妥善处理改革、发展和稳定的关系。有关改革进展情况及遇到的重要问题及时报告。

本意见适用于普通中专、职业高中、成人中专及省、市、县职业教育教研机构。

非公办中等职业学校教师可参照本意见参加职称评审。

附件：中等职业学校教师职称评价基本标准

人力资源社会保障部

教育部

2019 年 8 月 23 日

附件

中等职业学校教师职称评价基本标准

一、遵守国家宪法和法律，贯彻党和国家的教育方针，热爱职业教育事业，具有良好的思想政治素质和职业道德，自觉践行社会主义核心价值观，以德立身，以德立学，以德施教，立德树人，爱岗敬业，为人师表，关爱学生。

二、具备符合《教师资格条例》规定的教师资格及专业知识和教育教学能力，在教育教学一线任教，达到本地区教育行政部门及学校关于教学工作量、教育培训、教师考核等有关要求，切实履行教师岗位职责和义务。

三、身心健康，心理素质良好，能全面履行岗位职责。

四、专业课教师和实习指导教师到企业或生产服务一线实践的时间符合教育部等部门制定的《职业学校教师企业实践规定》的要求。

五、中等职业学校教师申报各层级职称，除必须达到上述基本条件外，还应具备以下条件：

（一）文化课、专业课教师

助理讲师

1. 基本掌握教育学生的原则和方法，胜任班主任或辅导员工作，积极参与学生管理工作，认真履行教书育人职责，正确教育和引导学生健康成长。

2. 具有本专业必备的知识和技能，掌握所教课程的课程标准、教材、教学原理和方法等，基本胜任教学岗位，教学效果较好。

3. 能较好组织开展学生社团、第二课堂等活动。

4. 具备硕士学位；或者具备大学本科学历或学士学位，见习 1 年期满并考核合格；或者具有 3 年以上企业工作经历并具有高职以上学历，见习 1 年期满并考核合格。

讲师

1. 较好掌握教育学生的原则和方法，认真履行教书育人职责，较好地完成班主任或辅导员工作，正确教育和引导学生健康成长。

2. 具有较扎实的专业知识和技能，独立掌握所教课程的课程标准、教材、教学原理和方法等，教学经验比较丰富，教学效果好。

3. 具有一定的组织和开展教育教学研究的能力，承担一定的教学研究任务，并在教学改革、专业建设实践中积累了一定经验。

4. 能较好地组织开展学生社团、第二课堂等活动。专业课教师积极承担校企合作、产教融合、实习实训教学等工作，具有相应专业实践能力。

5. 具备博士学位；或者具备硕士学位，并在助理讲师岗位任职满 2 年；或者具备大学本科学历或学士学位，并在助理讲师岗位任职满 4 年；或者具有 3 年以上企业工作经历并具有高职以上学历，在助理讲师岗位任职满 4 年。

高级讲师

1. 具有崇高的职业理想和信念，认真履行教书育人职责，任现职以来较出色地完成班主任或辅导员工作，班级管理经验丰富，形成可供学习借鉴的德育经验，正确教育和引导学生健康成长。

2. 具有扎实的理论基础、专业知识和技能，了解本专业发展现状和趋势，掌握先进的教育理念、教学方法，教学经验丰富，教学业绩显著，形成一定的教学特色和可供借鉴的教学经验。

3. 指导与开展教育教学研究，在教学改革、专业建设实践中取得较突出的成绩。

4. 指导青年教师组织开展学生社团、第二课堂等活动。专业课教师在校企合作、产教融合、实习实训教学等方面取得较突出成果，具有较强专业实践能力。

5. 具备博士学位，并在讲师岗位任职满 2 年；或者具备大学本科及以上学历或学士以上学位，并在讲师岗位任职满 5 年；或者具有 3 年以上企业工作经历并具有高职以上学历，在讲师岗位任职满 5 年。

正高级讲师

1. 具有崇高的职业理想和信念，认真履行教书育人职责，任现职以来出色地完成班主任或辅导员工作，班级管理经验丰富，将思想道德教育有效融入教学全过程，形成可供推广和借鉴的德育经验或模式，正确教育和引导学生健康成长。

2. 深入系统地掌握本学科基础理论、专业知识和技能，掌握国内外本专业发展现状和趋势，掌握先进的教育理念、教学方法，教学经验丰富，教学业绩卓著，教学特色鲜明，形成可供推广和借鉴的教学经验或模式。

3. 在教育教学团队中发挥关键作用，担任地市级以上专业带头人，主持和指导教育教学研究，在教育思想、专业建设、课程改革、教学方法等方面取得创造性成果，发挥示范引领作用，在指导和培养其他教师方面做出突出贡献。

4. 指导青年教师组织开展学生社团、第二课堂等活动。专业课教师在校企合作、产教融合、实习实训教学等方面取得突出成果，具有突出专业实践能力。

5. 一般应具有大学本科及以上学历或学士以上学位（从企业公开招聘的应具有高职以上学历），并在高级讲师岗位任职满 5 年。

（二）实习指导教师

三级实习指导教师

1. 基本掌握教育学生的原则和方法，胜任班主任或辅导员工作，积极参与学生管理工作，认真履行教书育人职责，正确教育和引导学生健康成长。

2. 具有教育学、心理学和教学法的基础知识，基本掌握所教专业课程的专业知识和生产实习实训教学法，能够承担本专业部分实习实训教学。

3. 了解本专业各种工具、设备结构原理以及文明生产、安全操作规程，具有相应专业实践能力。

4. 具备大学本科及以上学历或学士以上学位；或具备大学专科（高职）学历，任教 1 年期满并考核合格；或具有中等职业学校学历，任教 2 年期满并考核合格。

二级实习指导教师

1. 掌握教育学生的原则和方法，胜任班主任或辅导员工作，积极参与学生管理工作，认真履行教书育人职责，正确教育和引导学生健康成长。

2. 具有教育学、心理学和教学法的基础知识，基本掌握所教专业课程的专业知识和生产实习实训教学法，能够独立承担本专业部分实习实训教学，教学效果较好。

3. 掌握本专业各种工具、设备结构原理以及文明生产、安全操作规程，具有相应专业实践能力。

4. 具备大学本科及以上学历或学士以上学位，在三级实习指导教师岗位任职满 1 年；或者具备大学专科（高职）学历，在三级实习指导教师岗位任职满 2 年；或者具备中等职业学校学历，在三级实习指导教师岗位任职满 3 年。

一级实习指导教师

1. 较好掌握教育学生的原则和方法，认真履行教书育人职责，较好地完成班主任或辅导员工作，正确教育和引导学生健康成长。

2. 具有较扎实的专业知识和技能，掌握本专业的教学原理和生产实习实训教学法等，教学经验比较丰富，教学效果好。

3. 具有一定的组织和开展实习教学研究的能力，承担一定的教学研究任务，并在教学改革、专业建设实践中积累了一定经验。

4. 了解本专业工作过程或技术流程，承担校企合作、产教融合、实习实训教学等工作，具有相应专业实践能力。

5. 具有大学本科及以上学历或学士以上学位，在二级实习指导教师岗位任职满 3 年；或者具备大学专科（高职）学历，在二级实习指导教师岗位任职满 4 年；或者具备中等职业学校学历，在二级实习指导教师岗位任职满 5 年。

高级实习指导教师

1. 具有崇高的职业理想和信念，认真履行教书育人职责，任现职以来较出色地完成班主任或辅导员工作，班级管理经验丰富，形成可供学习借鉴的德育经验，正确教育和引导学生健康成长。

2. 具有扎实的理论基础、专业知识和精湛的操作技能，掌握先进的教育理念、教学方法，教学经验丰富，教学业绩显著，形成一定的教学特色和可供借鉴的教学经验。

3. 具有较强的组织开展实习实训教学研究、专业建设、技术革新的能力，取得较突出的成果，起到带头人的作用。

4. 掌握本专业工作过程或技术流程，在校企合作、产教融合、实习实训教学等方面取得较突出成果，具有较强专业实践能力。

5. 具有大学专科（高职）及以上学历，并在一级实习指导教师岗位任职满 5 年；

或具有中等职业学校学历，并在一级实习指导教师岗位任职满 7 年。

正高级实习指导教师

1. 具有崇高的职业理想和信念，认真履行教书育人职责，任现职以来出色地完成班主任或辅导员工作，班级管理经验丰富，将思想道德教育有效融入教学全过程，形成可供推广和借鉴的德育经验或模式，正确教育和引导学生健康成长。

2. 深入系统地掌握本专业基础理论、专业知识和操作技能，掌握国内外本专业发展现状与趋势，掌握先进的教育理念、教学方法，教学经验丰富，教学业绩卓著，教学特色鲜明，形成可供推广和借鉴的教学经验或模式。

3. 在教育教学团队中发挥关键作用，担任地市级以上专业带头人，具有主持和指导教育教学研究的能力，在教育思想、专业建设、实践教学改革、教学方法等方面取得突出成绩，发挥示范引领作用，在指导和培养其他教师方面做出突出贡献。

4. 熟练掌握本专业工作过程或技术流程，在校企合作、产教融合、实习实训教学等方面取得突出成果，具有突出专业实践能力。

5. 一般应具备大学本科及以上学历或学士以上学位（从企业公开招聘的应具有高职以上学历），并在高级实习指导教师岗位任职满 5 年。

四、其他部门文件

18

国家发展改革委等三部门关于印发《“十四五”时期教育强国推进工程实施方案》的通知

发改社会〔2021〕671号

中央和国家机关有关部门，各省、自治区、直辖市及计划单列市、新疆生产建设兵团发展改革委、教育厅（教委、教育局）、人力资源社会保障厅（局）：

为贯彻党的十九大和十九届二中、三中、四中、五中全会精神，落实《中华人民共和国国民经济和社会发展第十四个五年规划和2035远景目标纲要》《中国教育现代化2035》，巩固基础教育脱贫攻坚成果，深化职业教育产教融合，促进高等教育内涵发展，增强教育改革发展活力，加快建设教育强国，“十四五”期间，国家发展改革委、教育部、人力资源社会保障部决定实施教育强国推进工程。现将《“十四五”时期教育强国推进工程实施方案》印发给你们，请结合《教育强国推进工程中央预算内投资专项管理办法》（发改社会规〔2021〕525号），一并认真遵照执行。

各地和有关部门要切实承担起教育强国推进工程的项目实施主体责任，建立工作机制，落实建设方案，统筹资金渠道，组织编制年度投资计划并及时分解转发落实，有序推进实施，确保工程建设质量和效益。

国家发展改革委

教育部

人力资源社会保障部

2021年5月10日

附件：《“十四五”时期教育强国推进工程实施方案》（略）

国家发展改革委等六部门关于印发国家产教融合建设试点实施方案的通知

发改社会〔2019〕1558号

各省、自治区、直辖市及计划单列市人民政府，国务院有关部委，有关中央高校和中央企业：

《国家产教融合建设试点实施方案》（以下简称《实施方案》）已经中央全面深化改革委员会第九次会议审议通过。经国务院同意，现将《实施方案》印发你们，请结合实际认真贯彻执行。

深化产教融合，促进教育链、人才链与产业链、创新链有机衔接，是推动教育优先发展、人才引领发展、产业创新发展、经济高质量发展相互贯通、相互协同、相互促进的战略性举措。开展国家产教融合建设试点，必须坚持问题导向、改革先行，充分发挥城市承载、行业聚合、企业主体作用。省级政府和试点城市要紧密围绕产教融合制度和模式创新，重点聚焦完善发展规划和资源布局、推进人才培养改革、降低制度性交易成本、创新重大平台载体建设、探索体制机制创新等任务，统筹开展试点，落实支持政策，加强组织实施，确保如期实现试点目标。

请试点建设首批国家产教融合型城市的有关省、自治区、直辖市和计划单列市于2019年11月20日前，按要求将推荐试点城市名单（省级政府推荐一个试点城市，直辖市推荐一个市辖区或国家级新区作为试点核心区，计划单列市整体纳入试点）附试点城市建设方案和改革问题清单、政策清单，报国家发展改革委、教育部。

为统筹做好第一、二批国家产教融合型城市建设试点工作衔接，尽快将改革向全国推开，各地可按《实施方案》要求，自行同步开展省域内试点城市建设培育工作，并认真做好省域内开展产教融合型行业、企业试点工作的组织实施和协调推进。

附件：1. 国家产教融合建设试点实施方案（略）

2. 试点建设首批国家产教融合型城市的省、自治区、直辖市和计划单列市范围（略）

国家发展改革委
教育部
工业和信息化部
财政部
人力资源社会保障部
国资委
2019 年 9 月 25 日

20

财政部　教育部关于印发《现代职业教育质量提升计划资金管理办法》的通知

财教〔2021〕270号

各省、自治区、直辖市、计划单列市财政厅（局）、教育厅（局、教委），新疆生产建设兵团财政局、教育局：

为规范和加强现代职业教育质量提升计划资金管理，提高资金使用效益，我们对《现代职业教育质量提升计划资金管理办法》进行了修订，现印发给你们，请遵照执行。

附件：现代职业教育质量提升计划资金管理办法

财政部

教育部

2021年11月9日

附件

现代职业教育质量提升计划资金管理办法

第一条　为规范和加强现代职业教育质量提升计划资金管理，提高资金使用效益，根据国家预算管理有关规定，制定本办法。

第二条　本办法所称现代职业教育质量提升计划资金（以下称提升计划资金），是指中央财政用于落实党中央、国务院有关要求、支持职业教育改革发展的共同财政事权转移支付资金。实施期限根据教育领域中央与地方财政事权和支出责任划分改革方案、职业教育改革发展等政策进行调整。

第三条 提升计划资金管理遵循“中央引导、省级统筹，奖补结合、突出重点，规范透明、责任清晰，注重绩效、强化监管”的原则。

第四条 提升计划资金用于支持增强职业教育适应性，推进职业教育改革发展，加快构建现代职业教育体系。具体支持内容和方式，由财政部、教育部根据党中央、国务院有关要求、相关规划以及年度重点工作等研究确定。2022—2025年提升计划资金重点支持：

（一）支持各地落实高等职业学校（含职业本科学校，下同）生均拨款制度，并鼓励各地探索建立基于专业大类的差异化生均拨款制度，逐步提高生均拨款水平，改善办学条件；支持推进高等职业学校提质培优、产教融合、校企合作，推行“学历证书+若干职业技能等级证书”制度；支持各地开展中国特色高水平高职学校和专业建设等。

（二）支持各地落实中等职业学校生均拨款制度，并鼓励各地探索建立基于专业大类的差异化生均拨款制度，明确拨款标准并逐步提高生均拨款水平；支持各地在优化布局结构的基础上，改扩建中等职业学校校舍、实验实训场地以及其他附属设施，配置图书和教学仪器设备等；支持推进中等职业学校提质培优、产教融合、校企合作，推行“学历证书+若干职业技能等级证书”制度等。

（三）支持各地实施职业院校教师素质提高计划，加强“双师型”专任教师和“学历证书+若干职业技能等级证书”制度师资培养培训，提高教师教育教学水平；支持职业院校设立兼职教师岗位，优化教师队伍人员结构等。

第五条 教育部负责审核地方提出的本区域绩效目标等相关材料和数据，提供资金测算需要的基础数据，并对提供的基础数据的真实性、准确性、及时性负责。财政部根据预算管理相关规定，会同教育部研究确定各省份提升计划资金预算金额，审核提升计划资金的整体绩效目标。

省级财政、教育部门明确省级及省以下各级财政、教育部门在基础数据审核、资金安排、使用管理、绩效管理等方面的责任，切实加强资金管理。

地方各级财政、教育部门应当对上报影响资金分配结果的相关数据和信息的真实性、准确性、及时性负责。

第六条 提升计划资金采取因素法分配，包括高等职业学校奖补、中等职业学校奖补和职业院校教师素质提高计划奖补共三部分。财政部会同教育部综合考虑各地工作进展和改革成效、绩效评价等情况，研究确定绩效调节系数，对资金分配情况进行适当调节。

提升计划资金具体分配公式为：某省份提升计划资金 =（高等职业学校奖补 + 中等职业学校奖补 + 职业院校教师素质提高计划奖补）× 绩效调节系数

第七条　高等职业学校奖补资金包括拨款标准奖补和改革绩效奖补两部分。

对各省份以 2021 年为基期继续给予拨款标准奖补，并从 2022 年起逐步降低拨款标准奖补规模，用于进一步加大改革绩效奖补力度。改革绩效奖补分配因素包括基础因素和管理创新因素。其中：基础因素（权重 80%）主要考虑学生数等高等职业教育事业发展情况、生均拨款水平等地方投入情况、巩固拓展脱贫攻坚成果同乡村振兴有效衔接情况等子因素。管理创新因素（权重 20%）主要考虑落实党中央、国务院要求推动高等职业教育改革创新等子因素。

某省份高等职业学校奖补 = 该省份拨款标准奖补 +（该省份改革绩效奖补基础因素 /∑ 有关省份改革绩效奖补基础因素 × 权重 + 该省份改革绩效奖补管理创新因素 /∑ 有关省份改革绩效奖补管理创新因素 × 权重）× 改革绩效奖补年度资金预算

第八条　中等职业学校奖补资金分配因素包括：区域因素、基础因素和管理创新因素。奖补资金规模按中等职业教育区域发展水平等情况确定区域因素权重后，再按其他因素分配到相关省份。其中：基础因素（权重 80%）主要考虑学生数等中等职业教育事业发展情况、生均拨款水平等地方投入情况、巩固拓展脱贫攻坚成果同乡村振兴有效衔接情况等子因素。管理创新因素（权重 20%）主要考虑落实党中央、国务院要求推动中等职业教育改革创新等子因素。

某省份中等职业学校奖补 =（该省份基础因素 /∑ 该省份所在区域基础因素 × 权重 + 该省份管理创新因素 /∑ 该省份所在区域管理创新因素 × 权重）× 中等职业学校奖补年度资金预算 × 该省份所在区域因素权重

第九条　职业院校教师素质提高计划奖补资金分配因素包括基础因素和投入因素。其中：基础因素（权重 80%）主要考虑职业院校教师队伍建设情况等子因素。投入因素（权重 20%）主要考虑地方努力程度等子因素。

某省份职业院校教师素质提高计划奖补 =（该省份基础因素 /∑ 各省份基础因素 × 权重 + 该省份投入因素 /∑ 各省份投入因素 × 权重）× 职业院校教师素质提高计划奖补年度资金预算

第十条　对预算管理体制特殊的地方，提升计划资金预算数由财政部会同教育部根据财力可能，统筹考虑职业院校学校数、教师数等客观数据和职业教育发展需要等因素综合核定。

第十一条　各因素主要通过相关统计数据、资料等获得。落实党中央、国务院要求推动职业教育改革创新等子因素，由财政部、教育部确定。

第十二条　省级财政、教育部门应当于每年 2 月底前向财政部、教育部报送当年提升计划资金申报材料，并抄送财政部当地监管局。逾期不提交的，相应扣减相关分配因素得分。申报材料主要包括：

（一）上年度工作总结，主要包括上年度提升计划资金使用情况、年度绩效目标完成情况、地方财政投入情况、主要管理措施、落实党中央国务院要求推动职业教育改革创新情况、问题分析及对策。

（二）当年工作计划，主要包括当年职业教育工作目标、提升计划资金区域绩效目标表、重点任务特别是落实党中央、国务院要求推动职业教育改革创新情况和资金安排计划，绩效指标要指向明确、细化量化、合理可行、相应匹配。

第十三条　财政部于每年全国人民代表大会批准中央预算后三十日内，会同教育部正式下达提升计划资金预算，并按规定做好预算公开。每年 10 月 31 日前，提前下达下一年度提升计划资金预计数。省级财政部门在收到提升计划资金预算后，应当会同教育部门在三十日内按照预算级次合理分配、及时下达提升计划资金预算和绩效目标，并抄送财政部当地监管局。

第十四条　提升计划资金支付执行国库集中支付制度。涉及政府采购的，按照政府采购法律法规和有关制度执行。属于基本建设的项目，落实相关建设标准和要求，严禁超标准建设和豪华建设，并确保工程质量。年度未支出的提升计划资金，按照财政部结转结余资金管理有关规定执行。

第十五条　省级财政、教育部门在分配提升计划资金时，应当结合本地区年度重点工作和本级预算安排，加大省级统筹力度，注重提高投入效益，防止项目过于分散，并向边远、民族、脱贫地区以及主要经济带等区域经济重点发展地区倾斜，结合实际向现代农业、先进制造业、现代服务业、战略性新兴产业等国家或地方急需特需专业，民族文化传承与创新方面的专业倾斜，支持办好面向农村的职业教育。应当做好与发展改革部门安排基本建设项目等资金的统筹，防止资金、项目安排重复交叉。

第十六条　地方各级财政、教育部门应当落实新增教育经费向职业教育倾斜的要求，健全多渠道筹集职业教育经费的体制，综合运用各类政策手段，兼顾财政承受能力和政府债务风险防控要求，筹集更多资金用于职业教育发展。

第十七条　地方各级财政、教育部门应当按照全面实施预算绩效管理的要求，建立健全预算绩效管理机制，按规定科学合理设定绩效目标，对照绩效目标做好绩效监控、绩效评价，强化评价结果运用，做好绩效信息公开，提高资金配置效率和使用效益。财政部、教育部根据工作需要适时组织开展提升计划资金绩效评价，将评价结果作为预算安排、完善政策、改进管理的重要依据。

第十八条　职业院校应当健全预算管理制度，细化预算编制，严格预算执行；

规范学校财务管理，加强国有资产管理，完善内部经费管理办法，健全内部控制制度，确保资金使用安全、规范和高效。

第十九条　提升计划资金应当按照规定安排使用，建立“谁使用、谁负责”的责任机制。严禁将提升计划资金用于平衡预算、偿还债务、支付利息、对外投资等支出，不得从提升计划资金中提取工作经费或管理经费。财政部各地监管局应当按照工作职责和财政部要求，对提升计划资金实施监管。

第二十条　各级财政、教育部门及其工作人员在提升计划资金分配和使用过程中存在违反本办法规定，以及其他滥用职权、玩忽职守、徇私舞弊等违法违规行为的，依法责令改正，对负有责任的领导人员和直接责任人员依法给予处分；涉嫌犯罪的，依法移送有关机关处理。

第二十一条　申报使用提升计划资金的部门、单位及个人在资金申报、使用过程中存在违法违规行为的，依照《中华人民共和国预算法》及其实施条例、《财政违法行为处罚处分条例》等国家有关规定追究相应责任；涉嫌犯罪的，依法移送有关机关处理。

第二十二条　本办法由财政部、教育部负责解释。各省级财政、教育部门可根据本办法，结合各地实际，制定具体管理办法，并抄送财政部当地监管局。

第二十三条　本办法自 2022 年 1 月 1 日起施行。《财政部　教育部关于印发〈现代职业教育质量提升计划资金管理办法〉的通知》（财教〔2019〕258 号）同时废止。

教育部等九部门关于印发《职业教育提质培优行动计划（2020—2023年）》的通知

教职成〔2020〕7号

各省、自治区、直辖市教育厅（教委）、发展改革委、工业和信息化主管部门、财政厅（局）、人力资源社会保障厅（局）、农业农村（农牧）厅（局、委）、国资委、扶贫办，新疆生产建设兵团教育局、发展改革委、工业和信息化局、财政局、人力资源社会保障局、农业农村局、国资委、扶贫办，国家税务总局各省、自治区、直辖市、计划单列市税务局，有关单位：

现将《职业教育提质培优行动计划（2020—2023年）》印发给你们，请结合实际，加强协同配合，认真贯彻执行。

教育部
国家发展改革委
工业和信息化部
财政部
人力资源社会保障部
农业农村部
国务院国资委
国家税务总局
国务院扶贫办
2020年9月16日

职业教育提质培优行动计划（2020—2023 年）

为贯彻落实《国家职业教育改革实施方案》，办好公平有质量、类型特色突出的职业教育，提质培优、增值赋能、以质图强，加快推进职业教育现代化，更好地支撑我国经济社会持续健康发展，特制定职业教育提质培优行动计划（2020—2023年）（以下简称“行动计划”）。

一、总体要求

（一）指导思想

以习近平新时代中国特色社会主义思想为指导，贯彻党的十九大和十九届二中、三中、四中全会精神，牢固树立新发展理念，落实高度重视、加快发展的工作方针，坚持服务高质量发展、促进高水平就业的办学方向，坚持职业教育与普通教育不同类型、同等重要的战略定位，着力夯实基础、补齐短板，着力深化改革、激发活力，加快构建纵向贯通、横向融通的中国特色现代职业教育体系，大幅提升新时代职业教育现代化水平和服务能力，为促进经济社会持续发展和提高国家竞争力提供多层次高质量的技术技能人才支撑。

（二）主要目标

通过建设，职业教育与经济社会发展需求对接更加紧密、同人民群众期待更加契合、同我国综合国力和国际地位更加匹配，中国特色现代职业教育体系更加完备、制度更加健全、标准更加完善、条件更加充足、评价更加科学。

——职业教育发展制度基本健全，职业学校层次结构合理，分类考试招生成为高职学校招生的主渠道，职业教育国家“学分银行”投入运行。

——国务院有关部门协同配合、地方落实主责的职业教育工作机制更加顺畅，政府行业企业学校职责清晰、同向发力，政府统筹管理、社会多元办学格局更加稳固。

——职业教育与普通教育规模大体相当、相互融通，职业学校办学定位清晰，专业设置和人才供给结构不断优化，每年向社会输送数以千万计的高质量技术技能人才。

——国家、省、校三级职业教育标准体系逐步完善，职业学校教学条件基本达标，评价体系更具职教特色，教师、教材、教法改革全面深化。

——职业学校办学水平、人才培养质量和就业质量整体提升，职业教育的吸引力和社会认可度大幅提高，有效支撑地方经济社会发展和国家重大战略。

（三）基本原则

——育人为本，质量为先。加强党对职业教育工作的全面领导，推进新时代职业学校思想政治工作改革创新。深化产教融合、校企合作，强化工学结合、知行合一，健全德技并修育人机制，完善多元共治的质量保证机制，推进职业教育高质量发展。

——固本强基，综合改革。聚焦薄弱环节，着力补短板、强弱项，夯实职业教育发展基础。系统推进体制机制、教育教学、评价体系改革，为职业教育发展注入新动力，激发职业学校办学活力。

——标准先行，试点突破。健全国家、省、校三级标准体系，完善标准落地的工作机制。以打造创新发展高地为抓手，推进关键改革，突破瓶颈制约，打造一批职业教育优质资源和品牌，带动职业教育大改革大发展。

——地方主责，协同推进。构建政府行业企业学校协同推进职业教育高质量发展的新机制，强化省级政府统筹，加强计划执行的过程管理、检查验收和结果应用，确保各项改革措施取得实效。

二、重点任务

（一）落实立德树人根本任务

1. 推动习近平新时代中国特色社会主义思想进教材进课堂进头脑

以习近平新时代中国特色社会主义思想特别是习近平总书记关于职业教育的重要论述武装头脑、指导实践、推动工作。推进理想信念教育常态化、制度化，落实《新时代爱国主义教育实施纲要》和《新时代公民道德建设纲要》，加强党史、新中国史、改革开放史、社会主义发展史教育和爱国主义、集体主义、社会主义教育。将劳动教育纳入职业学校人才培养方案，设立劳动教育必修课程，统筹勤工俭学、实习实训、社会实践、志愿服务等环节系统开展劳动教育。加强职业道德、职业素养、职业行为习惯培养，职业精神、工匠精神、劳模精神等专题教育不少于16学时。加强艺术类公共基础必修课程建设，强化实践体验，促进学生全面发展。加强职业教育研究，加快构建中国特色职业教育的思想体系、话语体系、政策体系和实践体系。

2. 构建职业教育“三全育人”新格局

加强党委对学校思想政治工作的全面领导，落实全员全过程全方位育人，引导职业学校全面统筹各领域、各环节、各方面的育人资源和育人力量，教育引导青年学生增强爱党爱国意识，听党话、跟党走。引导专业课教师加强课程思政建设，将思政教育全面融入人才培养方案和专业课程。构建省校两级培训体系，建立辅导员职务职级“双线”晋升通道，推动辅导员专业化、职业化发展。加强中职德育工作队伍建设，办好中职学校班主任业务能力比赛。鼓励从企业中聘请劳动模范、技术能手、大国工匠、道德楷模担任兼职德育导师，建设一支阅历丰富、有亲和力、身正为范的兼职德育工作队伍。将党建和思想政治工作评价指标全面纳入学校事业发展规划、专业质量评价、人才项目评审、教学科研成果评估等。到 2023 年，培育 200 所左右“三全育人”典型学校，培育遴选 100 个左右名班主任工作室，遴选 100 个左右德育特色案例。

3. 创新职业学校思想政治教育模式

加强中职学校思想政治、语文、历史和高职学校思想政治理论课课程建设，开足开齐开好必修课程，按照规定选用国家统编教材。高职学校应当根据全日制在校生总数，严格按照师生比不低于 1 : 350 的比例核定专职思政课教师岗位，中职学校要加大专职思政课教师配备力度。实施职业学校党建和思政工作能力提升计划，开展德育管理人员、专职思政课教师培训。改革思政课教师考核办法，将政治素质作为教师考核第一标准。遵循职业学校学生认知规律，开发遴选学生喜闻乐见的课程资源，因地制宜实施情景式、案例式、活动式等教法，建设学生真心喜爱、终身受益、体现职业教育特点的思政课程。持续开展职业学校“文明风采”系列活动。充分挖掘和利用地方、企业德育教育资源，鼓励引导校企共建德育实践基地。到 2023 年，培训 10000 名左右德育骨干管理人员、思政课专任教师，遴选 100 个左右思政课教师研修基地，分级培育遴选 1000 个左右思想政治课教学创新团队、10000 个左右思想政治课示范课堂、10000 个左右具有职业教育特点的课程思政教育案例。

（二）推进职业教育协调发展

4. 强化中职教育的基础性作用

把发展中职教育作为普及高中阶段教育和建设中国特色现代职业教育体系的重要基础，保持高中阶段教育职普比大体相当。系统设计中职考试招生办法，使绝大多数城乡新增劳动力接受高中阶段教育。全面核查中职学校基本办学条件，整合“空、小、散、弱”学校，优化中职学校布局。结合实际，鼓励各地将政府投入的职业教育资源统一纳入中职学校（含技工学校、县级职业教育中心等）调配使用，提高中职学校办学效益。支持集中连片特困地区每个地市原则上至少建好办好 1 所符合当地经济社会发展需要的中职学校。建立普通高中和中职学校合作机制，探索课程互选、学分互认、资源互通，支持有条件的普通高中举办综合高中。加大“三区三州”等深度贫困地区的普职融通力度，发挥职业教育促进义务教育“控辍保学”作用。到 2023 年，中职学校教学条件基本达标，遴选 1000 所左右优质中职学校和 3000 个左右优质专业、300 所左右优质技工学校和 300 个左右优质专业。

5. 巩固专科高职教育的主体地位

把发展专科高职教育作为优化高等教育结构和培养大国工匠、能工巧匠的重要方式，输送区域发展急需的高素质技术技能人才。不限制专科高职学校招收中职毕业生的比例，适度扩大专升本招生计划，为部分有意愿的高职（专科）毕业生提供继续深造的机会。推动各地落实职业学校毕业生在落户、就业、参加机关事业单位招聘、职称评审、职级晋升等方面与普通高校毕业生享受同等待遇。扎实推进中国特色高水平高职学校和专业建设计划，加强绩效考核与评价，建成一批高技能人才培养培训基地和技术技能创新平台。探索高职专业认证。推进专科高职学校高质量发展，遴选 300 所左右省域高水平高职学校和 600 个左右高水平专业群。

6. 稳步发展高层次职业教育

把发展本科职业教育作为完善现代职业教育体系的关键一环，培养高素质创新型技术技能人才，畅通技术技能人才成长通道。稳步推进本科层次职业教育试点，支持符合条件的中国特色高水平高职学校建设单位试办职业教育本科专业。推动具备条件的普通本科高校向应用型转变。根据产业需要和行业特点，适度扩大专业学位硕士、博士培养规模，推动各地发展以职业需求为导向、以实践能力培养为重点、以产学研用结合为途径的专业学位研究生培养模式。

（三）完善服务全民终身学习的制度体系

7. 健全服务全民终身学习的职业教育制度

推进国家资历框架建设，建立各级各类教育培训学习成果认定、积累和转换机制。加快建设职业教育国家“学分银行”，制定学时学分记录规则，引导在校学生和社会学习者建立职业教育个人学习账号，存储、积累学习成果和技能财富。支持学校按照相关规则研制具体的学习成果转换办法，按程序受理学分兑换申请，符合条件的学生可免修部分课程或模块。支持国家开放大学体系创新发展，着力提高办学质量和水平，服务全民终身学习体系建设。

8. 推动学历教育与职业培训并举并重

落实职业学校并举实施学历教育与培训的法定职责，按照育训结合、长短结合、内外结合的要求，面向在校学生和全体社会成员开展职业培训。支持职业学校承担更多培训任务，成为落实《职业技能提升行动方案（2019—2021 年）》的主力军，实现优质职业学校年培训人次达到在校生规模的 2 倍以上。深入推进 1+X 证书制度试点，及时总结试点工作经验做法，提高职业技能等级证书的行业企业认可度。发挥职业教育培训评价组织在实施职业技能培训中的重要主体作用。推动更多职业学校参与1+X证书制度实施，服务学生成长和高质量就业。引导有条件的普通高校和职业学校参与企业大学建设。根据军队需要保证职业学校定向培养士官质量。支持国家开放大学办好面向军队军士的学历继续教育。依托职业院校、培训机构、农业技术推广站等机构，面向“三农”提供全产业链技术培训服务及技术支持，为脱贫致富提供持续动力。引导职业学校和龙头企业联合建设500个左右示范性职工培训基地。

9. 强化职业学校的继续教育功能

面向在职员工、现役军人、退役军人、进城务工人员、转岗人员、城镇化进程中的新市民、城乡待业人员、残疾人、农村实用人才等社会群体开展多种形式的继续教育。鼓励职业学校积极参与社区教育和老年教育，与普通高校、开放大学（广播电视大学）、独立设置成人高校、各类继续教育机构互联互通、共建共享，形成服务全民终身学习的发展合力。实施“职业教育服务终身学习质量提升行动”，遴选200个左右示范性继续教育基地、2000门左右优质继续教育网络课程，在老年教育、特殊教育、学前教育、卫生护理、文化艺术等领域，遴选500个左右社区教育示范基地和老年大学示范校。

（四）深化职业教育产教融合、校企合作

10. 深化职业教育供给侧结构性改革

建立产业人才数据平台，发布产业人才需求报告，促进职业教育和产业人才需求精准对接。研制职业教育产教对接谱系图，指导优化职业学校和专业布局，重点服务现代制造业、现代服务业和现代农业。遴选建设一批产教融合型城市，推动试点城市建设开放型、共享型、智慧型实训基地。加大对农业农村等人才急需领域的职业教育供给，建设100所乡村振兴人才培养优质校，发挥好“国家级农村职业教育和成人教育示范县”等在服务乡村振兴战略中的重要作用。

11. 深化校企合作协同育人模式改革

建好用好行业职业教育教学指导委员会，提升行业举办和指导职业教育的能力。支持职业学校根据自身特点和人才培养需要，主动与具备条件的企业在人才培养培训、技术创新、就业创业、社会服务、文化传承等方面开展合作。支持国有企业和大型民营企业举办或参与举办职业教育，将企业办学情况纳入企业社会责任报告。支持行业领军企业主导建设全国性职教集团，分领域建设服务产业高端的技术技能人才标准和培养高地。全面推行现代学徒制和企业新型学徒制，鼓励企业利用资本、技术、知识、设施、设备和管理等要素参与校企合作。培育数以万计的产教融合型企业，建立覆盖主要专业领域的教师企业实践流动站，依托国有企业、大型民企建立1000个左右示范性流动站。发挥职教集团推进企业参与职业教育办学的纽带作用，打造500个左右实体化运行的示范性职教集团（联盟）、100个左右技工教育集团（联盟）。推动建设300个左右具有辐射引领作用的高水平专业化产教融合实训基地。

12. 完善校企合作激励约束机制

健全以企业为重要主导、职业学校为重要支撑、产业关键核心技术攻关为中心任务的产教融合创新机制。围绕关键核心技术，推动公共教学资源和实训资源共建共享。支持行业组织积极参与产教融合建设试点项目。对纳入产教融合型企业建设培育范围的试点企业，兴办职业教育的投资符合规定的，可按投资额的30%抵免当年应缴教育费附加和地方教育附加。充分发挥市场配置资源作用，鼓励地方开展混合所有制、股份制办学改革试点，推动各地建立健全省级产教融合型企业认证制度，落实“金融＋财政＋土地＋信用”的组合式激励政策。

（五）健全职业教育考试招生制度

13. 健全高职分类考试招生制度

建立健全省级统筹的高职分类考试招生制度。完善高职教育招生计划分配和考试招生办法，每年春季省级教育行政部门统一组织开展以高职学校招生为主的分类考试。分类考试录取的学生不再参加普通高考。保留高职学校通过普通高考招生的渠道，保持分类考试招生为高职学校招生的主渠道。

14. 规范职业教育考试招生形式

鼓励中职毕业生通过高职分类考试报考高职学校。推动各地将技工学校纳入职业教育统一招生平台。鼓励退役军人、下岗职工、农民工和高素质农民等群体报考高职学校，可免予文化素质考试，只参加学校组织的与报考专业相关的职业适应性测试或职业技能测试。逐步取消现行的注册入学招生。规范长学制技术技能人才贯通培养，逐步取消中职本科贯通，适度扩大中职专科贯通，贯通专业以始读年龄小、培养周期长、技能要求高的专业为主。严格执行技能拔尖人才免试入学条件。

15. 完善“文化素质＋职业技能”评价方式

完善高职分类考试内容和形式，推进“文化素质＋职业技能”评价方式，引导不同阶段教育合理分流、协调发展，为学生接受高职教育提供多种入学方式。文化素质考试由省级教育行政部门根据《中等职业学校公共基础课课程标准》统一组织。职业技能测试分值不低于总分值的50%，考试形式以操作考试为主，须充分体现岗位技能、通用技术等内容。省级教育行政部门按照专业大类统一制定职业适应性测试标准、规定测试方式。支持有条件的省份建立中职学生学业水平测试制度。鼓励高职学校与产教融合型企业联合招生。

（六）实施职业教育治理能力提升行动

16. 健全职业教育标准体系

发挥标准在职业教育质量提升中的基础性作用。适时修订中职学校、专科高职学校设置标准，研制本科职业学校设置标准。结合职业教育特点完善学位制度。实施职业学校教师、校长专业标准，制定“双师型”教师基本要求。统筹修（制）订衔接贯通、全面覆盖的中等、专科、本科职业教育专业目录及专业设置管理办法。构建国家、省、校三级专业教学标准体系，国家面向产业急需领域和量大面广的专业，修（制）订国家标准；各地根据经济社会发展需要和有关技术规范，补充制定区域性标准；职业学校全面落实国标和省标，开发具有校本特色的更高标准。

17. 完善办学质量监管评价机制

完善政府、行业企业、学校、社会等多方参与的质量监管评价机制。完善职业学校评价制度，把职业道德、职业素养、技术技能水平、就业质量和创业能力作为衡量人才培养质量的重要内容。研究制定职业学校办学质量考核办法，省级统筹开展职业学校办学质量考核，建立技能抽查、实习报告、毕业设计抽检等随机性检查制度。完善以章程为核心的校内规则制度体系，健全职业学校内部治理结构，深入推进职业学校教学工作诊断与改进制度建设，切实发挥学校质量保证主体作用。巩固国家、省、校三级质量年报发布制度，进一步提高质量年报编制水平和公开力度。完善职业教育督导评估办法，构建国家、省、校三级职业教育督导体系。

18. 打造高素质专业化管理队伍

强化职业学校校长队伍建设，完善选拔任用机制。落实和扩大职业学校办学自主权，健全完善职称评聘、分配制度等，支持学校在限额内自主设立内设机构，按规定自主设置岗位、自主确定用人计划、按规定自主招聘各类人才。建立国家、省、市（县）分级培训机制，组织开展职业学校校长和管理干部培训，造就一支政治过硬、品德高尚、业务精湛、治校有方的管理队伍。到 2023 年，集中培训 5000 名左右中职校长（书记）和 1000 名左右高职校长（书记），各级各类培训覆盖全部职业学校管理干部。

（七）实施职业教育“三教”改革攻坚行动

19. 提升教师“双师”素质

根据职业教育特点核定公办职业学校教职工编制。实施新一周期“全国职业院校教师素质提高计划”，校企共建“双师型”教师（含技工院校“一体化”教师，下同）培养培训基地和教师企业实践基地，落实 5 年一轮的教师全员培训制度。探索有条件的优质高职学校转型为职业技术师范类院校或开办职业技术师范专业，支持高水平工科院校分专业领域培养职业教育师资，构建“双师型”教师培养体系。改革职业学校专业教师晋升和评价机制，破除“五唯”倾向，将企业生产项目实践经历、业绩成果等纳入评价标准。完善职业学校自主聘任兼职教师的办法，实施现代产业导师特聘计划，设置一定比例的特聘岗位，畅通行业企业高层次技术技能人才从教渠道，推动企业工程技术人员、高技能人才与职业学校教师双向流动。改革完善职业学校绩效工资政策。职业学校通过校企合作、技术服务、社会培训取得的收入，可按一定比例作为绩效工资来源。各级人力资源社会保障、财政部门要充分考虑职业学校承担培训任务情况，合理核定绩效工资总量和水平。对承担任务较重的职业学校，在原总量基础上及时核增所需绩效工资总量。专业教师可按国家规定在校企合作企业兼职取酬。到2023年，专业教师中“双师型”教师占比超过50%，遴选一批国家“万人计划”教学名师、360个国家级教师教学创新团队。

20. 加强职业教育教材建设

完善职业教育教材规划、编写、审核、选用使用、评价监管机制。加强意识形态属性较强的哲学社会科学教材建设，纳入马克思主义理论研究和建设工程重点建设，做好教材统一使用工作。对接主流生产技术，注重吸收行业发展的新知识、新技术、新工艺、新方法，校企合作开发专业课教材。建立健全三年大修订、每年小修订的教材动态更新调整机制。根据职业学校学生特点创新教材形态，推行科学严谨、深入浅出、图文并茂、形式多样的活页式、工作手册式、融媒体教材。实行教材分层规划制度，引导地方建设国家规划教材领域以外的区域特色教材，在国家和省级规划教材不能满足的情况下，鼓励职业学校编写反映自身特色的校本专业教材。编写并用好中职思想政治、语文和历史统编教材。健全教材的分类审核、抽查和退出制度。到2023年，遴选10000种左右校企双元合作开发的职业教育规划教材，国家、省两级抽查教材的比例合计不低于50%，职业学校专业课程全部使用新近更新的教材。

21. 提升职业教育专业和课程教学质量

推动依据国家战略和区域产业发展需求、专业建设水平、就业质量等合理规划引导专业设置，建立退出机制。规范人才培养方案研制发布程序，建立职业学校人才培养方案公开制度，为行业指导、企业选择、学生学习、同行交流、社会监督提供便利。加强课堂教学日常管理，规范教学秩序。推动职业学校“课堂革命”，适应生源多样化特点，将课程教学改革推向纵深。加强实践性教学，实践性教学学时原则上占总学时数50%以上，积极推行认知实习、跟岗实习、顶岗实习等多种实习方式，可根据专业实际集中或分阶段安排。完善以学习者为中心的专业和课程教学评价体系，强化实习实训考核评价。鼓励教师团队对接职业标准和工作过程，探索分工协作的模块化教学组织方式。建立健全国家、省、校三级教学能力比赛机制。遴选1000个左右职业教育"课堂革命"典型案例，职业教育教学成果奖评选向课堂教学改革倾斜。

（八）实施职业教育信息化2.0建设行动

22. 提升职业教育信息化建设水平

落实《职业院校数字校园规范》，推动各地研制校本数据中心建设指南，指导职业学校系统设计学校信息化整体解决方案。引导职业学校提升信息化基础能力，建设高速稳定的校园网络，联通校内行政教学科研学生后勤等应用系统，统筹建设一体化智能化教学、管理与服务平台。推动信息技术和智能技术深度融入学校管理全过程，大幅提高决策和管理的精准化科学化水平。落实网络安全责任制，增强网络与信息安全管控能力。遴选300所左右职业教育信息化标杆学校。

23. 推动信息技术与教育教学深度融合

主动适应科技革命和产业革命要求，以"信息技术+"升级传统专业，及时发展数字经济催生的新兴专业。鼓励职业学校利用现代信息技术推动人才培养模式改革，满足学生的多样化学习需求，大力推进"互联网+""智能+"教育新形态，推动教育教学变革创新。探索建设政府引导、市场参与的职业教育资源共建共享机制，服务课程开发、教学设计、教学实施、教学评价。建立健全共建共享的资源认证标准和交易机制，推进国家、省、校三级专业教学资源库建设应用，进一步扩大优质资源覆盖面。遴选100个左右示范性虚拟仿真实训基地；面向公共基础课和量大面广的专业（技能）课，分级遴选5000门左右职业教育在线精品课程。引导职业学校开展信息化全员培训，提升教师和管理人员的信息化能力，以及学生利用网络信息技术和优质在线资源进行自主学习的能力。

（九）实施职业教育服务国际产能合作行动

24. 加快培养国际产能合作急需人才

加强职业学校与境外中资企业合作，支持职业学校到国（境）外办学，培育一批"鲁班工坊"，培养熟悉中华传统文化、中资企业急需的本土技术技能人才。鼓励国家开放大学建设海外学习中心，推动中国与产能合作国远程教育培训合作。统筹利用现有资源，实施"职业院校教师教学创新团队境外培训计划"，选派一大批专业带头人和骨干教师出国研修访学。鼓励引进国（境）外优质职业教育机构来华合作办学，促进国际经验的本土化、再创新。

25. 提升职业教育国际影响力

推进"中文+职业技能"项目，助力中国职业教育走出去，提升国际影响力。引导职业学校与国（境）外优秀职业教育机构联合开展学术研究、标准研制、师生交流等合作项目，促进国内职业教育优秀成果海外推介。对接联合国教科文组织，积极承办世界职业教育大会，在“一带一路”沿线国家举办中国职业教育发展成果展，贡献职业教育的中国智慧、中国经验和中国方案，展示当代中国良好形象。

（十）实施职业教育创新发展高地建设行动

26. 整省推进职业教育提质培优

主动适应国家区域发展战略，在东中西部布局 5 个左右国家职业教育改革省域试点。按照“一地一案、分区推进”原则，在学校设置、重点项目建设等方面加大政策供给，支持试点省份探索新时代区域职业教育改革发展新模式。引导地方落实主体责任，完善地方职业教育工作部门联席会议制度，推动各部门形成工作合力，优化职业教育办学体制机制，加强治理体系和治理能力现代化建设，探索职业学校毕业生高质量就业模式等。

27. 合力打造职业教育样板城市

国家、省、市三级推动，建设 10 个左右国家职业教育改革市域试点。支持地市政府把握功能区定位，加强市场化资源配置，在职业教育服务城市文明、服务城市创新、服务民生需求、服务绿色发展等领域重点突破、先行示范，率先建成与城市经济和民生相适应的现代职业教育体系，开创职业教育开放办学新格局，形成一批基层首创的改革经验。

三、组织实施

（一）加强党的全面领导

把加强党的全面领导落实到职业教育提质培优工作的各方面全过程。全面贯彻党的教育方针，落实中央教育工作领导小组各项要求，完善省（区、市）委教育工作领导小组定期研究职业教育工作制度。按照社会主义政治家、教育家的要求选好配强职业学校领导班子。职业学校要选优配强院（系）领导班子特别是党政正职，全面开展党组织“对标争先”建设计划，促进学校各级党组织组织力全面提升。全面实施教师党支部书记“双带头人”培育工程。强化党组织在职业学校的领导核心和政治核心作用，履行好管党治党主体责任，牢牢把握学校意识形态工作领导权，引导广大师生增强“四个意识”、坚定“四个自信”、做到“两个维护”。

（二）完善职业教育财政支持机制

新增教育经费要向职业教育倾斜，逐步建立与办学规模、培养成本、办学质量相适应的财政投入制度，进一步完善职业学校生均拨款制度，合理确定生均财政拨款水平。支持地方将职业教育纳入地方政府专项债券资金支持范围。鼓励社会力量兴办职业教育，健全成本分担机制，落实举办者的投入责任，拓宽经费来源渠道。各地可通过购买服务、助学贷款、奖助学金等方式对民办职业学校予以扶持。

（三）完善协同推进机制

国务院职业教育工作部际联席会议加强对“行动计划”实施工作的指导，教育部负责实施工作的统筹协调，国务院相关部门在职责分工范围内落实相应任务。完善国家职业教育指导咨询委员会工作机制，进一步提高政府科学化决策的水平。国务院相关部门建立“行动计划”执行情况检查通报制度。各地有关部门积极承接任务项目、制定工作方案、协调支持经费、加大政策供给，将“行动计划”与“十四五”事业发展同规划、同部署、同考核，确保改革发展任务落地。“行动计划”执行情况作为省级政府履行教育职责的重要内容。各地实施成效作为国家新一轮重大改革试点项目遴选的重要依据。

（四）营造良好发展氛围

加快推进修订和落实《中华人民共和国职业教育法》，鼓励地方因地制宜制定和颁布促进职业教育发展的地方性法规。办好全国职业院校技能大赛，发挥以赛促教促学的引领作用。办好职业教育活动周和世界青年技能日宣传活动，深入开展“大国工匠进校园”“劳模进校园”“优秀职校生校园分享”等活动。办好全民终身学习活动周，开展“百姓学习之星”和“终身学习品牌项目”等认定、宣传和展示活动。加强中央和地方主流媒体、新兴媒体对职业教育的宣传力度，打造一批形式多样的职业教育宣传品牌。鼓励职业学校建好用好新型宣传平台，讲好身边的职教故事。常态化开展职业学校校园开放、企业开放日、面向中小学生的职业体验、面向社会的便民服务、职教成果展示等宣传展示及服务活动，提升职业教育的影响力和美誉度。

附表：重点任务（项目）一览表（略）

教育部等六部门关于印发《职业学校校企合作促进办法》的通知

教职成〔2018〕1号

各省、自治区、直辖市教育厅（教委）、发展改革委、工业和信息化厅（经济信息化委）、财政厅（局）、人力资源社会保障厅（局）、国家税务局、地方税务局，新疆生产建设兵团教育局、发展改革委、工信委、财政局、人力资源社会保障局，有关单位：

产教融合、校企合作是职业教育的基本办学模式，是办好职业教育的关键所在。为深入贯彻落实党的十九大精神，落实《国务院关于加快发展现代职业教育的决定》要求，完善职业教育和培训体系，深化产教融合、校企合作，教育部会同国家发展改革委、工业和信息化部、财政部、人力资源社会保障部、国家税务总局制定了《职业学校校企合作促进办法》（以下简称《办法》）。现将《办法》印发给你们，请结合本地区、本部门实际情况贯彻落实。

教育部
国家发展改革委
工业和信息化部
财政部
人力资源社会保障部
国家税务总局
2018年2月5日

职业学校校企合作促进办法

第一章　总则

第一条　为促进、规范、保障职业学校校企合作，发挥企业在实施职业教育中的重要办学主体作用，推动形成产教融合、校企合作、工学结合、知行合一的共同育人机制，建设知识型、技能型、创新型劳动者大军，完善现代职业教育制度，根据《教育法》《劳动法》《职业教育法》等有关法律法规，制定本办法。

第二条　本办法所称校企合作是指职业学校和企业通过共同育人、合作研究、共建机构、共享资源等方式实施的合作活动。

第三条　校企合作实行校企主导、政府推动、行业指导、学校企业双主体实施的合作机制。国务院相关部门和地方各级人民政府应当建立健全校企合作的促进支持政策、服务平台和保障机制。

第四条　开展校企合作应当坚持育人为本，贯彻国家教育方针，致力培养高素质劳动者和技术技能人才；坚持依法实施，遵守国家法律法规和合作协议，保障合作各方的合法权益；坚持平等自愿，调动校企双方积极性，实现共同发展。

第五条　国务院教育行政部门负责职业学校校企合作工作的综合协调和宏观管理，会同有关部门做好相关工作。

县级以上地方人民政府教育行政部门负责本行政区域内校企合作工作的统筹协调、规划指导、综合管理和服务保障；会同其他有关部门根据本办法以及地方人民政府确定的职责分工，做好本地校企合作有关工作。

行业主管部门和行业组织应当统筹、指导和推动本行业的校企合作。

第二章　合作形式

第六条　职业学校应当根据自身特点和人才培养需要，主动与具备条件的企业开展合作，积极为企业提供所需的课程、师资等资源。

企业应当依法履行实施职业教育的义务，利用资本、技术、知识、设施、设备和管理等要素参与校企合作，促进人力资源开发。

第七条　职业学校和企业可以结合实际在人才培养、技术创新、就业创业、社会服务、文化传承等方面，开展以下合作：

（一）根据就业市场需求，合作设置专业、研发专业标准，开发课程体系、教学标准以及教材、教学辅助产品，开展专业建设；

（二）合作制定人才培养或职工培训方案，实现人员互相兼职，相互为学生实习实训、教师实践、学生就业创业、员工培训、企业技术和产品研发、成果转移转化等提供支持；

（三）根据企业工作岗位需求，开展学徒制合作，联合招收学员，按照工学结合模式，实行校企双主体育人；

（四）以多种形式合作办学，合作创建并共同管理教学和科研机构，建设实习实训基地、技术工艺和产品开发中心及学生创新创业、员工培训、技能鉴定等机构；

（五）合作研发岗位规范、质量标准等；

（六）组织开展技能竞赛、产教融合型企业建设试点、优秀企业文化传承和社会服务等活动；

（七）法律法规未禁止的其他合作方式和内容。

第八条　职业学校应当制定校企合作规划，建立适应开展校企合作的教育教学组织方式和管理制度，明确相关机构和人员，改革教学内容和方式方法、健全质量评价制度，为合作企业的人力资源开发和技术升级提供支持与服务；增强服务企业特别是中小微企业的技术和产品研发的能力。

第九条　职业学校和企业开展合作，应当通过平等协商签订合作协议。合作协议应当明确规定合作的目标任务、内容形式、权利义务等必要事项，并根据合作的内容，合理确定协议履行期限，其中企业接收实习生的，合作期限应当不低于 3 年。

第十条　鼓励有条件的企业举办或者参与举办职业学校，设置学生实习、学徒培养、教师实践岗位；鼓励规模以上企业在职业学校设置职工培训和继续教育机构。企业职工培训和继续教育的学习成果，可以依照有关规定和办法与职业学校教育实现互认和衔接。

企业开展校企合作的情况应当纳入企业社会责任报告。

第十一条　职业学校主管部门应当会同有关部门、行业组织，鼓励和支持职业学校与相关企业以组建职业教育集团等方式，建立长期、稳定合作关系。

职业教育集团应当以章程或者多方协议等方式，约定集团成员之间合作的方式、内容以及权利义务关系等事项。

第十二条　职业学校和企业应建立校企合作的过程管理和绩效评价制度，定期对合作成效进行总结，共同解决合作中的问题，不断提高合作水平，拓展合作领域。

第三章　促进措施

第十三条　鼓励东部地区的职业学校、企业与中西部地区的职业学校、企业开展跨区校企合作，带动贫困地区、民族地区和革命老区职业教育的发展。

第十四条　地方人民政府有关部门在制定产业发展规划、产业激励政策、脱贫攻坚规划时，应当将促进企业参与校企合作、培养技术技能人才作为重要内容，加强指导、支持和服务。

第十五条　教育、人力资源社会保障部门应当会同有关部门，建立产教融合信息服务平台，指导、协助职业学校与相关企业建立合作关系。

行业主管部门和行业组织应当充分发挥作用，根据行业特点和发展需要，组织和指导企业提出校企合作意向或者规划，参与校企合作绩效评价，并提供相应支持和服务，推进校企合作。

鼓励有关部门、行业、企业共同建设互联互通的校企合作信息化平台，引导各类社会主体参与平台发展、实现信息共享。

第十六条　教育行政部门应当把校企合作作为衡量职业学校办学水平的基本指标，在院校设置、专业审批、招生计划、教学评价、教师配备、项目支持、学校评价、人员考核等方面提出相应要求；对校企合作设置的适应就业市场需求的新专业，应当予以支持；应当鼓励和支持职业学校与企业合作开设专业，制定专业标准、培养方案等。

第十七条　职业学校应当吸纳合作关系紧密、稳定的企业代表加入理事会（董事会），参与学校重大事项的审议。

职业学校设置专业，制定培养方案、课程标准等，应当充分听取合作企业的意见。

第十八条　鼓励职业学校与企业合作开展学徒制培养。开展学徒制培养的学校，在招生专业、名额等方面应当听取企业意见。有技术技能人才培养能力和需求的企业，可以与职业学校合作设立学徒岗位，联合招收学员，共同确定培养方案，以工学结合方式进行培养。

教育行政部门、人力资源社会保障部门应当在招生计划安排、学籍管理等方面予以倾斜和支持。

第十九条　国家发展改革委、教育部会同人力资源社会保障部、工业和信息化部、财政部等部门建立工作协调机制，鼓励省级人民政府开展产教融合型企业建设试点，对深度参与校企合作，行为规范、成效显著、具有较大影响力的企业，按照国家有关规定予以表彰和相应政策支持。各级工业和信息化行政部门应当把企业参与校企合作的情况，作为服务型制造示范企业及其他有关示范企业评选的重要指标。

第二十条　鼓励各地通过政府和社会资本合作、购买服务等形式支持校企合作。鼓励各地采取竞争性方式选择社会资本，建设或者支持企业、学校建设公共性实习实训、创新创业基地、研发实践课程、教学资源等公共服务项目。按规定落实财税用地等政策，积极支持职业教育发展和企业参与办学。

鼓励金融机构依法依规审慎授信管理，为校企合作提供相关信贷和融资支持。

第二十一条　企业因接收学生实习所实际发生的与取得收入有关的合理支出，以及企业发生的职工教育经费支出，依法在计算应纳税所得额时扣除。

第二十二条　县级以上地方人民政府对校企合作成效显著的企业，可以按规定给予相应的优惠政策；应当鼓励职业学校通过场地、设备租赁等方式与企业共建生产型实训基地，并按规定给予相应的政策优惠。

第二十三条　各级人民政府教育、人力资源社会保障等部门应当采取措施，促进职业学校与企业人才的合理流动、有效配置。

职业学校可在教职工总额中安排一定比例或者通过流动岗位等形式，用于面向社会和企业聘用经营管理人员、专业技术人员、高技能人才等担任兼职教师。

第二十四条　开展校企合作企业中的经营管理人员、专业技术人员、高技能人才，具备职业学校相应岗位任职条件，经过职业学校认定和聘任，可担任专兼职教师，并享受相关待遇。上述企业人员在校企合作中取得的教育教学成果，可视同相应的技术或科研成果，按规定予以奖励。

职业学校应当将参与校企合作作为教师业绩考核的内容，具有相关企业或生产经营管理一线工作经历的专业教师在评聘和晋升职务（职称）、评优表彰等方面，同等条件下优先对待。

第二十五条　经所在学校或企业同意，职业学校教师和管理人员、企业经营管理和技术人员根据合作协议，分别到企业、职业学校兼职的，可根据有关规定和双方约定确定薪酬。

职业学校及教师、学生拥有知识产权的技术开发、产品设计等成果，可依法依规在企业作价入股。职业学校和企业对合作开发的专利及产品，根据双方协议，享有使用、处置和收益管理的自主权。

第二十六条　职业学校与企业就学生参加跟岗实习、顶岗实习和学徒培养达成合作协议的，应当签订学校、企业、学生三方协议，并明确学校与企业在保障学生合法权益方面的责任。

企业应当依法依规保障顶岗实习学生或者学徒的基本劳动权益，并按照有关规定及时足额支付报酬。任何单位和个人不得克扣。

第二十七条　推动建立学生实习强制保险制度。职业学校和实习单位应根据有关规定，为实习学生投保实习责任保险。职业学校、企业应当在协议中约定为实习学生投保实习责任保险的义务与责任，健全学生权益保障和风险分担机制。

第四章　监督检查

第二十八条　各级人民政府教育督导委员会负责对职业学校、政府落实校企合作职责的情况进行专项督导，定期发布督导报告。

第二十九条　各级教育、人力资源社会保障部门应当将校企合作情况作为职业学校办学业绩和水平评价、工作目标考核的重要内容。

各级人民政府教育行政部门会同相关部门以及行业组织，加强对企业开展校企合作的监督、指导，推广效益明显的模式和做法，推进企业诚信体系建设，做好管理和服务。

第三十条　职业学校、企业在合作过程中不得损害学生、教师、企业员工等的合法权益；违反相关法律法规规定的，由相关主管部门责令整改，并依法追究相关单位和人员责任。

第三十一条　职业学校、企业骗取和套取政府资金的，有关主管部门应当责令限期退还，并依法依规追究单位及其主要负责人、直接负责人的责任；构成犯罪的，依法追究刑事责任。

第五章　附　　则

第三十二条　本办法所称的职业学校，是指依法设立的中等职业学校（包括普通中等专业学校、成人中等专业学校、职业高中学校、技工学校）和高等职业学校。

本办法所称的企业，指在各级工商行政管理部门登记注册的各类企业。

第三十三条　其他层次类型的高等学校开展校企合作，职业学校与机关、事业单位、社会团体等机构开展合作，可参照本办法执行。

第三十四条　本办法自 2018 年 3 月 1 日起施行。

教育部等四部门关于印发《深化新时代职业教育“双师型”教师队伍建设改革实施方案》的通知

教师〔2019〕6号

各省、自治区、直辖市教育厅（教委）、发展改革委、财政厅（局）、人力资源社会保障厅（局），新疆生产建设兵团教育局、发展改革委、财政局、人力资源社会保障局：

现将《深化新时代职业教育“双师型”教师队伍建设改革实施方案》印发给你们，请结合实际认真贯彻执行。

教育部
国家发展改革委
财政部
人力资源社会保障部
2019年8月30日

深化新时代职业教育“双师型”教师队伍建设改革实施方案

教师队伍是发展职业教育的第一资源，是支撑新时代国家职业教育改革的关键力量。建设高素质“双师型”教师队伍（含技工院校“一体化”教师，下同）是加快推进职业教育现代化的基础性工作。改革开放以来特别是党的十八大以来，职业教育教师培养培训体系基本建成，教师管理制度逐步健全，教师地位待遇稳步提高，教师素质能力显著提升，为职业教育改革发展提供了有力的人才保障和智力支撑。但是，与新时代国家职业教育改革的新要求相比，职业教育教师队伍还存在着数量不足、来源单一、校企双向流动不畅、结构性矛盾突出、管理体制机制不灵活、专业化水平偏低的问题，尤其是同时具备理论教学和实践教学能力的“双师型”教师和教学团队短缺，已成为制约职业教育改革发展的瓶颈。为贯彻落实《中共中央国务院关于全面深化新时代教师队伍建设改革的意见》和《国家职业教育改革实施方案》，深化职业院校教师队伍建设改革，培养造就高素质“双师型”教师队伍，特制定《深化新时代职业教育“双师型”教师队伍建设改革实施方案》。

总体要求与目标：坚持以习近平新时代中国特色社会主义思想为指导，贯彻落实习近平总书记关于教育工作的重要论述，把教师队伍建设作为基础性工作来抓，支撑职业教育改革发展，落实立德树人根本任务，加强师德师风建设，突出“双师型”教师个体成长和“双师型”教学团队建设相结合，提高教师教育教学能力和专业实践能力，优化专兼职教师队伍结构，大力提升职业院校“双师型”教师队伍建设水平，为实现我国职业教育现代化、培养大批高素质技术技能人才提供有力的师资保障。

经过5—10年时间，构建政府统筹管理、行业企业和院校深度融合的教师队伍建设机制，健全中等和高等职业教育教师培养培训体系，打通校企人员双向流动渠道，“双师型”教师和教学团队数量充足，双师结构明显改善。建立具有鲜明特色的“双师型”教师资格准入、聘用考核制度，教师职业发展通道畅通，待遇和保障机制更加完善，职业教育教师吸引力明显增强，基本建成一支师德高尚、技艺精湛、专兼结合、充满活力的高素质“双师型”教师队伍。

具体目标：到2022年，职业院校“双师型”教师占专业课教师的比例超过一半，建设100家校企合作的“双师型”教师培养培训基地和100个国家级企业实践基地，选派一大批专业带头人和骨干教师出国研修访学，建成360个国家级职业教育教师教学创新团队，教师按照国家职业标准和教学标准开展教学、培训和评价的能力全面提升，教师分工协作进行模块化教学的模式全面实施，有力保障1+X证书制度试点工作，辐射带动各地各校“双师型”教师队伍建设，为全面提高复合型技术技能人才培养质量提供强有力的师资支撑。

一、建设分层分类的教师专业标准体系

教师标准是对教师素养的基本要求。没有标准就没有质量。适应以智能制造技

术为核心的产业转型升级需要，促进教育链、人才链与产业链、创新链有效衔接。建立中等和高等职业教育层次分明，覆盖公共课、专业课、实践课等各类课程的教师专业标准体系。修订《中等职业学校教师专业标准（试行）》和《中等职业学校校长专业标准》，研制高等职业学校、应用型本科高校的教师专业标准。通过健全标准体系，规范教师培养培训、资格准入、招聘聘用、职称评聘、考核评价、薪酬分配等环节，推动教师聘用管理过程科学化。引进第三方职教师资质量评价机构，不断完善职业教育教师评价标准体系，提高教师队伍专业化水平。

二、推进以双师素质为导向的新教师准入制度改革

完善职业教育教师资格考试制度，在国家教师资格考试中，强化专业教学和实践要求，按照专业大类（类）制定考试大纲、建设试题库、开展笔试和结构化面试。建立高层次、高技能人才以直接考察方式公开招聘的机制。加大职业院校选人用人自主权。聚焦专业教师双师素质构成，强化新教师入职教育，结合新教师实际情况，探索建立新教师为期 1 年的教育见习与为期 3 年的企业实践制度，严格见习期考核与选留环节。自 2019 年起，除持有相关领域职业技能等级证书的毕业生外，职业院校、应用型本科高校相关专业教师原则上从具有 3 年以上企业工作经历并具有高职以上学历的人员中公开招聘；自 2020 年起，除“双师型”职业技术师范专业毕业生外，基本不再从未具备 3 年以上行业企业工作经历的应届毕业生中招聘，特殊高技能人才（含具有高级工以上职业资格或职业技能等级人员）可适当放宽学历要求。

三、构建以职业技术师范院校为主体、产教融合的多元培养培训格局

优化结构布局，加强职业技术师范院校和高校职业技术教育（师范）学院建设，支持高水平工科大学举办职业技术师范教育，开展在职教师的双师素质培训进修。实施职业技术师范类专业认证。建设 100 家校企合作的“双师型”教师培养培训基地和 100 个国家级企业实践基地，明确资质条件、建设任务、支持重点、成果评价。校企共建职业技术师范专业能力实训中心，办好一批一流职业技术师范院校和一流职业技术师范专业。健全普通高等学校与地方政府、职业院校、行业企业联合培养教师机制，发挥行业企业在培养“双师型”教师中的重要作用。鼓励高校以职业院校毕业生和企业技术人员为重点培养职业教育教师，完善师范生公费教育、师范院校接收职业院校毕业生培养、企业技术人员学历教育等多种培养形式。加强职业教

育学科教学论师资队伍建设。支持高校扩大职业技术教育领域教育硕士专业学位研究生招生规模，探索本科与硕士教育阶段整体设计、分段考核、有机衔接的人才培养模式，推进职业技术教育领域博士研究生培养，推动高校联合行业企业培养高层次“双师型”教师。

四、完善“固定岗＋流动岗”的教师资源配置新机制

在现有编制总量内，盘活编制存量，优化编制结构，向“双师型”教师队伍倾斜。推进地方研究制定职业院校人员配备规范，促进教师规模、质量、结构适应职业教育改革发展需要。根据职业院校、应用型本科高校及其专业特点，优化岗位设置结构，适当提高中、高级岗位设置比例。优化教师岗位分类，落实教师从教专业大类（类）和具体专业归属，明确教师发展定位。建立健全职业院校自主聘任兼职教师的办法。设置一定比例的特聘岗位，畅通高层次技术技能人才兼职从教渠道，规范兼职教师管理。实施现代产业导师特聘岗位计划，建设标准统一、序列完整、专兼结合的实践导师队伍，推动形成“固定岗＋流动岗”、双师结构与双师素质兼顾的专业教学团队。

五、建设“国家工匠之师”引领的高层次人才队伍

实施职业院校教师素质提高计划，分级打造师德高尚、技艺精湛、育人水平高超的教学名师、专业带头人、青年骨干教师等高层次人才队伍。通过跟岗访学、顶岗实践等方式，重点培训数以万计的青年骨干教师。加强专业带头人领军能力培养，为职业院校教师教学创新团队培育一大批首席专家。建立国家杰出职业教育专家库及其联系机制。建设1000个国家级“双师型”名师工作室和1000个国家级教师技艺技能传承创新平台。面向战略性新兴产业和先进制造业人才需要，打造一批覆盖重点专业领域的“国家工匠之师”。在国家级教学成果奖、教学名师等评选表彰中，向“双师型”教师倾斜。

六、创建高水平结构化教师教学创新团队

2019—2021年，服务职业教育高质量发展和1+X证书制度改革需要，面向中等职业学校、高等职业学校和应用型本科高校，聚焦战略性重点产业领域和民生紧缺领域专业，分年度、分批次、分专业遴选建设360个国家级职业教育教师教学创新

团队，全面提升教师开展教学、培训和评价的能力以及团队协作能力，为提高复合型技术技能人才培养培训质量提供强有力的师资保证。优化结构，统筹利用现有资源，实施职业院校教师教学创新团队境外培训计划，组织教学创新团队骨干教师分批次、成建制赴德国等国家研修访学，学习国际“双元制”职业教育先进经验，每年选派1000人，经过3至5年的连续培养，打造高素质“双师型”教师教学创新团队。各地各校对接本区域重点专业集群，促进教学过程、教学内容、教学模式改革创新，实施团队合作的教学组织新方式、行动导向的模块化教学新模式，建设省级、校级教师教学创新团队。

七、聚焦1+X证书制度开展教师全员培训

全面落实教师5年一周期的全员轮训制度，对接1+X证书制度试点和职业教育教学改革需求，探索适应职业技能培训要求的教师分级培训模式，培育一批具备职业技能等级证书培训能力的教师。把国家职业标准、国家教学标准、1+X证书制度和相关标准等纳入教师培训的必修模块。发挥教师教学创新团队在实施1+X证书制度试点中的示范引领作用。全面提升教师信息化教学能力，促进信息技术与教育教学融合创新发展。健全完善职业教育师资培养培训体系，推进“双师型”教师培养培训基地在教师培养培训、团队建设、科研教研、资源开发等方面提供支撑和服务。支持高水平学校和大中型企业共建“双师型”培训者队伍，认定300个“双师型”教师培养培训示范单位。

八、建立校企人员双向交流协作共同体

加大政府统筹，依托职教园区、职教集团、产教融合型企业等建立校企人员双向交流协作共同体。建立校企人员双向流动相互兼职常态运行机制。发挥央企、国企、大型民企的示范带头作用，在企业设置访问工程师、教师企业实践流动站、技能大师工作室。在标准要求、岗位设置、遴选聘任、专业发展、考核管理等方面综合施策，健全高技能人才到职业学校从教制度，聘请一大批企事业单位高技能人才、能工巧匠、非物质文化遗产传承人等到学校兼职任教。鼓励校企共建教师发展中心，在教师和员工培训、课程开发、实践教学、技术成果转化等方面开展深度合作，推动教师立足行业企业，开展科学研究，服务企业技术升级和产品研发。完善教师定期到企业实践制度，推进职业院校、应用型本科高校专业课教师每年至少累计1个月以多种形式参与企业实践或实训基地实训。联合行业组织，遴选、建设教师企业

实践基地和兼职教师资源库。

九、深化突出“双师型”导向的教师考核评价改革

建立职业院校、行业企业、培训评价组织多元参与的“双师型”教师评价考核体系。将师德师风、工匠精神、技术技能和教育教学实绩作为职称评聘的主要依据。落实教师职业行为准则，建立师德考核负面清单制度，严格执行师德考核一票否决。引入社会评价机制，建立教师个人信用记录和违反师德行为联合惩戒机制。深化教师职称制度改革，破除“唯文凭、唯论文、唯帽子、唯身份、唯奖项”的顽瘴痼疾。推动各地结合实际，制定“双师型”教师认定标准，将体现技能水平和专业教学能力的双师素质纳入教师考核评价体系。继续办好全国职业院校技能大赛教学能力比赛，将行动导向的模块化课程设置、项目式教学实施能力作为重要指标。试点开展专业课教师技术技能和教学能力分级考核，并作为教师聘期考核、岗位等级晋升考核、绩效分配考核的重要参考。完善考核评价的正确导向，强化考评结果运用和激励作用。

十、落实权益保障和激励机制提升社会地位

在职业院校教育教学、科学研究、社会服务等过程中，全面落实和依法保障教师的管理学生权、报酬待遇权、参与管理权、进修培训权。强化教师教育教学、继续教育、技术技能传承与创新等工作内容，制定职业教育教师减负政策，适当减少专任教师事务性工作。依法保障教师对学生实施教育、管理的权利。职业院校、应用型本科高校校企合作、技术服务、社会培训、自办企业等所得收入，可按一定比例作为绩效工资来源；教师依法取得的科技成果转化奖励收入不纳入绩效工资，不纳入单位工资总额基数。各地要结合职业院校承担扩招任务、职业培训的实际情况，核增绩效工资总量。教师外出参加培训的学时（学分）应核定工作量，作为绩效工资分配的参考因素。按规定保障中等职业学校教师待遇。

十一、加强党对教师队伍建设的全面领导

充分发挥各级党组织的领导和把关定向作用，充分发挥教师党支部的战斗堡垒作用，加强对教师党员的教育管理监督和组织宣传，充分发挥党员教师的先锋模范作用。实施教师党支部书记“双带头人”培育工程，配齐建强思想政治和党务工作

队伍。着力提升教师思想政治素质，用习近平新时代中国特色社会主义思想武装头脑，坚持不懈培育和弘扬社会主义核心价值观，争做“四有”好老师，全心全意做学生锤炼品格、学习知识、创新思维、奉献祖国的引路人。健全德技并修、工学结合的育人机制，构建“思政课程”与“课程思政”大格局，全面推进“三全育人”，实现思想政治教育与技术技能培养融合统一。落实立德树人根本任务，挖掘师德典型、讲好师德故事，大力宣传职业教育中的“时代楷模”和“最美教师”，弘扬职业精神、工匠精神、劳模精神。

十二、强化教师队伍建设改革的保障措施

加强组织领导，将教师队伍建设摆在重要议事日程，建立工作联动机制，推动解决教师队伍建设改革的重大问题。深化“放管服”改革，提高职业院校和各类办学主体的积极性、主动性，引导广大教师积极参与，推动教师队伍建设与深化职业教育改革有机结合。将教师队伍建设作为中国特色高水平高职学校和专业建设计划投入的支持重点，现代职业教育质量提升计划进一步向教师队伍建设倾斜。鼓励各地结合实际，适时提高职业技术师范专业生均拨款标准，提升师范教育保障水平。加强督导评估，将职业教育教师队伍建设情况作为政府履行教育职责评价和职业院校办学水平评估的重要内容。